ALTDEUTSCHE TEXTBIBLIOTHEK

Begründet von Hermann Paul · Fortgeführt von G. Baesecke
Herausgegeben von Hugo Kuhn

Nr. 81

Die Werke Notkers des Deutschen

Neue Ausgabe

Begonnen von Edward H. Sehrt und Taylor Starck
Fortgesetzt von James C. King und Petrus W. Tax

Band 6

Notker der Deutsche

Boethius' Bearbeitung von Aristoteles' Schrift »De Interpretatione«

Herausgegeben von James C. King

Max Niemeyer Verlag
Tübingen 1975

Geb. Ausgabe ISBN 3-484-20089-8
Kart. Ausgabe ISBN 3-484-20090-1

© Max Niemeyer Verlag Tübingen 1975
Alle Rechte vorbehalten. Ohne ausdrückliche Genehmigung des Verlages ist
es auch nicht gestattet, dieses Buch oder Teile daraus auf photomechanischem
Wege zu vervielfältigen. Printed in Germany

VORWORT

Dreieinhalb Jahre nach dem Erscheinen der *Categoriae* lege ich nun meine Ausgabe der Schrift *De interpretatione* vor. Ihr liegen wiederum die Richtlinien zugrunde, die die Mitglieder des von Hugo Kuhn einberufenen Notker-Kuratoriums (Bernhard Bischoff, Ingeborg Schröbler und Stefan Sonderegger) in Zusammenarbeit mit P.W. Tax und mir für die neue Ausgabe der *Werke Notkers des Deutschen* aufgestellt haben. Den Rezensenten der *Categoriae* verdanke ich manche Anregung, die entweder schon verwertet wurde oder später noch zu verwerten ist.

Im Frühjahr 1971 sowie im Frühsommer 1973 konnte ich in St. Gallen dank der Liebenswürdigkeit des Stiftsbibliothekars Johannes Duft die einschlägigen Handschriften unter allen möglichen Erleichterungen benutzen. Mein besonderer Dank gebührt Frau Dr. Marlyn Korin, die mir bei der Herstellung dieses Buchmanuskripts half, und Frau Dr. Ingeborg Schleier, die die Einleitung sprachlich durchsah. Im übrigen fördert der Max Niemeyer Verlag die neue Ausgabe in dankenswerter Weise.

An dieser Stelle sei des am 30. Mai 1974 gestorbenen Taylor Starck liebevoll gedacht, der die neue Ausgabe 1933 mit E.H. Sehrt begann.

Washington, D.C., im Juli 1975   James C. King

EINLEITUNG

Schon Boethius bezeichnete im sechsten Jahrhundert n.Chr. Περὶ ἑρμηνείας
bzw. *De interpretatione*, den zweiten Teil des Aristotelischen Ὄργανον aus
dem vierten Jahrhundert v.Chr., als verwickelt. In der Vorrede zu seinem
größeren Kommentar heißt es:
> Sed quamquam multa sint aristotelis . quę subtilissima philosophię
> arte celata s[u]nt . hic tamen ante omnia liber . nimis et acumine
> sententiarum . et uerborum breuitate constrictus est. Quocirca .
> plus hic quam in .x. pręedicamentis expositione sudabitur.
> C.Sg. 830, S. 3, Z. 14-17

Einige Jahre später schickte Cassiodorus seiner Zusammenfassung der gleichen Schrift in den *Institutiones saecularium litterarum* folgende Anekdote
voraus:
> Sequitur liber periermenias subtilissimus nimis . et per uarias
> formas iterationesque cautissimus . de quo dictum est . aristoteles quando periermenias scriptitabat . calamum in mente tingebat.
> Cc.Sg. 199, S. 154, Z. 18-21
> und 855, S. 240, Z. 11-17

Notker III. machte sich trotzdem um 1000 unverzagt an seine Verdeutschung
dieses Werks, denn die Klosterschüler mußten weiter in der Logik unterrichtet werden.

Die Handschrift

Notkers Bearbeitung der Schrift *De interpretatione* (= Ni) steht im Codex
Sangallensis 818 (s. XI)[1] auf S. 143-246 zwischen der vollständigen Abschrift der *Categoriae* (S. 3-143) und Ciceros *Topica* (S. 247-287), auf
die dessen Abhandlung *De optimo genere oratorum* (S. 288-295) folgt. S.
296 trägt den Stempel der St. Galler Abtei. Sowohl die letzten Seiten
des Manuskripts (297-302) als auch die *verso*-Seite des Vorsatzblattes sind
leer. Eine Aufnahme der *recto*-Seite desselben befindet sich in dieser

---

[1] Zur Handschrift überhaupt siehe Bruckner 3, S. 117, Piper II, S. 336/
337 und Scherrer S. 276.

Ausgabe vor S. 3.

Dieser Codex wird von Piper und mir schon wegen der *Categoriae* (= Nk) mit der Sigle *B* versehen. *A* wird meistens dem C.Sg. 825 zugeteilt, der in erster Linie wegen der *Consolatio philosophiae* (S. 4-271) bekannt ist, nebenbei aber auch eine unvollständige Abschrift der *Categoriae* (S. 275-338) enthält.

Zu dem braunen, Figuren aufweisenden Ledereinband von *B* gehört eine gravierte Messingschließe mit gravierter Krampe. Das Pergament ist einheitlich weiß und fein. Die Blätter sind im allgemeinen gut erhalten; sie sind übrigens nicht foliiert, sondern paginiert.

Die Seiten von *B* sind einspaltig und haben ein Format von ca. 27x18,5 cm (unter Voranstellung der Längenangabe). Der Schriftspiegel mißt ca. 21,5 x13 cm. Jede Seite von Ni umfaßt 27 Zeilen bis auf die Seiten 143 (20 Zeilen), 222 (12 Z.), 224b (7 Z.) und 246 (11 Z.).

B ist in spätkarolingischer Minuskel[2] geschrieben. Es wurde bald schwarze, bald dunkelbraune Tinte verwendet, oder aber die schwarze wurde möglicherweise mit der Zeit bräunlich. Die Kapitelüberschriften wurden in roter Rustica nachgetragen; ab 239,4 wurde jede provisorisch in schwarzen Minuskeln am Außenrand vorgezeichnet und nachher radiert. Die Textinitiale am Anfang jedes Abschnitts wurde in roter Rustica ergänzt. Ab 239,5 steht sie zusätzlich schwarz am Außenrand vorgezeichnet; nur das provisorische *M* 244,17 wurde dann später radiert.

Zehn Schreiber wurden auf Grund der eigentümlichen Schreibweise festgestellt, von denen α 143,8-147,27 (*PRĘFATIUNCULA* bis *nomen*) und 148,4-152, 22 (*In* bis *múgen*] *mú*; insgesamt 9 Seiten 12 Zeilen) besorgte, β 148,1-4 (*At* bis *gesázten*), 153,27-155,10 (*téilo* bis *keséhennis*) und 162,15-165,7 (*dáz* bis *homo*; insg. 4 S. 6 Z.), γ 152,23-153,27 (*múgen*] *gen* bis *íro*) und 155,10-162,14 (*Natûrlîh* bis *Álso*; insg. 8 S. 10 Z.), δ 165,7-167,7 (*omne* bis *sin*) und 167,23-178,27 (*ITEM* bis *táz*; insg. 13 S. 5 Z.), ε 167,8-22 (*UNIUERSALES* bis *SUBCONTRARIAE*) und 224b (die ganze Seite; insg. 22 Z., ausschließlich Latein), ζ 179,1-180,27 (*éiner* bis *díng*; 2 S.), η 181,1-190,27 (*fóne* bis *eius*), 223,1-224a,27 (*unde* bis *unde*) und 225,1-238,27

---

[2]Bischoff Sp. 417-422.

(*dia* bis *uuân*; insg. 26 S.), ϑ 191,1-201,27 (*affirmatio* bis *affirmationem*;
11 S.), ι 202,1-222,12 (*ne tûont* bis *inpossibile*) und 239,1-246,2 (*unde*
bis *ist*; insg. 27 S. 14 Z.) und κ 246,2-11 (*fro* bis *EXPLICIT*; 9 Z.).[3]
Hinzu kommen ein oder mehrere Korrektoren, in Anbetracht der Überschriften und Textinitialen wohl auch ein oder mehrere Rubrikatoren. Der erste Schreiber bei Ni ist übrigens der letzte bei Nk (111,17-143,7 *Táz* bis *kéngesta*).

Die Quellen

Der lateinische Text von Boethius' Übersetzung der Schrift Περὶ ἑρμηνείας (= T) steht im C.Sg. 817 (s. X/XI)[4] auf S. 203-220, sein kleinerer, für Anfänger gedachter Kommentar dazu (= K I) - eigentlich Text mit Kommentar - auf S. 221-339. Die Handschrift enthält auch ein vom Stiftsbibliothekar Pius Kolb lateinisch verfaßtes Inhaltsverzeichnis (das Vorsatzblatt, S. 2), Verse eines Unbekannten *De septem liberalibus artibus* (S. 4/5), Boethius' Übersetzung der Κατηγορίαι (S. 6-38), Priscianus' Verse *De figuris numerorum et ponderum* (S. 38-43), Boethius' Kommentar zu den *Categoriae* (= K; S. 44-202) - genauer gesagt Text mit Kommentar - und fünf Tabellen zu den *Categoriae* (S. 340-344). Aufnahmen vom C.Sg. 817, S. 203 und 221 stehen in dieser Ausgabe hinter S. 4.

Boethius' größerer, für Fortgeschrittene bestimmter Kommentar zur Hermeneutik (= K II) - eigentlich Text mit Kommentar - beansprucht den C.Sg. 830 (s. XI),[5] S. 3-264. Zur selben Handschrift gehören ein vom Stiftsarchivar Ildefons von Arx lateinisch verfaßtes Inhaltsverzeichnis (das Vorsatzblatt, S. 1), Ciceros *Prooemium in topica* (S. 265-282), Boethius' *Ars geometriae et arithmeticae* (S. 283-309), lateinische Verse eines Unbekannten (S. 310) und Ekkeharts IV. (S. 488, 490) sowie folgende kleinere Schriften von Boethius: *De differentiis topicis* (S. 311-353), *De divisione* (S. 353-369), *Speculatio de rhetoricae cognatione* (S. 369-373), *Distinctio locorum rhetoricorum* (S. 373-375), *De multifaria praedicatione potestatis et possibilitatis* (S. 375), *De argumentorum locis* (S. 375/376), *Introductio ad syllogismos categoricos* (S. 376-408), *De syllogismis cate-*

---
[3]Ein etwas anderer Schreiberwechsel wird von Piper I, S. CXLI-CXLVII und II, S. 337, auch von Scherrer S. 276 angedeutet.
[4]Scherrer S. 275/276.
[5]Bruckner S. 118 und Scherrer S. 281/282.

goricis (S. 408-444) und *De syllogismis hypotheticis* (S. 444-488). Eine Aufnahme vom C.Sg. 830, S. 3 ist in dieser Ausgabe hinter S. 106 zu suchen.

Der lateinische Text ohne Kommentar im C.Sg. 817 wurde nachträglich in Abschnitte aufgeteilt, die mit am Rand stehenden Überschriften versehen wurden. Notker übernahm Aufteilung und Rubrizierung fast völlig; diese Vorarbeit könnte natürlich von ihm stammen. In K I II, wo der Text anders aufgeteilt ist, begegnen wenige Überschriften.

Notker lag der lateinische Text von Boethius' Übersetzung also in drei Fassungen vor, die manchmal voneinander abweichen. Er richtete sich in einem solchen Fall gewöhnlich nach K I (z.B. *B*156,25), gelegentlich nach T (165,18), selten nach K II (185,26), was aus dem zweiten Apparat zum Text ersichtlich wird. Die Stelle konnte in K II fehlen (151,26-152,5). Beim Abschreiben wurde dieser oder jener lateinische Satz geändert (158, 23). Es wird in dieser Ausgabe auch auf Minio-Paluellos kritische Edition von Boethius' Übersetzung[6] verwiesen (siehe z.B. den zweiten Apparat zu 204,8).

Der C.Sg. 820 (s. IX/X)[7] enthält den größten Teil des ersten Buches von Boethius' Text mit kleinerem Kommentar auf S. 2-51. Dieses unvollständige Exemplar entspricht dem C.Sg. 817, S. 221, Z. 1 *INCIPIT* bis S. 271, Z. 23 *alterum*.

Bei der Bearbeitung des beigefügten *Notker latinus* (= NL) gelang es dem Herausgeber, die Quelle fast jedes Notkerschen Zusatzes zu ermitteln, und zwar die Quelle von allem, was sich nicht als reine Übertragung des lateinischen Originaltextes bezeichnen läßt. Obschon sich die Hinzufügungen in erster Linie auf die beiden von Boethius verfaßten Auslegungen stützen, griff Notker zu mehr als zwanzig weiteren damals in der St. Galler Stiftsbibliothek vorhandenen Manuskripten, von denen jedes auf S. 109/110 des NL mit einer Sigle und womöglich einem Verweis auf eine gedruckte Ausgabe aufgezählt ist. Die Belegstellen sind bei Sangallensia nach den Handschriften angeführt. Bemerkenswert sind die zutage geförderten Wechselbeziehungen zu den übrigen Schriften, die Notkers Schaffen auch sonst kennzeichnen.

Die Seitenanzahl von T gegenüber der von K I II verhält sich wie 18 zu 119

---

[6]Minio-Paluello II/2/1-2, S. 1-38.
[7]Bruckner S. 117/118 und Scherrer S. 277.

und 262. Kelle war von B158,26/27 (Áber boetius . ságet iz fúre ín . in secunda editione.) irregeführt worden, als er behauptete, Notkers Erklärung der Hermeneutiken sei der Hauptsache nach aus Boethius' größerem Kommentar entnommen.[8] Nennt Notker die kleinere Auslegung auch nie ausdrücklich, so geht doch aus dem Notker latinus hervor, daß er gleichmäßig aus den beiden Kommentaren schöpfte. Bald decken sich die zwei Deutungen (z.B. NL 126 zu B149,6), bald ergänzen sie sich (NL 165 zu B184,16-19), oder aber eine spricht (K I in NL 122 zu B146,27-147,1; K II in NL 135 zu B156,1/2), während die andere schweigt. Ab und zu bevorzugt Notker K I (NL 127/128 zu B150,9-11) oder K II (NL 137 zu B157,2/3).

Die älteren Ausgaben

De interpretatione wurde zum ersten Mal 1835 bzw. 1837 von Graff herausgegeben, dessen Seitenangaben immer um zwei zu niedrig sind, weil er das in der Handschrift mitgezählte Vorsatzblatt übersah. Zu Hattemers 1844-49 erschienenen Ausgabe lieferte Steinmeyer 1874 die Varianten; die von Piper folgten 1882. Piper gab dann 1882 selber De interpretatione heraus.

Die Richtlinien dieser Ausgabe

U.a. zeugen B172,3,7,10 (4mal ízzet] *íst) und 190,9-27 (Vorwegnahme von 218,1-18) dafür, daß die erhaltene Fassung aus einer verlorenen Vorlage abgeschrieben wurde, die ihrerseits nicht das Original gewesen zu sein braucht. B vertritt daher die schriftliche Gestalt von Notkers Sprache minder getreu als die Consolatio philosophiae und der Martianus Capella.

Die vorliegende Ausgabe ist ein modifiziert diplomatischer Abdruck. Der Herausgeber hat tatsächlich der Versuchung widerstanden, den überlieferten Text zu normalisieren, denn er hat die meisten Konjekturen in den beiden Apparaten untergebracht, von denen man allerdings auf den textus restitutus schließen kann. Ausnahmen bilden Fälle wie 156,25/26 (Verlegung der Grenze zwischen dem lateinischen und dem althochdeutschen Satz), 178,26/27 (keméinlíceh] *keméinlíche bzw. *geméinlíche) und 241,5 (éinez] *énez). Der erste Apparat gilt dem Text im allgemeinen, während der zweite nur den lateinischen Grundtext betrifft.

---

[8] Kelle III, S. 6.

Die Seiten- und Zeileneinteilung von B wurde beibehalten. Eine zwei- oder dreiteilige Zeile (z.B. 165,2abc) ergab sich, wenn die Zeilenbreite durch Ergänzung des am Rand Nachgetragenen gesprengt wurde.

Nur der lateinische Text von Boethius' Übersetzung ist kursiviert; Notkers Verdeutschung und Zusätze sind es nicht. Die Handschrift unterscheidet diese drei Textstufen durchaus nicht.

Im folgenden wird die Verwirklichung von Notkers Sprachgebrauch bzw. Schreibweise in der Schrift *De interpretatione* besprochen, woraus der Leser ersehen kann, inwieweit die Schreiber seinen Usus wiedergeben. Zur Orientierung befinden sich Aufnahmen vom C.Sg. 818, S. 143 und 167 in dieser Ausgabe vor S. 3 und hinter S. 84a.

Zum Anlautgesetz[9]

Auf ca. 2.846 Belege fallen 156 Verstöße gegen Notkers Anlautgesetz. 448 Belege für u/f enthalten 87 Verstöße, 203 für b/p 10, 1.743 für d/t 33 und 452 für g/k q c 26. Der Schreiber α lieferte 11 Verstöße, β 6, γ 10, δ 14, ζ 4, η 43, ϑ 15 und ι 53.

F steht 73mal am Satzanfang, P 15-, T 160- und K 3mal. Ein unberechtigtes D begegnet 6mal (einmal α, 5mal η).

Am Anfang eines nachgestellten Satzes oder eines satzwertigen Infinitivs kommt u ein- und f 11mal in stimmhafter Lautumgebung (nach Vokalen, Diphthongen, *l m n r*) vor, p 5mal, d 202- und t 84mal, g und k je einmal. In stimmloser Lautumgebung (nach Verschluß- und Reibelauten) sind f und p je 7mal belegt, d 10- und t 183mal; von den 10 d-Verstößen fallen 2 dem Schreiber δ zu Lasten und 8 ι.

Im Satzinnern folgt u 149- und f 75mal auf Sonore, b 79- und p 7mal, d 709- und t 15mal, g 210-, k 12- und q einmal, wobei im allgemeinen die Fortisallophone (f p t k q) gegen das Anlautgesetz verstoßen. Erwartungsgemäß steht f 89-, p 61-, t 353-, k 114-, q 11- und c einmal nach Verschluß- und Reibelauten; die Lenisallophone (u 6-, b 2-, d 3- und g 14mal) sind in dieser Lautumgebung als Verstöße aufzufassen. Im ganzen verschuldete der Schreiber α 9 Verstöße im Satzinnern (f 5-, b p t k je einmal), β 6 (f 3-,

---

[9]Baesecke, Braune §103, Ochs II, Penzl, Schatz §148, Sehrt/Starck I/1, S. VI-VIII, XVI/XVII und Weinberg.

p 2-, g einmal), γ 10 (u f t g k je 2mal), δ 11 (u ein-, f 5-, g und k je 2-, q einmal), ζ 4 (f 3-, t einmal), η 33 (u 2-, f 20-, p 3-, d ein-, t 5-, g 2mal), ϑ 15 (f 12-, g 2-, k einmal) und ι 45 (u ein-, f 25-, b und p je ein-, d 2-, t 5-, g 6-, k 4mal).[10] p d t wurden je einmal zu b t d verbessert (201,20 193,14 238,3), g 2mal zu k (239,17 240,9).

Im Anlaut des zweiten Glieds einer Zusammensetzung oder Ableitung kommt u 30-, b 26-, d 18- und g 82mal in stimmhafter Lautumgebung vor; unberechtigt begegnet f 6mal (einmal δ, 5mal η) und p einmal (α). f ist einmal in stimmloser Lautumgebung belegt, k 2mal.

Zu den Gegensätzen e/i, ze/zûo/zû, ûo/ûe/û[11]

Obwohl Notkers schwachtoniges e [ə] vorherrscht, steht i dafür 178mal (24 Belege beim Schreiber α, 7 bei β, 9 bei γ, einer bei δ, 2 bei ζ, 56 bei η, 26 bei ϑ, 47 bei ι, 2 bei ϰ und 4 beim Korrektor). Ein Vergleich von 190, 9-27 mit der vorweggenommenen Stelle 218,1-18 beweist, daß die Abschreiber auch in dieser Hinsicht mit mehr oder weniger Genauigkeit verfuhren; η schrieb 190,15,23,27 3mal sámint gegenüber ι, der 218,6,14,17 3mal das übliche e benutzte. Auf 13 Seiten verstieß δ nur 172,1 gegen e. i wurde 3mal zu e korrigiert (143,23 203,10 213,6); e wurde 186,15 zu i verbalhornt.

ze verhält sich zu zû(o) wie 66 zu 32. zûo kommt nur einmal (144,6) vor; zû ist 23mal belegt, zu 7- und zv́ einmal (154,12). Als Präposition regiert ze 29mal den Dativ des Gerundiums (z.B. 145,25 ze ságenne) sowie 7mal érist (144,11) und einmal iúngist (144,2). zû bildet 5- und zv́ einmal mit dára bzw. tára ein zusammengesetztes Adverb (146,23 tára zû). Als trennbares Präfix gehört zû 3mal zu légen (149,27), je einmal zu lóufen (152,11) und sézzen (225,11/12), 3mal zu slingen (241,5). ze konkurriert mit zûo, zû und zu bei der Rektion des althochdeutschen Dativs (160,8/9 zû démo óberen; 174,19/20 ze mánigfáltero uuîs), des lateinischen Ablativs (189,21 zû iusto únde ze non iusto) und Nominativs (199,26 ze homo albus; 212,22/23 zû homo . . . zu poęta). Dabei begegnet ze 24-, zû 3- und zu einmal mit dem althochdeutschen Dativ; ze kommt 4-, zû ein- und zu 2mal mit dem lateinischen Ablativ vor; zû regiert 4-, zûo und zu je einmal den althochdeutschen Dativ mit dem lateinischen Ablativ; ze und zu sind je einmal, zû 2mal mit dem la-

---
[10]156,4 kerúste . keskírre . gezíug] g gilt als Verstoß. 232,21 tólén] t ist regelrecht.
[11]Braune §§40, 60, 72, 74; Kelle II, S. 342-344; Schatz §§23/24, 26, 69, 80, 111.

teinischen Nominativ belegt; zu steht 2mal vor dem althochdeutschen Dativ mit dem lateinischen Nominativ.

Sonst wurde ûo nur einmal zu û monophthongiert (145,23 gnûge). ůe statt ûo könnte 2mal als verfrühtes mhd. ůe betrachtet werden (145,16 sůezíu; 193,27 stûende). ûo wurde 4mal zu ůe abgeschwächt (143,10 tûenne; 189,26 spúet; 232,12 túennis unde netuennis).

Zu den Akzenten[12]

Mit den fehlenden Akzenten hat es eine eigene Bewandtnis. S. 143-178 (bei den Schreibern α, β, γ, δ) fehlen durchschnittlich 3 Akzente pro Seite; kein einziger fehlt auf S. 163. S. 179/180 (bei ζ) fehlen dann 20,5 Akzente pro Seite. Abgesehen von S. 181-185, 225 und 230 (5 fehlende Akzente pro Seite) ließ η im Durchschnitt 17 Akzente pro Seite weg. ϑ weist durchschnittlich 46,5 und ι 48,3 Verstöße pro Seite auf (79 auf S. 206!), κ 12 in 9 Zeilen und der Korrektor insgesamt 23. Die zweimal abgeschriebene Stelle zeigt, daß so viele Akzente nicht in der verlorenen Vorlage gefehlt haben werden; 190,9-27 (bei η) fehlen nur 3 Akzente, 218,1-18 (bei ι) dagegen 20.

Manche Seiten, darunter 149, enthalten keinen unberechtigt vorkommenden Akzent. Höchstens stehen 7 auf einer Seite, und zwar auf S. 182. Ab und zu setzte der Schreiber den falschen Akzent (z.B. 149,2 ôuh; 151,2 cháde).

-lích- behält gewöhnlich den Akzent vor einer Endung, auch -íg- und -úng- in geringerem Maße (z.B. 18mal súmelích- gegenüber einmal súmelich-; 6mal uuíderuuártîg- gegenüber 4mal uuíderuuártig-; je 5mal uéstenúng- und uéstenung-).

Lateinische Wörter wurden 4mal mit einem Akzent versehen (144,7 PERIERMENÎAS; 157,16 sî; 197,10 FALSÔ; 204,9 opórtet). 163,5 (quód) und 199,12 (est[1]) wurde der unberechtigte Akut radiert.

Wenn der Schreiber den Akzent nicht genau setzte, gab es eine Verschiebung nach links oder nach rechts. Dann fiel der Akzent auf einen Konsonanten (145,3 scrífte; 185,7 sínt), auf einen Halbvokal (143,20 zúei; 229,22 íi-

---

[12]Bischoff Sp. 438/439, Carr und Sehrt/Starck I/1 (S. IX-XVI, 398), II/III.

het), auf den anderen Bestandteil eines Diphthongs (154,21 eín; 162,12 iô),
zwischen die Bestandteile eines Diphthongs (220,11 nîeht, tuónt) oder auf
eine benachbarte Silbe (200,11 pé ḏiu; 205,12 gelegétiu).

Ein überflüssiger Akzent wurde manchmal radiert (z.B. 158,9 dáz; 210,2 sô);
211,8 (ménnisken] Akut aus Zkfl. korr.) und 211,19 (uuár] Zkfl. aus Akut
korr.) wurde ein falscher Akzent berichtigt. Es konnte aber auch eine Verbalhornung entstehen (195,14 éin] Akut rad.; 245,6 sô] Zkfl. rad.).

Im allgemeinen gibt diese Ausgabe die überlieferte Akzentsetzung wieder.
Fehlende Akzente werden im ersten Apparat ergänzt, überflüssige werden getilgt, falsche korrigiert. Nur irreführende Verschreibungen (z.B. 157,16
zûo] *zuô; 231,21 uuízen] *uuízen) werden aus dem Text in den Apparat verwiesen. Auf einen Konsonanten bzw. Halbvokal und zwischen die Bestandteile
eines Diphthongs gefallene Akzente werden normalerweise nicht verzeichnet.

Zur Orthographie[13]

In der Regel vertritt das e caudatum, also ę (Ę) - in dieser Ausgabe durch
ę (Ę) wiedergegeben - lat. ae (AE), aber e (E) und ae (AE) kommen auch vor;
siehe z.B. 143,8 PRĘFATIUNCULA, 144,19 notę, 167,20 FALSAE, 170,22 hae, 187,
12 preter und 208,1 QUECUMQUE. Die Ligatur æ (166,9 oppositæ), die Umstellung ea (EA) (204,24 HEAC; 205,14 heac) und die Verbindung oe (168,13 foedus) sind vereinzelt; 205,18 (cytharedus] *citharędus) wurde oe zu e. Ein
richtiges e wurde mehrmals durch ę ersetzt (211,21 poęta).

Für u (U) steht gelegentlich v (V) im lateinischen und althochdeutschen
Text, besonders bei den Schreibern β und ι, auch beim Korrektor; Belege
dafür sind 151,5 siv, 154,12 tara zv̂, 163,8 eorvm, 167,15 verum, 168,24
VIDEBITUR, 195,16b Vńde, 203,19 Vuánda und 239,5 SVNT. Dieser orthographische Unterschied ist nicht mit dem oben ausgeführten phonologischen
Gegensatz u : f im Anlaut der althochdeutschen Wörter zu verwechseln.

Die Schreiber η und ι ersetzten -mp- meistens durch -np-. Hierher gehören u.a. 210,1 conpositio, 216,5 inpossibile, 225,4 Inpossibile und 226,5
inpossibili gegenüber 218,26 impossibile und 235,22 impotentia.

---

[13]Bischoff Sp. 420.

Das lange ſ der Handschrift (z.B. 143,11 ſámo) wird in dieser Ausgabe durch s vertreten.

Zu den Abkürzungen und Ligaturen[14]

Bis auf .i. (= id est) und .s. (= subaudi, subaudis, subaudiendum est) wurden in dieser Ausgabe die zahlreichen lateinischen Abkürzungen stillschweigend aufgelöst; keine abgekürzten althochdeutschen Wörter sind belegt. Die Grundtypen der Abkürzungen werden nun verzeichnet.

addat͡	= addatur	nom̄	= nomen
AFFIRM̄, AFFIRMĀT	= AFFIRMATIO	NOMIN̄	= NOMINIS
alb)	= albus	n̄	= non
aū, aut̄, autē	= autem	numq, nūquā	= numquam
cōmunit̄	= communiter	nc̄	= nunc
CŌPOSITA	= COMPOSITA	om̄s, om̄is	= omnis
c̄ditionales	= conditionales	OPPOSITIONIB)	= OPPOSITIONIBUS
C̄TR	= CONTRADICTIO	PARTIC̄, PARTICUL	= PARTICULARIS
C̄TRAD, C̄TRADICT	= CONTRADICTIO CONTRADICTORIĘ CONTRADICTORIE	ꝑUERSO	= PERUERSO
		ꝑsens	= presens
		pᵢma	= prima
C̄TRAR	= CONTRARIĘ CONTRARIE	ꝓloquia	= proloquia
C̄TRA	= CONTRARIO	qd, q̣d	= quid
deꝑcatio	= deprecatio	qᵈa	= quidam
dic̄	= dicit	qᵈ, q̊d	= quod
dr̄	= dicitur	quō, qm̄, quoniā	= quoniam
dn̄r	= dicuntur	qq, quoq)	= quoque
dix̄	= dixit	scᵈa	= secunda
eı̄	= eius	s)	= sed
g̊	= ergo	sēp	= semper
ēe	= esse	sic̄	= sicut
ē	= est	sīplicit̄	= simpliciter
EXPLIC̄	= EXPLICIT	s̄, s̄t	= sunt
idē	= idem	UNIŪSAL	= UNIUERSALIS
idē	= id est	ł, uł	= uel
igit͡	= igitur	ů	= uero

[14] Bischoff Sp. 418-421, 435-437 und Bruckner 3, S. 26/27, 40/41.

NEG̃	= NEGATIO	uerū	= uerum
NEGAT̄	= NEGATIO NEGATIONE		

Bemerkenswert ist, daß das gleiche Wort bald abgekürzt, bald unabgekürzt geschrieben wurde (z.B. 156,8 *omnis* . . . *om̄is*). Die Abkürzungen wurden außerdem nicht immer eindeutig benutzt; *NEGAT̄* vertritt z.B. 196,5 *NEGATIO*, 199,9 *NEGATIONE*. Der Schreiber ∪ bevorzugte *aut̄* gegenüber *aū* und *autē*, auch *qm̄* gegenüber *q̄uo* und *quoniā*; *ut̄* gegenüber *t̄* ist dem Korrektor eigen.

Folgende Ligaturen, von denen 12 in lateinischen und 5 in althochdeutschen Wörtern vorkommen, wurden auch aufgelöst:

ꝫ = ct	dialectica;	_____
& = et	&iā (= etiam), hab&; &euuáz, ság&	
ſt = ft	_____ ; óſto	
ḫ = ha	ḫbet;	_____
ḣ = hi	ḣs;	_____
ɱ = mi	noɱne;	_____
ŋ = ni	aŋmal;	_____
ᛋ = NS	ACCIDEᛋ ;	_____
ᴺ = nt, NT	suᴺ, CONTINGUᴺ; ligeᴺ	
℞ = or, OR	quo℞ (= quorum), EO℞ (= EORUM);	_____
ꞃt = rt	paꞃtes; uuóꞃt	
ſt = st	eſt; iſt	
ᛋ = vs, VS	nullᛋ, EIᛋ;	_____

Außer ſt wechseln die Ligaturen im Text mit den einzelnen Buchstaben ab; 157,10 begegnet z.B. aŋmal, 157,15 animal. Zu æ und ę siehe den vorangehenden Abschnitt.

Zur Getrennt- und Zusammenschreibung[15]

Man pflegte einerseits die Präpositionen *be, in* und *ze* - minder häufig auch *án* - mit der Ergänzung zusammenzuschreiben (so z.B. 169,9 *penóte*; 167,5 *ándísemo* gegenüber 185,17 *án áltemo*), andrerseits Komposita und Ableitungen durch Getrenntschreibung aufzulösen (146,4 *éin uuéder*; 153,21 *zesámene geléget*; 154,25 *tár uóre*; 159,9 *úmbe gán*; 163,22 *uuíder uuártíg*

---

[15]Bischoff Sp. 439.

XVIII Einleitung

gegenüber 170,26 uuíderuuártîg; 164,16 ún állelícho gegenüber 177,15 úngelímfe; 180,23 uóre sága; 225,2 úber húob). Die Entscheidung schwankte bei íoˆ und sôˆ (164,27 íoˆ man gegenüber 231,3 íoman; 157,9 sósámo gegenüber 166, 24/25 sôˆ sámo). Vor allem der Schreiber ɩ trennte das Negationspräfix ne (202,1 ne tûont), auch das Präfix und die Präposition ze (209,16 ze sámine; 210,27 ze spréchenne gegenüber 220,15 zeléibe) ab. Manchmal kommt das Verfahren dem Leser geradezu unbeholfen vor (155,7 áfˆ ter; 179,23 nestâtis).

In dieser Ausgabe trennt ‿ aufeinanderfolgende althochdeutsche Wörter, die in der Handschrift zusammengeschrieben sind (z.B. 144,27 Pe‿díu; 235,4 in‿ geuolgîg). Der Bindestrich wurde aber viel sparsamer ergänzt, entweder der Verständlichkeit wegen (143,10 éin-lúzzíu; 213,18 in-chéden) oder bei der Silbentrennung am Zeilenende (143,13/14 fernó-/men; 143,22/23 predica-/tiui). Gegen den heutigen Gebrauch getrennt oder zusammengeschriebenes Latein wurde nicht verzeichnet.

Zur Interpunktion[16]

Wie sonst bei Notker kennzeichnet auch in dieser Schrift ein halbhochgestellter Punkt (z.B. 143,16 héizent·) die kleine Pause im Satzinnern und ein hochgestellter Punkt (143,17 bûoche·) die große Pause am Satzende. Die Schreiber β, ε und ɩ ersetzten den hohen Punkt weitgehend durch den halbhohen (148,2 hinter compositis). Selten verdrängte der hohe Punkt den halbhohen (152,10 hinter míttemen).

Der Rubrikator setzte keinen Punkt hinter die Überschriften 144,7-156,7. Die Schreiber η, ϑ und ɩ ließen oft den hohen Punkt hinter den Sätzen eines Schemas weg (z.B. 227,1-4 hinter 4mal esse[1]), ε und ϑ auch hinter den Bezeichnungen (191,1 hinter simplex und Simplex). Besonders β und η übersahen manchmal den hohen Punkt hinter einem vollständigen Satz im Text (163,22 hinter uuíder uuártîg). Ein erforderlicher Punkt kann mitten in einem Satzgefüge fehlen (224a,4 hinter contraria). Ein sinnlos verschobener Punkt (156,26 hinter enuntiatiua) deutet an, daß die erhaltene Handschrift nicht das Original gewesen sein kann.

Durch ; machte der Schreiber 146,15 (hinter est[2]) einen halbhohen Punkt zu

---

[16]Bischoff Sp. 438/439, Bruckner 3, S. 27, 41 und Sehrt/Starck I/1, S. XVII-XIX.

einem hohen. Sonst bezeichnete man das Ende eines Abschnitts bisweilen durch ; (209,11 hinter *bipes*), auch durch •ु• (203,7 hinter *est*).

ˊ wurde als Fragezeichen gesetzt (z.B. 181,10 hinter *táz*). ⌐ trennt die Überschrift vom Text in der gleichen Zeile am Anfang mehrerer Abschnitte (siehe u.a. 182,26); 236,11 geht es um zwei Sätze der Überschrift. Dieses Zeichen wurde außer 179,19 rot eingetragen, wohl vom Rubrikator. Zeichen zur Korrektur und Verweisung (176,11a ⟋; 190,9 ⊢⸳—) sind im ersten Apparat dieser Ausgabe vermerkt.

Zu den ausgerückten Initialen[17]

Fiel der Satzanfang mit dem Zeilenanfang zusammen, so wurde die Majuskel meistens ausgerückt (z.B. 143,15 Á). Die Schreiber β und ϑ setzen je 4 Initialen ohne Ausrückung (162,23 Ú), ι 23 und ϰ eine.

Verschiedenes

Bis auf die Seitenzahl, die ohne B schon in der Handschrift angegeben ist, stammen die Randvermerke im Textteil dieser Ausgabe - Buchbezeichnung, Kapitelziffer, Verweis auf Migne (Boethius' kleineren und größeren Kommentar) und Piper, Zeilenzahl - vom Herausgeber.

Die Aufteilung des Ganzen in sechs Bücher geschah nach Boethius' größerem Kommentar. Der kleinere weist nämlich eine Zweiteilung auf: das zweite Buch von K I umfaßt das vierte bis sechste von K II. Piper hat die Kapitel sämtlicher Bücher durchnumeriert, während in dieser Ausgabe die Kapitel jedes Buches eigens gezählt sind.

---

[17]Kelle I, S. 315.

LITERATUR- UND ABKÜRZUNGSVERZEICHNIS

Zu den Siglen des *Notker latinus* siehe S. 109/110.

B	C.Sg. 818, S. 143-246, Notkers des Deutschen Bearbeitung der Schrift *De interpretatione*.
Baesecke	Georg Baesecke, Rez. von Weinberg, *Zu Notkers Anlautsgesetz*, AfdA 36 (1913), S. 237-240.
Bekker	*Aristotelis opera*, hrsg. von der Pr. Ak. der Wiss., 5 Bde., 1831-70. 1/2 (1831): *Aristoteles graece*, hrsg. von Immanuel Bekker; 1, S. 16-24: Περὶ ἑρμηνείας.
Bischoff	Bernhard Bischoff, „Paläographie", in: *Deutsche Philologie im Aufriß*, hrsg. von Wolfgang Stammler, 1 (Berlin ²1957), Sp. 379-452.
de Boor	Helmut de Boor, *Die deutsche Literatur von Karl dem Großen bis zum Beginn der höfischen Dichtung 770-1170*, München ⁸1971. (= *Geschichte der deutschen Literatur von den Anfängen bis zur Gegenwart* 1.) S. 109-119: zu Notker dem Deutschen.
Braune/Mitzka	Wilhelm Braune, *Althochdeutsche Grammatik*, fortgef. von Karl Helm, 12. Aufl. bearb. von Walther Mitzka, Tübingen 1967. (= Sammlung kurzer Grammatiken germanischer Dialekte A.5.)
Bruckner	*Scriptoria medii aevi helvetica. Denkmäler schweizerischer Schreibkunst des Mittelalters.*, hrsg. und bearb. von Albert Theophil Bruckner, bisher 11 Bde., Genf 1935 ff. 2/3 (1936, 1938): *Schreibschulen der Diözese Konstanz. St. Gallen I/II*.
Carr	Charles T. Carr, "Notker's Accentuation System in His Translations of Aristotle's 'Categories' and 'De Interpretatione'", The Modern Language Review 30 (1935), S. 183-203.

Dekkers/Fraipont	Augustinus hipponensis, *Enarrationes in psalmos*, hrsg. von E. Dekkers und I. Fraipont, 3 Bde., Turnhout 1956. (= Corpus christianorum, series latina 38-40.)
Dekkers/Gaar	*Clavis patrvm latinorvm*, bearb. von E. Dekkers und Ae. Gaar, Brugge & 's-Gravenhage ²1961. (= Sacris ervdiri 3.) S. 196-198: zu Boethius.
Dick	*Martianus Capella, De nuptiis Philologiae et Mercurii*, hrsg. von Adolf Dick, Leipzig 1925. S. 150-210: *Liber IV De arte dialectica*.
Ehrismann	Gustav Ehrismann, *Die althochdeutsche Literatur*, München ²1932. (= *Geschichte der deutschen Literatur bis zum Ausgang des Mittelalters* 1.) S. 416-458: zu Notker III.
Friedrich	*M. Tullii Ciceronis opera rhetorica*, hrsg. von Wilhelm Friedrich, 2 Bde., Leipzig 1893, 1902. (= *M. Tullii Ciceronis scripta quae manserunt omnia*, hrsg. von C.F.W. Müller, pars 1.) 1, S. 117-236: *De inventione rhetorica*.
Grabmann	Martin Grabmann, *Methoden und Hilfsmittel des Aristotelesstudiums im Mittelalter*, Sb. der philos.-hist. Abt. der Bayer. Ak. der Wiss., Jg. 1939, H. 5.
Graff	*Althochdeutsche, dem Anfange des 11ten Jahrhunderts angehörige, Übersetzung und Erläuterung der aristotelischen Abhandlungen: ΚΑΤΗΓΟΡΙΑΙ und ΠΕΡΙ ΕΡΜΗΝΕΙΑΣ*, hrsg. von Eberhard Gottlieb Graff, Abh. der hist.-philos. Kl. der Pr. Ak. der Wiss., Jg. 1835 (gedruckt 1837), S. 267-399. S. 344-399: *De interpretatione*.
Hattemer	*Denkmale des Mittelalters. St. Gallens altdeutsche Sprachschätze.*, hrsg. von Heinrich Hattemer, 3 Bde., Graz 1970 (unveränd. Nachdr. der Ausg. St. Gallen 1844-49). 3 (= *Notkers des Deutschen Werke* 2), S. 465-526: *De interpretatione*.
Helm	*Apvlei platonici madavrensis opera qvae svpersvnt*, hrsg. von Rudolf Wilhelm Oskar Helm, 3 Bde., Leipzig und Stuttgart 1968 (Nachdr. verschiedener Aufl. mit Ergänzungen).
Hoffmann	Paul Theodor Hoffmann, *Der mittelalterliche Mensch gesehen aus Welt und Umwelt Notkers des Deutschen*, Leipzig

	²1937. Kap. 13: *In der Nachfolge des Aristoteles.*
Jaehrling	Jürgen Jaehrling, *Die philosophische Terminologie Notkers des Deutschen in seiner Übersetzung der Aristotelischen „Kategorien"*, Berlin 1969. (= PhStQ 47.)
Karg-Gasterstädt	Elisabeth Karg-Gasterstädt, „Notker Labeo", in: *Die deutsche Literatur des Mittelalters. Verfasserlexikon.*, hrsg. von Wolfgang Stammler und Karl Langosch, 5 (Berlin 1955), Sp. 775-790.
Keil	*Grammatici latini*, hrsg. von Heinrich Keil, 7 Bde., Leipzig 1855-80. 2/3 (1855, 1859): *Prisciani grammatici caesariensis institvtionvm grammaticarvm libri XVIII*, hrsg. von Martin Hertz. 4 (1864): *Probi Donati Servii qvi fervntvr de arte grammatica libri*, hrsg. von Heinrich Keil.
Kelle I	Johann Kelle, Rez. von Piper, *Die Schriften Notkers und seiner Schule* 1, AfdA 9 (1883), S. 313-329.
Kelle II	Ders.; „Das Verbum und Nomen in Notkers Aristoteles", ZfdPh 18 (1886), S. 342-369.
Kelle III	Ders., „Die philosophischen Kunstausdrücke in Notkers Werken", Abh. der philos.-philol. Kl. der Bayer. Ak. der Wiss. 18/1 (1888), S. 1-58.
Kelle IV	Ders., „Die S. Galler deutschen Schriften und Notker Labeo", ebenda, S. 205-280.
King	*Notker der Deutsche. Boethius' Bearbeitung der „Categoriae" des Aristoteles.*, hrsg. von James C. King, Tübingen 1972. (= ATB 73.)
K[ommentar] I	C.Sg. 817, S. 221-339, Boethius' kleinerer Kommentar zur Schrift *De interpretatione.*
K[ommentar] II	C.Sg. 830, S. 3-264, Boethius' größerer Kommentar zu derselben.
Lehmann	*Mittelalterliche Bibliothekskataloge Deutschlands und der Schweiz*, hrsg. von der Bayer. Ak. der Wiss., 3 Bde., München 1969 (unveränd. Nachdr. der Ausg. 1918-62). 1: *Die Bistümer Konstanz und Chur*, bearb. von Paul Lehmann; S. 55-146: zur St. Galler Stiftsbibliothek.
Lindsay	*Isidori hispalensis episcopi etymologiarvm sive originvm*

	libri XX, hrsg. von W.M. Lindsay, 2 Bde., Oxford 1911.
Manitius	Max Manitius, *Geschichte der lateinischen Literatur des Mittelalters*, 3 Bde., München 1965 (unveränd. Nachdr. der Ausg. 1911, 1923, 1931).
McGeachy	J.A. McGeachy, Jr., "The *Glossarium Salomonis* and Its Relationship to the *Liber Glossarum*", Speculum 13 (1938), S. 309-318.
M[igne]	*Patrologiae cursus completus, series latina*, hrsg. von Jacques-Paul Migne, 63/64 (*Boetii opera omnia*), 100/101 (*Alcuini opera omnia*), Paris 1860, 1863. 64, Sp. 293-392: *In librum Aristotelis De interpretatione libri duo, editio prima seu minora commentaria*, 393-640: . . . *libri sex, editio secunda seu majora commentaria*. (Jeweils Text mit Kommentar.)
Minio-Paluello I	*Aristotelis categoriae et liber de interpretatione*, hrsg. von Lorenzo Minio-Paluello, Oxford 1949. (In der Reihe Scriptorum classicorum bibliotheca oxoniensis.) S. 47-72: *De interpretatione*. (Griechisch.)
M[inio]-P[aluello II]	*Aristoteles latinus*, hrsg. von dems., Bruges & Paris. (In der Reihe Corpus philosophorum medii aevi.) 2/1-2 (1965): *De interpretatione vel periermenias*; S. 1-38: *Translatio Boethii*.
Mynors	*Cassiodori senatoris institutiones*, hrsg. von R.A.B. Mynors, Oxford 1937. S. 87-163: *Liber secundus saecularium litterarum*.
Naumann	Hans Naumann, *Notkers Boethius. Untersuchungen über Quellen und Stil.*, Straßburg 1913. (= QF 121.)
Ni	Notkers des Deutschen Bearbeitung der Schrift *De interpretatione*, C.Sg. 818, S. 143-246.
NL	*Notker latinus zur Schrift De interpretatione*, Sammlung der von Notker benutzten Quellen.
Ochs I	Ernst Ochs, *Lautstudien zu Notker von St. Gallen (zum Oberdeutschen des 11. Jahrhunderts)*, Diss. Freiburg/Br. 1911.

Ochs II	Ders., „Zweierlei Notker?", PBB 38 (1913), S. 354-358.
Penzl	Herbert Penzl, „Zur Erklärung von Notkers Anlautgesetz", ZfdA 86 (1955), S. 196-210.
P[iper I]	*Die Schriften Notkers und seiner Schule*, hrsg. von Paul Piper, 3 Bde., Freiburg/Br. und Tübingen 1882/83. (= Germanischer Bücherschatz 8-10.) 1, S. CXLI-CXLVII, 497-588: Text der Schrift *De interpretatione* mit Lesarten.
Piper II	Ders., „Aus Sanct Galler Handschriften. III.", ZfdPh 13 (1882), S. 305-337, 445-479. S. 331-337: zur Schrift *De interpretatione*.
Prantl I	Carl von Prantl, „Über die zwei ältesten Compendien der Logik in deutscher Sprache", Abh. der philos.-philol. Kl. der Bayer. Ak. der Wiss. 8/1 (1856), S. 193-228.
Prantl II	Ders., *Geschichte der Logik im Abendlande*, 4 Bde., Leipzig 1855-70. 2 (1861), S. 61-67: zu St. Gallen und Notker Labeo.
de Rijk	L.M. de Rijk, "On the Curriculum of the Arts of the Trivium at St. Gall from c. 850 - c. 1000)", Vivarium 1 (1963), S. 35-86.
Rolfes	*Aristoteles. Organon.*, übers. und erläut. von Eugen Rolfes, 2 Bde., Leipzig 1948 (unveränd. Nachdr. der Aufl. 1918-25). (= Die philosophische Bibliothek 8-13.) 1, T. 2: *Peri hermenias oder Lehre vom Satz*.
Schatz	Josef Schatz, *Althochdeutsche Grammatik*, Göttingen 1927.
Scherrer	Gustav Scherrer, *Verzeichniss der Handschriften der Stiftsbibliothek von St. Gallen*, Halle/S. 1875.
Sehrt	*Notker-Glossar*, zusammengest. von Edward H. Sehrt, Tübingen 1962.
Sehrt/Legner	*Notker-Wortschatz*, das gesamte Material zusammengetr. von Edward H. Sehrt und Taylor Starck, bearb. und hrsg. von Edward H. Sehrt und Wolfram K. Legner, Halle/S. 1955.
Sehrt/Starck I	*Notkers des Deutschen Werke*, hrsg. von Edward H. Sehrt und Taylor Starck, 3 Bde., Halle/S. 1933-55. 1 (ATB 32-34, 1933/34): *Boethius, De consolatione Philosophiae*. 2 (ATB 37, 1935): *Marcianus Capella, De nuptiis Philologiae et Mercurii*. 3 (ATB 40, 42/43, 1952, 1954/55):

	Der Psalter nebst Cantica und katechetischen Stücken, hrsg. von Edward H. Sehrt.
Sehrt/Starck II	Dies., „Zum Text von Notkers Schriften", ZfdA 71 (1934), S. 259-264.
Sehrt/Starck III	Dies., "Notker's Accentuation of the Prepositions *an*, *in*, *mit*", Modern Language Notes 51 (1936), S. 81-86.
Shiel	James Shiel, "Boethius' Commentaries on Aristotle", Medieval and Renaissance Studies 4 (1958), S. 217-244.
Sonderegger	Stefan Sonderegger, *Althochdeutsch in St. Gallen*, St. Gallen 1970. (= Bibliotheca sangallensis 6.) Kap. 7: Notker der Deutsche.
Steffens	*Lateinische Paläographie*, hrsg. von Franz Steffens, 3 Bde., Freiburg/Schw. 1903. 2: *Entwicklung der lateinischen Schrift von der Zeit Karls des Großen bis zum Ende des XII. Jahrhunderts*.
Steinmeyer	Elias Steinmeyer, "Sangallensia", ZfdA 17 (1874), S. 431-504, 18 (1875), S. 160. S. 498-503: zur Schrift *De interpretatione*.
T[ext]	C.Sg. 817, S. 203-220, Text von Boethius' Übersetzung der Schrift *De interpretatione*.
Weidmann	Franz Weidmann, *Geschichte der Bibliothek von St. Gallen seit ihrer Gründung um das Jahr 830 bis auf 1841*, St. Gallen 1841.
Weinberg	Israel Weinberg, *Zu Notkers Anlautsgesetz*, Tübingen 1911.

Text
mit
Lesarten

Aus dem C.Sg. 818 *(B)*, der die Aristotelischen Schriften
Notkers des Deutschen enthält, das Vorsatzblatt
Carsten Seltrecht dipl. Fotograf St. Gallen/Schweiz

táz íst tóh uérrost fóne réhtemo gehôrte. táh
man chît chenân háben. uuánda íh êchert
mitt uuíst méiner. fóste. tám dealii quidē
apparebunt modi. de eo qd est habere.
Sed qua ē stierunt dicī. pene omīs enumera
ti sint. Mág keskéhen. táh man óuh héin
derro uuíschīt háben. díh íst tóh kengesta.

PRÆFATIUNCULA IN PERIERMENIAS.
ARISTOTILES SCREIB CATHEGORIAS.
chûnt betûenne. nuáh éin lúhbiu uuórt
pehâchenên. nû uuíle er sámo chúnt kenîon
in per ter minus. uuáh besámine gelegniu
behâchenên. andîen uerū únde falsū sernō
men uuîrdet. tiu sâme hâbent. p loquia.
Andîen áber neuueder. uernômen neuuîrdet.
tiu eloquia heibent. tero uersûîget er an dī
semo búoche. Uuánda. óuh ploquia geskêiden
sint. unde éiniu heibent simplicia. dár éin
uerbū ist. ut homo uiuit. ánderiu duplicia.
dár hûe uerba sint. ut homo sturit spirat.
só lêret er hier. simplicia. prompicis lêret er
duplicia. fóne simpliciūs uuerdent. p dica
n ut syllogistni. fóne duplicibs uuerdent
cā monales syllogismi. Náh perier menius
sol man lesen prima analitica. dár er bêide
ro syllogistnorū kemeina regula syllogis
n et heibet. únra nâh sol man lesen secūda ana

PRE̜FATIUNCULA IN PERIERMENIAS.

ARISTOTILES SCRÉIB CATHEGORIAS .
chûnt ze tûenne . uuáz éin-lúzzíu uuórt
pezéichenên . nû uuíle er sámo chûnt ketûon
in perierminiis . uuáz zesámine gelégitíu
bezéichenên . an dîen uerum únde falsum fernómen
uuírdet . tíu latine héizent proloquia.
Án díen áber neuuéder uernómen neuuírdet .
tíu eloquia héizent . téro uersuîgêt er án dísemo
bûoche. Uuánda óuh proloquia geskéiden
sínt . únde éiniu héizent simplicia . dâr éin
uerbum íst . ut homo uiuit . ánderíu duplicia .
dâr zuéi uerba sínt . ut homo si uiuit spirat .
sô lêret er hîer simplicia . in topicis lêret er
duplicia. Fóne simplicibus uuérdent pre̜dicatiui
syllogismi . fóne duplicibus . uuérdent
conditionales syllogismi. Nâh periermeniis
sól man lésen prima analitica . târ er béidero
syllogismorum keméina regula syllogisticam
héizet . tára nâh sól man lésen secunda ana-

1-7 *sind die Schluβzeilen der* Categoriae.   10 *tûonne   12 *periermeniis
*gelégetíu   13 *án (Carr S. 187)   13/14 *uernómen   18 *éiníu   23 uuérdent]
e² *auf Rasur von* i; *darüber Rasur von* e   26 *geméina *regulam bzw.
*régela   *Halbhoher Punkt steht hinter* 8 PERIERMENIAS. *Punkt ist zu tilgen
hinter* 23 duplicibus.

litica . tár er súnderîgo lêret prędicatiuos syllogismos . tîe er héizet apodicticam . ze iúngist
sól man lésen topica . án dîen ér óuh súnderîgo lêret conditionales . tîe er héizet dialec-
5 ticam. Tíu partes héizent sáment logica. Nû
uerním uuîo er dîh léite zûo dîen proloquiis.
   INCIPIT LIBER PERIERMENIÂS
       INTENTIO LIBRI PRIMA EST
    RIMUM OPORTET CONSTITU-
10 *ere . quid sit nomen . et quid uerbum .*
   postea quid negatio et affirmatio. Ze êrist
   sól man ságên . uuáz nomen . únde uerbum sî .
   ûzer dîen negatio uuírdet . únde affirmatio . tára nâh . uuáz síu sélben sîn. *Et enuntia-*
15 *tio.* Únde uuáz íro zuéio genus sî .i. enuntiatio. *Et oratio.* Únde uuáz óuh tés genus sî .i.
   oratio. *Sunt ergo ea quę sunt in uoce* .i. ipse
   uoces . *earum quę sunt in anima passionum* .i.
   conceptionum *notę . et ea quę scribuntur* .i. lite-
20 rę . *eorum quę sunt in uoce* .i. uocum. Ferním
   ze êrist . táz tíu genámden séhsíu . uoces sínt.
   Samo so er cháde. Nomen . Verbum . Negatio .
   Affirmatio . Enuntiatio . Oratio . sínt óffenún-
   ga . únde zéichen dero gedáncho . únde áber
25 íro zéichen sínt litere. Tîe sélben gedáncha .
   tûont tero sêlo ételîcha dólúnga . sô sie conceptę uuérdent in anima. Pe díu héizet er sie

---

2 *iúngest 5 *Tíe; Tíu *stimmt mit dem n.pl.* *téil *überein; zu dieser Ge-
nusverwechslung siehe Jaehrling S. 65.* 6 *dien 11, 21 2mal *êrest 14
*sîe 15 Únde] Akut² rad. 16 *téro 17 *ipsę 18 sunt] u *auf Rasur*
20 uocum] m *auf Rasur; auch dahinter Rasur* 21 *tiu 22 *Sámo *cháde
23/24 *óffenúngâ 25 *literę *Tîe 26/27 *concepti (= gedáncha; conceptę
= passiones) Punkt gehört hinter* 6 uerním, 7 PERIERMENIÂS, 8 EST.

Intentio libri pma e

INCIPIT LIBER PERIERMEN
ARUM ARISTOTELIS:—

RIMŪ

oportuit cons
tituere quid sit nom
& quid uerbū. postea quid ne
gatio. & aff. & enuntiatio. & ora
tio. Sunt ergo ea quesunt inuoce. earū
que sunt in anima passionū notę. & ea que scribun
tur eą. que sunt in uoce. & quemadmodum nec lit
terę omnibus eędem. sic nec eędem uoces. quę autem
hę primę notę eędē omnibus passiones animę s.
& quę hę similitudines. reseciam eędē; De his
quidē dictū est. in his que sunt dicta de anima.
alterius est negotii. Est autem quadmodum in ani
ma aliquotiens quidem intellectus sine uero t̄
falso. aliquotiens aut cui iam necesse est hoc alterū
inee. sic etiā in uoce. Circa e positione & diui
sione. est falsitas uertasq̨; Nomina igitur ipsa & uer
ba. consimilia sunt sine compositione t diuisione
intellectu. ut homo t albū quando non additur
aliquid. Neq eni adhuc uerū aut falsū est. hui
s. aut signum hirco ceruus eni significat aliqd
s. qd nondū uerū t falsū si non t ee t non ee ad
datur. t simpliciter t secundū tempus;

Aus dem C.Sg. 817, Boethius' Übersetzung der Schrift
„De interpretatione", S. 203
Photohaus Zumbühl St. Gallen/Schweiz

INCIPIT LIBER PRIMVS
EXPOSITIONIS · COM
MENTARIORVM BO
ETII VIRI ILLVSTRIS · IN
PERIERMENIAS ARISTO
TELIS ·

a· Peripathetici a ma
gistro aristotile
sic dicti. q̃ de
ambulando dis
putabat·

APVD PERIPATETICAM SECTAM PROBATVR AVCTORITAS. Hic
namq; aristotiles simplicium p̃positionum naturam diligenter noīat· sed
eius series scrupulosa impeditur semita. & subtilibus sententiis pressa· ad eum
intellegentiae facilem non relinquit · Quocirca nos libri huius enodationem ·
duplici commentatione supplevimus· & quantum simplices quidē intellectus sen
tentiarum oratio brevis obscuritaq; complectit· tantū hac huius operis tractatione di
gessimus· Quod vero altius acumen considerationis exposcit· sextae seriei editionis ex
pedict· Nunc autem tantū lector expectare quantū pedetemptim minutatimq;
secūdm ordinationis ordinē textumq; sermonis id qd angustia brevitatis lux
intellegat· Et prius quae sit huius operis intentio demonstrand est breviter·
Inscribit etenim liber graece περιερμηνιας qd latine deinterpretatione
significat· Quidq sit interpretatio paucis absoluā· Interpretatio est uox sig
nificativa p̃ se ipsam Aliquid significans· Sive tm̄ nomen sit qd p̃se sig
nificat ut est homo· sive uerbū ut est curro· sicut qd grāmatici participium
uocant· sive pronomen est· sive p̃dens uīcta oratio ut est homo currit· si
ue quolibet alio m̄t nomen t uerbū t ex his oratio uīcta p̃se aliquid

T de Intentionum
operis
T de Inscriptione
T de Quid sit inter
pretari·

passiones animę. *Et quemadmodum nec literę*
omnibus eędem . sic nec eędem uoces. Únde álso
állero líuto scrífte nîeht kelîh nesínt . tána
mêr nesínt íro sprâcha. *Quorum autem hę pri-*
morum notę . eędem omnibus passiones animę
sunt. Quorum únde primorum . dáz sínt neutra . fúre feminina. Íz chît. *Eędem passiones*
animę sunt omnibus gentibus . quarum prima-
rum .s. passionum . hę uoces notę sunt. Állên
líuten sínt tie uóre gedáncha gelîh . téro
zéichen die uoces sínt. *Et quorum hę similitudines .*
res etiam eędem .i. res etiam eędem sunt . quarum hae
.s. passiones . similitudines sunt. Iôh tíu dîng téro
gelîhnísse dîe gedáncha sínt . sínt in állên
stéten îo diu éinen. Sô éiuerîu dîng sínt . únde sûezîu . únde hólz íst . únde stéina . góld
únde sílber . únde ándere creaturę. Tíu bíldôt taz mûot . so iz tar ána dénchit. *De his*
quidem dictum est . in his quę sunt dicta de ani-
ma. Íz chît. In his quę dicta sunt de anima
.i. de intellectibus animę . de his quidem satis
dictum est. Fóne déro sêlo uernúmiste . íst
nû ze mâle gnûge geságet. *Alterius est nego-*
tii. Éines ánderes uuérchis íst . fóne íro passionibus ze ságenne. *Quemadmodum autem est in ani-*
ma . aliquotiens quidem intellectus sine uero
uel falso . aliquotiens autem .s. est . cum iam necesse est .

B145

P501

---

4 *sprâchâ   7 *uúre   11-13 Et *bis* sunt. *auf Rasur*   12 *hę   13 *tiu
14 *die   16 *sûozîu   18 *sô   *târ   *dénchet   22 *dero   23 gnûge] nûg
auf Rasur; *gnûoge   24 *uuérches   Punkt gehört hinter 13 dîng.   Hoher
Punkt steht hinter 27 est².

horum alterum inesse . sic etiam in uoce. Tíu uuórt   B146
hábint kelîhnísse . dero gedáncho. Álso uuîlôn
gedáncha sínt . nóh uuâr . nóh lúgi . únde
áber sâr . éin uuéder sínt . sô sínt óuh tíu uuórt .
5 tíu ín uólgent. *Circa compositionem autem et di-*
uisionem . est falsitas . ueritasque. Substantiam .
únde accidens zesámene légendo . álde
skéidendo . uuîrdet uuâr álde lúgi. Lége
homo . únde currit zesámine . sô chît iz ho-
10 mo currit . táz íst uuâr álde lúgi. Skéid
síu mít temo aduerbio non . sô chît iz homo
non currit . táz íst áber éin uuéder . uuâr . álde lúgi. *Nomina igitur ipsa et uerba . consimi-*
lia sunt intellectui . sine compositione . uel di-
15 *uisione .i. sine est . uel non est.* Sléhtiu uuórt . sínt
kelîh . sléhtero uernúmiste . tánne siu béi-
díu sínt âne uéstenúnga . únde âne lóugen .
uuánda íro neuuéder íst tánne lúgi . nóh
uuâr. *Ut homo uel album . quando non additur*
20 *aliquid. Neque enim adhuc uerum aut falsum est.*
Álso déro neuuéder nóh tanne uuâr . nóh lúgi .
neíst . úbe man dénchit . álde chît . homo
uel album . mán nelége îeht tára zû. *Huius autem*   P502
signum hoc est. Íh kíbo dir dés exemplum . táz
25 uuâr . nóh lúgi neíst . tóh iz sî compositum. *Hirco-*
ceruus enim significat aliquid. Hircoceruus
pezéichenet . táz péidíu sáment íst . póg íóh

---

1 *Tiu   2 *hábent   kelîhnísse] h *auf Rasur*   4 *tiu   5 *uólgênt   7 zesá-
mene] e² *aus* i *geänd.;* *zesámine   8 uuîrdet] îrd *auf Rasur von* âr   11
*siu   13 igitur *auf Rasur*   15 non est; *Sléhtíu   16 *síu   17 âne ló
auf Rasur von lóugen   21 *tánne   22 *dénchet   23 *zûo   24 hoc] o *auf Ra-*
sur   dír] Akz. rad.; *dír *Punkt gehört hinter* 9 *und* 11 2mal iz. *Punkt*
ist zu tilgen hinter 12 uuâr, 21 lúgi.

---

5 autem *rad.* T, *dafür* enim K I II M-P

hírz . únde íst compositum nomen. *Sed quod nondum est*   B147
uerum uel falsum. Íz íst áber sólih nomen . dáz uuâr .
nóh lúgi . nebezéichenet. *Si non uel esse uel non esse addatur .*
uel simpliciter . uel secundum tempus. Mán nespréche
5 uerbum dára zû . sléhto âne tempus . álde mít
tempore. Dáz chít er . uuánda pręsens échert
keskéite dero temporum íst . únde áber pręteritum . ióh futurum . sélbin die tempora sínt.
Tû nechédêst . hircoceruus est uel fuit . uel erit . án-
10 derês nemág iz sîn . uuâr . nóh lúgi . dóh iz
compositum sî.   Q U I D   S I T   N O M E N   2. M301,33 419,38
*N*omen *est uox significatiua.* Nomen íst éin
bezéichenlîh stímma . únde éin bezéichenlîh uuórt . tes tínges . tes námo iz íst. *Secundum*
15 *placitum.* Áfter dero gelúbedo . díe iz êrest fúnden. *Sine tempore.* Âne dia bezéichenníssida
temporis . tíu án uerbo íst. *Diffinitum.* Kuíssa
uernúmist hábintiz . únde guíssa bezéichenníssida. *Cuius nulla pars est significatiua separata.*
20 Tés syllaba . álde dés litera . dúrh síh níeht ne-
bezéichenit. *In nomine enim quod est equife-*
rus . nihil per se significat. Uuánda éin uuórt
íst equiferus . fóne díu nehábet túrh síh níeht
pezéichennéssedo sîn pars ferus. *Quemadmo-*
25 *dum in oratione . quę est equus ferus.* Sô iz hábet án déro rédo .i. péitîg ros . uuánda ferus tánne níeht neíst pars nominis . núbe sélbez nomen.   P503

1-5 *alles auf Rasur*   5 *zûo   6 *Táz   7 únde] nde *auf Rasur*   8 *sélben
*diu; *die stimmt mit dem f.pl.* *zîte *überein.* 9/10 ánderêst] t *rad.;* *ánderes   14 *2mal* *tés   15 *déro   16 *dîa   16, 18/19 *2mal* *bezéichennísseda
18 *hábentez   20/21 *nebezéichenet   26 *dero   *rós   *Punkt gehört hinter*
9 est, 11 NOMEN.

---

12 *vor* uox] ergo T K II M-P   22 *vor* nihil] *ferus nach* K I M-P

At uero non quemadmodum in simplicibus no-   B148
minibus . sic se habet et compositis. Îz ne uérit
nîeht kelîcho in éin-lien uuórten . únde zesámene gesázten. In illis enim nullo modo pars sig-
5 nificatiua est . in his autem uult quidem .i. imaginationem habet significationis. Án dien simplicibus
neîst nôh tés kelîh . an dîen compositis péitet
iz sîh taz pars . únde tûot tés kelîh . sámoso
iz îeht pezéichenne. Sed nullius separati .i.
10 nulla separatae partis significatio est. Îo dôh
nepezéichenet iz nîeht tûrh sîh. Ut in equiferus. Álso iz skînet án demo nomine equiferus.
Sîn pars tûot álso iz hábe dúrh sîh significationem . téro iz nîeht nehábit. Secundum placitum uero .
15 quoniam naturaliter nominum nihil est . sed quando fit
nota .s. illa naturalis est. Íh chád nomen uuésen
bezéichenlîh . áfter gelúbedo . uuánda iz natûrlicho neuuîrdet . so súmelîh ándir zéichenún-
ga tûot. Nam designant et inliterati soni . ut fe-
20 rarum . quorum nihil est nomen. Táz chád íh fóne díu .
uuánda dero tîero stímma . hábent natûrlîcha
bezéichennîssida . únde nesínt nîeht nomina. Pe díu sínt nomina geskéiden . fóne dîen
stímmôn dero tîero. DE HIS QUE POSSUNT UI-   3. M304,24 424,10
25 Non homo uero non est nomen. DERI NOMINA
÷At uero nec positum est nomen . quo illud oporteat appellari: Latine non homo álde in dîutiskûn nîmén-

---

1-4 At bis gesázten von anderer Hand   1 At] schwarze Initiale mit roter
Füllung   2 *neuéret   3 éin lien] éin auf Rasur; *éinlîchên   3/4 *zesámine   7 *án dien   8 iz] *is   taz] *tiu; 9, 11, 13/14 4mal iz] *si;
taz und iz stimmen mit dem n.sg. *téil überein.   9 *pezéichene   10 *se-
parate   est. auf Rasur 11 *nebezéichenet   14 *nehábet   16 nota] n auf
Rasur Íz 18 *sô ándir] dir von anderer Hand übergeschr.; Verweisungszeichen : oben und in der Zeile; *ánder   20 íh] h aus z rad.   21 *stímmâ
22 *bezéichennîsseda   23 *uóne   26/27 vor At÷ und hinter appellari: ;
die beiden Zeichen besagen, daß der ganze, 149,1/2 vorwegnehmende Satz zu
tilgen ist.   26 nec von anderer Hand übergeschr.   26/27 appellari] pel
auf Rasur   27 *dîutiscûn   Punkt gehört hinter 13 tûot, 25 NOMINA, 27
homo.   Halbhoher Punkt steht hinter 2 compositis.

---

2 vor compositis] *in nach T K I II M-P   11/12 hinter equiferus] *ferus
nach K II M-P

nisko . neîst nîeht nomen. *At uero nec positum est no-*   B149
men . quo illud oporteat appellari. Nóh ôuh
sâr uúnden neîst . uuîo man iz héizen súle.
Neque enim oratio aut negatio est sed sit nomen in-
5 *finitum.* Íz nemág héizen oratio . sine uerbo.
Íz nemág héizen negatio . sine uero et falso. Nû
héizên iz nomen infinitum . táz chît únguis ná-   P504
mo . uuánda iz állîu díng méinen mág . âne
ménnisken . únde dóh téro nehéin guísso ne-
10 méinet. *Catonis autem uel catoni . et quęcumque talia sunt .*
non sunt nomina . sed casus nominis. Obliqui ca-
sus nesínt óuh nîeht nomina . uuánda nîoman
nehéizet catonis . nóh catoni . íz sínt uuéhsela
des nominis. Casus íst flexio . táz chît chêr . fle-
15 xio íst alteratio . táz chît ánderlîchi . alteratio
íst mutatio . táz chît uuéhsel . fóne díu sínt
casus uuéhsela. *Ratio autem eius . id est nominis . est*
in aliis quidem .s. uocibus casuum . *eadem.* Áber diffinitionem nominis . fíndest tu án sînên casibus.
20 Álso cato íst uox significatiua secundum placitum . sô
íst óuh catonis únde catoni. *Sed differt.* Íst
áber dóh keskéiden. *Quoniam cum est . uel fuit . uel erit*
adiunctum .i. adiunctus casus . *neque uerum neque*
falsum est nomen uero semper. Uuánda casus mit uerbo .
25 netûot lóugen . nóh keiíht . nomen tûot áber.
Ut catonis est . uel non est. Nondum enim aliquid . neque
uerum dicit . neque falsum. Tû nelégest mêr zû .

---

2 *óuh   5 oratio] or *auf Rasur*   7 únguis] ui *auf Rasur von* is; *únguís
13 catonis] ton *auf Rasur*   19 tu *auf Rasur*   20 secundum, *eigentl.* scdm]
cā *auf Rasur*   24 *mít   27 *nelégêst   *zûo   *Punkt gehört hinter* 4 *und*
24 2*mal* est, 23 uerum.

sô neíst iz . uuâr . nóh lúgi.   QUID SIT UERBUM   4. B150 M306,24 426,57
*U**erbum autem est . quod consignificat tempus.*
Uerbum íst . táz sáment actione . álde sáment
passione . pręsens álde pręteritum álde futurum tem-
5   pus pezéichenet. *Cuius pars nihil extra signi-*
ficat. Tés pars nîeht túrh síh nebezéichenet.
Et est semper nota eorum quę de altero prędicantur.
Únde íst iz îo bezéichenénde . éin déro . díu uône
ánderên gespróchen uuérdent . sô actio tûot .
10   únde passio . únde állíu accidentia. Uuánda   P505
síu uuérdent îo gespróchen . fóne íro subiecto.
Dico autem quoniam consignificat tempus. Íh chído iz
tempus pezéichenne . mít ánderro bezéichen-
níssedo. *Ut cursus quidem nomen est . currit uero*
15   *uerbum .i.* ut sicut cursus nomen est sine tempore .
sic currit uerbum est cum tempore. Táz tu uuóla
uuízîst . taz îo nomen . sô cursus íst . tempus ne-
méinet . únde îo uerbum . sô currit íst . tempus
nôte méinet. *Consignificat enim nunc esse .i.*
20   *consignificat pręsens tempus.* Sáment actu . méinet iz tia gágen uuértûn stúnda. *Et est semper*
eorum nota . quę de altero dicuntur. Únde íst îo
nota . táz chît hábit iz îo bezéichénníssida
déro . quę de altero dicuntur . táz sínt acciden-
25   tia. Fóne díu chît er sâr nâh. *Ut eorum quę de*
subiecto aut in subiecto. Álso déro nota . fóne
ándermo gespróchen uuérdent . tíu de sub-

---

3 actione *auf Rasur von* passione   7 Et] t *und* est *auf Rasur*   8 *bezéi-
chenende   11 *siu   *uóne   12/13 iz . . . *pezéichenen *bzw.* *íz . . . *pezéichene   17 *táz   23 *hábet   *bezéichennísseda   26 fóne] *táz chît . álso uóne *Punkt gehört hinter* 1 UERBUM, 4 pręsens *und* pręteritum, 23 chît.

26 aut] *uel *nach* T K I II M-P

iecto héizent . únde in subiecto. Táz sínt áber   B151
accidentia. Sámo so er cháde . Íz pezéichenet
îo actionem . únde passionem . tîe in subiecto lígent .
sô állíu accidentia tûont . únde ôuh tánne uuér-
5 dent kespróchen de subiecto . sô siv sínt generalia .
únde specialia. DE HIS QUĘ UERBA UIDERI POS-   5. M308,3 428,60
*N*on currit uero . non laborat . non uerbum dico . SUNT
Nelóufit . nerínget . nesínt niêht mêr uerba .
dánne non homo nomen íst. *Consignificat quidem*
10 *tempus . et semper de aliquo est.* Síu hábint diffinitionem des uerbi . únde nesínt tôh nîeht
uerba. *Differentię autem huic . nomen non est positum .*
sed sit infinitum uerbum. Currit . táz íst simplex uerbum . fóne démo skéidet síh non currit.
15 Pe díu sô chît er . dírro differentię .i. tísemo .   P506
dáz síh fóne énemo skéidet . neíst nôh ne-
hêin námo uúndenêr . nû uíndên ín . únde
héizên iz infinitum uerbum .i. únguís bezéi-
chenéntez uerbum. Zíu sól iz sô héizen? *Quoniam*
20 *similiter in quolibet est . uel quod est . uel quod non est.*
Uuánda iz fóne díngolíchemo gespróchen
uuírdet . ióh fóne demo . dáz tir íst . ut homo
non currit . ióh táz tir neíst . ut chimera non
currit. Únde ôuh fóne díu . uuánda éina
25 actum uerságet iz . uuélicha iz áber uuélle .
dáz neóffenôt iz nîeht. *Similiter autem de*
futuro curret . uel currebat . non uerbum est . sed

---

2 *châde 5 siv *von anderer Hand übergeschr.* 8 *Nelóufet *nîeht 9 íst
auf Rasur 10 *hábent 16 éinemo 18/19 *pezéichenentez 22 *démo 23
*chimęra 24 *éinen; 25 *uuélichen; éina *und* uuélicha *stimmen mit dem f.*
sg. *actionem *bzw.* *tât *überein. Punkt gehört hinter* 6/7 POSSUNT, 15 díu.

7 *vor* non¹] et T K II M-P   26/27 de futuro *nach* K I, *dafür einfach* uel T
M-P; *der Satz fehlt* K II.

casus est *uerbi*. Nîeht mêr neĩst uerbum . tấz
man sprĩchet in futuro tempore . álde pręterito. *Sed casus uerbi.* Îz héizet casus uerbi. *Dif-*
fert autem a uerbo . quod uerbum significat pręsens
5 *tempus . illa uero quod complectitur.* Síu sínt târ
ána geskéiden . uuánda daz náma-háftesta
uerbum . pezéichenet pręsens . áber díe casus uerbi . díe bezéichenent tíu zuéi tempora . díu
ũmbe daz pręsens stânt. Prẹteritum únde fu-
10 turum . stânt in ében . pręsens . stât in mítteren .
futurum . lóufet zû . taz iz pręsens uuérde . pręteritum . dáz prẹsens uuás . lóufet tána . sélbez prẹsens .
íst únder hánden. *Ipsa quidem secundum se dicta*
uerba . nomina sunt. Sélben díu uerba . sínt
15 nomina . sô siu éin-lúzzíu gespróchen uuérdent.
Fóne díu spréchent greci . infinitiuum mít ar-
ticulo TO TREXEIN .i. hoc currere. Uuír chédên óuh nominatiuo . mîn lóufen . íst spûo-
tĩgera . tánne daz tîn . únde in genitiuo . mí-
20 nes lovfennis spûot páz . tánne dînes. Latini
chédent ófto . in nominatiuo . meum uelle . meum
esse . meum scire. Tánnân skĩnêt . tấz uerba . múgen héizen nomina. *Et significant aliquid.*
Únde hábint síu dúrh síh . íro bezéichenníṣ-
25 seda . samoso nomina. *Constituit enim qui dicit*
intellectum .s. audienti. Tấz skĩnet târ ána .
uuánda dér iz éin-lúzzez sprichet . tér gĩbet

151,27-152,1 sed *bis* uerbi, *das* 3 *vorwegnimmt, hätte getilgt werden sol-*
len. 3 casus uerbi²] sus uer *auf Rasur*   6 *námeháftesta   7 *bezéichenet   7/8 2mal *díe   11 lóufet] et *auf Rasur*   *zúo   *tấz   14 *diu   16
infinitiūū] *Strich¹ rad.*   18 *vor* nominatiuo] *in   lóufen] fen *auf Rasur*
19 *dánne   20 lovfennis] v *von anderer Hand übergeschr., ni auf Rasur von*
is; *lóufennes   22 *skĩnet   152,23-153,27 múgen] gen *bis* íro] *andere Hand*
und Tinte   24 *hábent siu   25 *sámoso   Punkt gehört hinter 16/17 arti-*
culo. *Punkt ist zu tilgen hinter 21* ófto.   *Hoher Punkt steht hinter 10*
mítteren.

4 quod uerbum *nach* K I, *dafür* quoniam hoc quidem T M-P; *der ganze Satz*
fehlt K II.

ánauuólga uernúmist temo lósênten .   B153
sámo so er nomen spráche. *Et qui audit . qui-*
escit. Únde hírmet er sînes lósênnis . sô er
iz kehôret. *Sed si est . uel non est . nondum signi-*
5 *ficat.* Áber nóh tánne . neóuget iz nîeht .
úbe iz uuâr sî . álde nesî . tû nelégêst mêr
zû. *Neque enim esse . signum est rei . uel non esse.* Quasi diceret. Neque enim est uerbum solum signum eius
rei . de qua prędicatur . ad intellegendum esse
10 uel non esse. Íz nemág úns éinez . nehéin díng
keságên uuésen . álde neuuésen. Táz chît .
íz neíst nehéin zéichen . affirmationis . álde negationis. *Nec si hoc ipsum est . purum*
dixeris . ipsum quidem nihil est. Nóh sélbez est .
15 mít témo álle uéstenúnga uuérdent .
nemág éinez proloquium sîn. *Consignificat*
autem quandam compositionem . quam sine compo-
sitis non est intellegere. Íz pezéichenet aber
éteuuaz . mít zesámene gelégetên uuór-
20 ten . tíu nîoman dúrh sîh neuernîmet . síu
neuuérdên zesámene geléget.
O*ratio autem est uox*   QUID SIT ORATIO   1. M311,49 434,32
significatiua . cuius partium aliquid signifi-
catiuum est separatum . ut dictio. Oratio íst
25 óuh significatiua uox . álso nomen . únde
uerbum. Sî íst áber dóh tés . fóne ín geskéiden . táz îo gelîh íro téilo . dúrh sîh îeht

1 *ánauuálga   1/2 sámo/sámo   3 *lósênnes   7 *zûo   10 Íz] z aus h *korr.*
15 uéstenunúnga; *uéstenúngâ   18/19 *áber éteuuáz   19, 21 2mal *zesámine;
19 zesámene] ene *auf Rasur*   153,27-155,10 téilo *bis* keséhennis] *wohl die*
gleiche Hand wie bei 148,1-4; *andere Tinte schon ab* 153,26 áber   Punkt
gehört hinter 9 esse, 22 ORATIO.

pezeichenet. Álso éin uuórt tûot
án dero rédo pezéichenet éteuuáz.
Non ut affirmatio . uel . negatio. Nî dóh
nîeht uuâr . álde lúgí . sô proloquia
5   tûont. *Dico autem . ut homo signifi-*
cat aliquid. Íh méino . álso homo
íst éin-lúzziz uuórt . unde dóh
éteuuáz pezéichenet. *Sed non quoniam*
est . aut non est. Náls áber nîeht . néin
10 únde iáh. *Sed erit affirmatio . uel . ne-*
gatio . si quid addatur. Légest tv îeht
tara zv̂ .s. doh éin uerbum . sô uuírdet
iz . proloquium. *Vt homo currit. Sed*
non una hominis syllaba. Aber éin syl-
15 laba . ho . alde mo . nemúgen nîeht
pezéichenlîh sîn . dúrch sîh. *Nec in*
eo quod est . sorex . rex significat. Uox est sola.
Nôh án démo uuórte sorex . ne hábit rex .
nehéina sun-derîga bezéichen-
20 nísseda . tóh iz mánne sô dúnche. *Sed uox*
est sola. Íz ist échert éin stímma. *In duplici-*
bus quidem significat. Sámint téro ánde-
rûn syllaba . pezéichenet iz. *Sed non secundum*
se. Nî dúrh sîh. *Sed quemadmodum dictvm est.*
25 Núbe sô iz târ uóre geságet íst . tô man
ságeta . úmbe-zéichen-lîh uuésen . *partes*
nominis . sámo so óuh *uerbi.* ITEM QUA-

2. M313,16 440,48

---

1 pezeiehenet; *pezéichenet   2, 23 2mal *bezéichenet   2 vor éteuuáz] *iz
4 nîeth *lúgi   7 éin lúzziz] z² auf Rasur; *éinlúzzez *únde   12 *tára
*zv̂o *dóh   14 *Áber   15 *álde *nemág   16 *dúrh   17 Uox est sola.,
das 20/21 vorwegnimmt, hätte getilgt werden sollen.   18 *demo *nehábet
19 hinter nehéina] nehéina durchgestr. *súnderîga   19/20 bezéichen/nís-
seda] vor n² Rasur von s   21 *íst *éin   22 *Sáment tero   27 IITEM]
I¹ rad. Punkt gehört hinter 1 tûot, 9 néin. Punkt ist zu tilgen hinter
3 und 10 2mal uel, 9 nîeht, 26 ságeta und uuésen. Halbhoher Punkt steht
hinter 3 negatio, 6 aliquid, 11 addatur, 13 currit, 20 dúnche, 27 uerbi.

Liber secundus 15

LIS SIT OMNIS ORATIO
Ę́ST AUTEM ORATIO QUIDEM OMNIS
significatiua . non sicut instrumentum .s. ut
plato docuit . sed quemadmodum dictum est se-
5 cundum placitvm. Álle orationes pezéichenent
iô éteuuáz . náls níeht natûrlicho .
sô instrumentum . núbe áf-ter gelúbedo . unde
áf-ter mánnis uuíllen . sô iz fóre geságet
íst. Táz óuga íst instrumentum dés
10 keséhennis. Natûrlíh íst taz kesíune . natûrlíh
íst táz . mít tíu man gesíhet. Sô
uuánda plato . mít kechôse . sámoso mít
instrumento . keóffenôt uuérden . mánnes
uuíllen . únde díu béidiu natûrlíh sîn.
15 Áber aristotiles uéstenôt nomen unde uerbum
secundum placitum gesprόchen uuérden .
uuánda éinen gentibus . líchet in éina uuîs
ze chédenne . ánderên in ándera uuîs.
Táz uuír héizên góld . táz héizent lati-
20 ni aurum . greci crison. Uuâre iz natura .
déro neuuâre nehéin uuéhsal. Táz skînet
târ ána . uuánda dáz hîer natûrlícho
íst sûoze . álde bítter . táz íst úberál
sô. Uuîo mág oratio sîn . secundum naturam .
25 sîd íro partes . nomen únde uerbum . áfter
líuto uuíllen keskáfôt sínt? Fóne díu
íst oratio nota . náls instrumentum . únde

B155

P509

---

5 palacitvm] a¹ rad.   6 *ío   6, 22 je 3mal natûrlicho und natûrlícho,
einmal naturlícho in Ni   7 instrumentum] r übergeschr.   7/8, 15 2mal
*únde   8 *mánnes   9 *Taz   *des   10 *keséhennes   155,10-162,14
Natûrlíh bis Álso] wohl die gleiche Hand wie bei 152,23-153,27   12 sámoso]
a aus o korr.   13 *geόffenôt   14 *béidiu   15 *féstenôt   17 *éinên
*líchêt   21 sonst 10mal uuéhsel in Ni   24 *Uuîo   26 *gescáffôt   27
uuánda] u¹ und a¹ rad.; e auf Rasur von a² Punkt gehört hinter 1 ORATIO.
Halbhoher Punkt steht hinter 5 placitvm, 10 keséhennis.

ist áber díu zúnga . íro instrumentum . uuánda　　　　　　B156
man spríchet . mít tero zúngûn . álso man
gesíhet mít temo óugen. Instrumentum
chédên uuír . kerúste . keskírre . gezíug .
5　ázâse. Instrumentum íst . mít tíu man dín-
golîh tuôn sól. ENUNTIATIO DISCERNI-　　　　　3. M313,42 441,54
　　TUR . A CAETERIS ORATIONIBUS
　Enuntiatiua uero non omnis .I. Non omnis oratio enuntiatiua est . *sed in qua uerum uel fal-*
10　*sum est.* Nehéin oratio neíst mêr enuntiatiua . âne díu uuâr . álde lúgi ságet. Uuír
múgin óuh tíuten enuntiatio . sága. Sága
íst péidiu . uuâr ióh lúgi. *Non autem in om-*
nibus .s. est uerum . uel falsum. *Ut deprecatio . oratio*
15　*est . quidem . sed neque uera . neque falsa.* Áber in
állên orationibus . neuíndest tu dóh níeht
téro éin uuéder .s. uuâr . álde lúgi . uuánda deprecatio neuuéder neíst. *Et cętere*
quidem relinquuntur. Únde be díu uuérdent
20　híer die ándere uersuígêt .i. optatiua
oratio . uocatiua . imperatiua . deprecatiua.
Rhetoricę enim . uel poeticae . conuenientior consi-
deratio est. Íro íst uuára zę tuônne poetis .
únde rehtoribus . mêr dánne philosophis.　　　　　　　　P510
25　*Enuntiatiua uero pręsentis speculationis est.*
Enuntiatiua éiniu íst tíssis ketráhtedis.
DE SPECIEBUS ENUNTIATIONIS . ET ORDINE UNARUM.　　4. M314,12 442,37

---

1 Íst *von anderer Hand am linken Rand nachgetr.* *diu　　4 *kezíug　　6 *tûon　　7 *CĘTERIS　　12 *múgen　*enuntiationem　　13 *péidíu　　18 *cęterę　　22 *poeticę　　23 *tûonne　　24 *rhetoribus　　26 enuntiatiua *auf Rasur; auch vor e Rasur* Éiniu; *éiníu　*tísses ketráhtedis: *(der Schreiber wollte nämlich einen halbhohen Punkt durch einen hohen ersetzen);* *ketráhtedes *Punkt gehört hinter* 7 ORATIONIBUS, *ist zu tilgen hinter* 15 est, *fehlt hinter* 25 est, *steht hinter* 26 enuntiatiua. *Halbhoher Punkt steht hinter* 5 ázâse, 27 UNARUM.

---

25 speculationis *nach* K I, *dafür* considerationis T K II M-P　　27 *hinter* ET] *DE *nach* T

*E*st autem una prima oratio enuntiatiua . affir-   B157
matio. Deinde negatio .s. que natura sunt
unę orationes. Alię coniunctione unę. Táz
er chît una . dáz méinet er significatione .
5   náls numero. Sámo so er cháde . súmelîche
enuntiatiuę orationes sînt éine . sô ze êrist
îst affirmatio. Sîu îst uuîlôn éiniu natur-
lîcho . únde sámo so uóne sélb uuáhste. Ut
homo animal est. Tára nâh îst negatio sôsámo.
10 Ut homo animal non est. Fóne dîen îst tiz pûoh
kescrîben . ûzer dîen uuérdent prędicatiuí
syllogismi. Súmelîche sînt áber uuîlôn
éine uóne bánde. Tîe sînt ûzer zuéin . álde
ûzer mánigên . éine uuórtene. Sô dáz îst.
15 Si homo est . animal est. Homo est . animal est . táz
uuârîn zuô . úbe sî coniunctio ûzer în éina
nemáchôtî. Fóne dîen ságet er in topicis .
únde lêret ûzer în uuúrchen . conditionales
syllogismos. QUOD ENUNTIATIONES .I. PROPOSI-   5. M314,26 442,38
20 TIONES . SIUE PROLOQUIA UERBIS CONSTITUANTUR.
*N*ecesse est autem enuntiatiuam omnem orationem .
ex uerbo esse . uel casu. Álliu proloquia máchôt
îo dáz uerbum . éin uuéder . sô pręsentis temporis .
álde pręteriti . álde futuri. Etenim hominis
25 rationi . si non addatur . aut est . aut erit . aut
fuit . aut aliquid huiusmodi . nondum est ora-   P511
tio enuntiatiua. Sámo so er cháde . îh uuî-

---

2 *quę   3 coniunctiones] s rad.   5, 27 2mal *cháde   6 *êrest   7 *Sî
7/8 *éinîu natûrlîcho   9 *sosámo   10 *tîz   12 syllogismi.] Punkt rad.
13 *Tîe   16 zûo   17 *nemáchôtî   22 *Álliu   23 *daz   Halbhoher Punkt steht
hinter 20 CONSTITUANTUR.

3 hinter Alię] *uero nach T K II M-P

le dir ze exemplo gében diffinitionem hominis. Uuîle dû tûon mít diffinitione proloquium .
i. propositionem . tû nelégêst tánne uerbum
zû déro diffinitione . uerbi gratia hominis .
ánderes neuuírdet si nîeht ze proloquio. Chíd
homo animal est . táz íst proloquium . únde dáz
proloquium héizet diffinitio. Uuîle dû chéden .
homo . animal rationale mortale gressibile .
âne daz est . tôh iz mánigíu uuórt sîn . síu
nesínt îo nîeht proloquium. Mít párên nominibus nemág nehéin proloquium uuérden. Íz mág
áber uuérden mít párên uerbis . sô dáz íst.
Ambulare . moueri est. Únde âne nomen . sô dáz
íst. Non homo currit. ITEM DE UNIS.

*Quare unum quiddam est . et non multa . animal
  gressibile bipes.* Fóne díu uerním éin
díng uuésen . tíe drî terminos . íh méino
éina enuntiationem . animal . gressibile .
bipes . sámo so óuh tíe zuêne . homo currit.

*Neque enim in eo . quod dicuntur propinque . unum
erit.* Nî dóh fóne díu nîeht éin . táz sie átaháfto . únde gesólgo nâh éin ánderên gespróchen uuérdên. *Est hoc alterius negotii.*
Táz íst ándersuuâr ze lêrenne. Sámo so
er châde . lîs mîne metaphisica . dâr lêro
íh tíh iz. Áber boetius . ságet iz fúre ín .
in secunda editione. Ér chît tíu bezéichenên

---

1 *dír   4 *zûo *bzw.* *ze   5 nîeht] t *auf Rasur*   6 *daz   7 diffnitio
9 dáz] *Akz. rad.*   16 bipes] p *aus* b *korr.*   éin] e *aus* c *korr.*   17 *díe
19 *tíe   25 *míníu   27 *etwa inf.* *bezéichenen   *Punkt gehört hinter* 5
Chíd. *Halbhoher Punkt steht hinter* 14 UNIS.

15 *vor* unum] *autem *nach* T K II M-P   23 *vor* negotii] *tractare *nach* T K
I II M-P

éin . tíu uóne éinemo dínge gespróchen uuér- B159
dent . sô díu tuônt . animal gressibile bipes.
Fóne homine uuérdent siu gespróchen . nóh
fóne ándermo dínge nehéinemo. Pe díu gât
5   iz sûs úmbe. Uuáz íst homo? Animal gressi- P512
bile bipes. Uuáz íst animal . gressibile . bipes? Homo. Áber socrates . atheniensis philosophus est . neuuírdet nîeht fóne éinemo gesprochen . uuánda iz úmbe gân nemág .
10 táz man chéde atheniensis phylosophus .
táz íst socrates. *Est autem una oratio enuntia-*
tiua . quę unum significat . uel coniunctione una.
Tíu éin bezéichenet natûrlícho . álde uóne
bánde . tíu íst éiníu. Nû íst tíu éiníu tûrh
15 síh . animal . rationale . mortale . homo est.
Tíu íst áber éiníu . fóne bánde. *Si dies est . lux est.*

P*lures autem quę plura et non unum* DE PLURIBUS.   7. M315,28 447,37
.s. significant. Tîe sínt mánege . tîe nîeht
éin nebezéichenent . *ut canis mouetur.*
20 Táz mág fóne drín uernómen uuérden . cęlesti marino latrabili. *Uel inconiunctę.* Ióh úngebún-
dene sínt plures . álso man chéden mág .
sol est . pax erit . nox est . cęlum uoluitur. Tîe
sínt plures numero . ióh significatione.
25 QUOD SIT TANTUM DICTIO . NOMEN ET UERBUM.   8. M315,53 447,38
N*omen ergo et uerbum dictio sit sola . quoniam non est*
dicere . sic aliquid significantem uocem enun-

---

2 *tûont   3 nôh] n *auf Rasur von* f   8/9 *gespróchen   10 *philosophus
14 *dúrh   16 *uóne   18 mánege] e¹ *aus* i *geänd.; sonst* mánig- *in* Ni   19
*nebezéichenent   20 uuérden *von anderer Hand übergeschr.   Punkt gehört
hinter* 10 chéde, 14 éiníu², 17 autem, 20 cęlesti, 20/21 marino. *Halbhoher
Punkt steht hinter* 17 PLURIBUS, 25 UERBUM.

---

12 *hinter* unum] de uno *übergeschr.* T

tiare. Nû sî nomen . únde uerbum échert dictio .   B160
náls enuntiatio . uuánda sô bezéichenenta
uocem . Íh méino sô nomen álde uerbum bezéichenent . nemág nîoman chéden . îeht féstenôn .
5 álde lóugenen. *Uel aliquo interrogante . uel*
non . sed ipso proferente. Mán dúrh sîh spréche ui-   P513
uit . álde er urágêntemo . uiuitne socrates .
sus ántuuúrte. Uiuit. Fúogest tû iz . zû démo
óberen . táz iz chéde . uiuit socrates . sô íst iz
10 enuntiatio . sô íst iz proloquium. Síhest tu án bá-
rez uuórt . sô neíst is nîeht . álso er uóre ságeta.
QUID SIT SIMPLEX . ET COMPOSITA ENUNTIATIO.   9. M316,24 451,59
*H*arum *autem quidem simplex enuntiatio . ut aliquid*
de aliquo .s. prędicare . uel aliquid . ab aliquo .s. se-
15 *gregare.* Tero enuntiationum .s. uóne dîen uuír
chôsoên . íst sumelîchîu sleht . únde sélb uuáh-
sen . álso dir íst . fóne ételîchemo éteuuáz ságen .
ut socrates uiuit . álde uerságen . ut socrates
non uiuit. *Hęc autem coniuncta . ueludoratio iam compo-*
20 *sita.* Súmelîchiu íst kebúnden . sámo siu sî zesámene geléget . ûzer dîen sléhtên. Ut si dies est . lux est. Tíu íst sléht . târ zuêne termini
sínt . sô socrates íst . únde uiuit . únde terminorum
éinêr geságet uuírt temo ándermo . ut socra-
25 tes uiuit . álde uerságet . ut socrates non uiuit.
Tîe prędicationes . tîe gébent . únde nément .
socrati dáz uiuere. Táz héizet de aliquo prę-

3/4 *bezéichenet   7 *urágêntemo   8 *sús   Fúogest] F *aus* E *korr.;* *Fûo-
gest *zûo *bzw.* *ze *demo   15 enuntiationum] t¹ *aus* a *korr.* 16 *súmelîchíu sléht   17 dír] *Akz. rad.; vor* dir] *dîu   20 *Súmelîchíu siu] *si
20/21 *zesámine   21 *dien   24 temo] *fóne demo   26 *Tie   27 *daz *vor*
de] *aliquid *bzw.* *uiuere *Punkt gehört hinter* 3 méino, 6 spréche. *Punkt
ist zu tilgen hinter* 14 aliquid.

---

13 *vor* quidem] *hęc *nach* T K I II M-P   14 *hinter* aliquo¹] s. predices per
affirmationem . disiungas per negationem. *am Rand nachgetr.* K I   19 *vor*
coniuncta] *ex his *nach* T K I II M-P uelud *nach* T; *uelut *nach* K I II M-P
vor iam] *quędam *nach* T M-P

dicare . aut prędicando ab eo separare . Éin dîng   B161
hábet éinen terminum . zuéi hábint zuê-
ne . dîngolîh hábit sînen . fóne dîu uuîrt ter-
minus fúre rem gesézzet . DIFFINITIO SIM-   10. M316,57 453,44
5 *E*st autem simplex PLICIS ENUNTIATIONIS.
enuntiatio . uox significatiua . de eo quod est
aliquid . uel non est . quemadmodum tempora diuisa   P514
sunt . Sléhtiu enuntiatio . îst uox . tîu dir
bezéichenet éteuuáz uuésen . nû . álde îu .
10 álde nóh uuánne . DIFFINITIO SPECIERUM   11. M317,17 453,46
*A*ffirmatio uero est . enuntiatio alicuius EIUS.
de aliquo . Negatio uero . enuntiatio alicuius
ab aliquo . Féstenúnga . dáz îst ételîches
tînges ána sága . Lóugen . dáz îst ételîches
15 tînges uersága . únde ábe sága . DUOBUS   12. M317,29 457,45
MODIS . UERA . UEL FALSA ESSE PROLOQUIA.
*Q*uoniam autem est enuntiare . et quod est non esse . et
quod non est esse . et quod est esse . et quod non est
non esse . et circa ea quę sunt extra pręsens tem-
20 pora . similiter contingit omne . quod quis affir-
mauerit negare . et quod quis negauerit affirmare . Uuánda man lîegendo . mág chéden . îz îst . álde neîst . únde óuh uuár ságen-
do . chéden îz îst álde neîst . so uuéder man
25 uuîle sô uóne gágen uuértên dîngen . álde ueruárnên . álde chúmftîgên . pe dîu
geskîhet kelîcho . dáz éinêr uéstenôt án-

---

2 zúei zúei] zúei¹ 3mal rot durchgestr.   *hábent   3 *hábet   5 hinter
simplex] enu rad.   7 diuisa] a aus u korr.   8 *Sléhtíu   15 *fersága
*ába sága   26 *ueruárenên   Punkt gehört hinter 24 chéden und îst, 27
uéstenôt.   Punkt ist zu tilgen hinter 16 MODIS und UERA.

deren dés lóugenen . álde dés éinêr lóugenet .
ánderen dáz féstenôn. UNDE FIANT OPPOSITA.
Quare manifestum est . quoniam omni affirmationi .
est negatio opposita . et omni negationi
5 affirmatio. Pe̜ díu skínet . táz ío lóugen stât
uuíder uéstenúngo . unde uéstenunga uuíder lóugene. Et
fit hoc contradictio . affirmatio et negatio op-
posite̜. Únde dáz héizet uuíder chétúnga .
dánne néin . únde iáh . gágen éin ánderên
10 ríngent. Dico autem opponi .i. oppositionem fieri . eiusdem .s. pre̜dicati . de eodem .s. subiecto. Áber
oppositio . sól iô uuérden . mít repetitione
éines pre̜dicati . fóne éinemo subiecto. Non sicut
e̜quiuoce. Táz iz níeht e̜quiuoce nesî. Álso
15 dáz e̜quiuoce íst . úbe mán uóne zuéin
alexandris chît . alexander regnat .
alexander non regnat. Tóh tár daz pre̜dicatvm
regnat . péiden hálb stánde . uuánda áber
daz subiectvm geuuéhsalôt íst . pe̜ díu neíst iz
20 níeht contradictio . nóh oppositvm. Et que̜cumque
ce̜tera determinamus .s. in libro sophisticon .
elecheon . contra sophisticas importunitates.
Únde sô írrent tie contradictionem állíu
diu ánderíu . díu uuír zéigoên . án án-derên
25 bûochen uuíder díen ána gángen dero
falsorum argumentatorum. SECUNDUM RES UNIUER-
SALIA ESSE PROLOQUIA . UEL . PARTICULARIA

---

6 uéstenúngo] o auf Rasur von a   unde uéstenunga von anderer Hand übergeschr.; *únde uéstenúnga (meistens -úng- in Ni)   9 *kágen   12 *ío   13 *uóne   162,15-165,7 dáz bis homo] etwa die gleiche Hand wie bei 148,1-4 und 153,27-155,10   15 *man   19 *geuuéhselôt   22 sophisticas] ic auf Rasur von as   23 *tia   24 diu] *díu   25 *díen ána géngen déro] Akz. rad. Punkt ist zu tilgen hinter 27 UEL.   Halbhoher Punkt steht hinter 2 OPPOSITA, 17 regnat, 20 oppositvm, 22 importunitates, 26 argumentatorum.

---

7 fit nach K I, dafür sit T K II M-P   13 sicut nach K I, dafür autem T K II M-P   21 hinter ce̜tera] *talium nach T K I II M-P   22 elecheon nach K I; *elenchon nach K II   vor sophisticas] argumentorum T

ANNUENDO UEL ABNUENDO.   B163
Q̃UONIAM AUTEM SUNT HAEC QUIDEM
rerum uniuersalia . illa uero singillatim . dico
autem uniuersale . quod in pluribus natum est prędicari .
5 singulare uero . quod non . ut homo quidem uniuersale . plato uero eorum quę sunt singularia . necesse est enuntiare . quoniam inest aliquid . aut non . aliquotiens quidem eorvm alicui . quę sunt uniuersalia .
aliquotiens uero eorvm quę sunt singularia.
10 Sîd tero uuôrto . súmelîchíu sînt keméinlîh . súme-   P516
lîchíu éinlúzlîh . îh chído dáz geméinlîh . táz
fóne mánigên gespróchen îst . vt homo. Únde
áber dáz éinlúzlîh . táz sô neîst. Vt plato . fóne
díu îst nôt ſo dára nâh tiu proloquia éteuués
15 zîhen . álde éteuués ferságen . uuîlôn diu ge-
méinen . uuîlôn div súndrîgen UNIUERSALES   15. M319,39 468,12
PROPOSITIONES ESSE CONTRARIAS.
SI ERGO UNIUERSALITER ENUNTIET IN UNI-
uersali . quoniam est . aut non . contrarię erunt
20 enuntiationes. Úbe man fóne állelîchên . állelîcho ságet néin únde iáh . tîe ságá uuérdent
uuîder uuártîg   Dico autem in uniuersali enuntiationem uniuersalem . ut omnis homo albus est . nullvs
homo albus est. Uuánda homo uniuersalis îst .
25 sprîh óuh tára zû . uniuersaliter omnis álde
nullus . táz héizo îh állelîcha ságûn . fóne állelîchemo dînge. INDIFFINITAS NON   16. M319,42 472,48

---

2 *HĘC 5 q̃d̃] ố rad. 11 *keméinlîh 12 *homo . únde 13 *neîst . vt 16
*uuîlôn *súnderîgen 20, 26 2mal *uóne 21 *tîe 21, 26 sága wird bald
als ō-, bald als n-Stamm flektiert. 24 Uuánda] n aus Ansatz eines z korr.
25 *zûo 26/27 állelîchêmo] zkfl.² rad. Punkt gehört hinter 16 súndrîgen,
22 uuîder uuártîg. Punkt ist zu tilgen hinter 25 tára zû. Halbhoher Punkt
steht hinter 1 ABNUENDO, 9 singularia, 13 neîst, 17 CONTRARIAS, 20 enuntiationes, 24 est.

---

7 hinter est] *autem nach K I II M-P; rad. T   18 hinter ERGO] quis übergeschr. T

ESSE CONTRARIAS

Quae autem in uniuersalibus non uni-
uersaliter . non sunt contrarię .s. sed indeffi-
nitę. Fermîd fóne állelîchên állelîcho ze ságenne .s. vt homo albus est . homo albus non est .
sô ne sînt iz nîeht uuîder uuártîge ságâ.
Quę autem significantur est esse contraria.
Fóne dîen sie gespróchen uuérdent . tîu mugen uuîder uuártîg sîn. Uuánda sô er albus nîst . sô mág ér niger sîn . dîu sint
uuîder uuártîg *Dico autem non uniuersaliter*
enuntiare in his quę sunt uniuersalia . vt est
albus homo . non est albus homo. Uuîle îoman
chéden âne omnis . únde âne nullus . est
albus homo . non est albus homo . táz héizo íh .
ún állelîcho ságen fone állelîchemo. *Cum enim*
uniuersale sit homo . non uniuersaliter utitur
enuntiatione. Sô chédendo . nesprîchet er
nîeht állelîcho daz állelîcha . sô homo îst.
Omnis namque non uniuersale . sed quoniam uniuer-
saliter consignificat. Uuánda omnis neîst
nîeht taz állelîcha . îz pezéichenet áber
állelîcho . sáment temo állelîchen UNIUER-
SALITER SUBIECTO DEBERE APPONI . NON
IN EO UERO QUOD UNIUERSALE PRAEDICATO.
pręedicatur . id quod est uniuersaliter pręedicare non
est uervm. Uuîle îo man spréchen dáz uniuersaliter .

3/4 *indefinitę bzw. *indiffinitę   6 ságâ] g auf Ansatz eines h   7 autem auf Rasur   siṅgnificantur] Tilgungspunkte   8/9 *múgen   10 *neîst *sînt   12 inhis] leichter Trennungspunkt   13 *îoman   16 *uóne   25 *PREDICATO   27 *daz   Punkt gehört hinter 1 CONTRARIAS, 7 significantur, 11 uuîder uuár-tîg, 23 állelîchen. Hoher Punkt steht hinter 5 est². Halbhoher Punkt steht hinter 3/4 indeffinite, 9 sîn, 13 homo², 16 állelîchemo, 25 PRAEDICATO.

2 QUAE] *QUANDO nach T K I II M-P

zû démo uniuersali prędicato . ut omnis homo B165
2a omne animal est . sô neíst iz uuâr. Spréche iz
2b échert zû demo subiecto . vt omnis homo animal est .
2c sô ist iz uuâr. *Nulla enim erit affirma-*
tio . in qua de uniuersaliter prędicato uniuersale
prędicetur .i. in qua uniuersaliter ponatur . cum
5 uniuersali prędicato. Nehéin affirmatio nemág
sô getân sîn . daz uniuersaliter stánde sáment
temo prędicato . *vt omnis homo omne ani-*
mal. Taz íst fone díu . uuánda daz prędicatum îo mêrôra íst . tánne daz subiec-
10 tum . álde ébenmíchel. Úbe iz mêrôra íst . sô
líuget iz . ut omnis homo . omne animal est.
Íst iz ébenmíchel . sô íst iz únnúzze . ut om-
nis homo . omne risibile est. UNIUERSA- 18. M323,30 476,47 P518
LIBUS NON UNIUERSALITER OPPOSI-
15 TAS CONTRADICTORIAS DICI.
*D*ICO AUTEM OPPONI CONTRADIC-
torię affirmationem quę uniuersale
significat . eidem .i. illi quę non uniuer-
saliter. Íh chído . áber día únállelichûn
20 sága . stân gágen dero állelichûn in uuí-
derchétungo. Ál uuíder chît sî . téil ne-
uerságet si. *Ut omnis homo albus est.*
Non omnis homo albus est. Nullus homo
albus est . est quidam homo albus.
25 CONTRARIAS NON SIMUL ESSE UERAS . 19. M324,3 476,51
EARUM UERO CONTRADICTORIAS
ALIQUANDO.

1, 2b 2mal *zûo bzw. *ze   1 *demo   2a omne *von anderer Hand am linken Rand übergeschr.* neíst] ne *von anderer Hand übergeschr.* 2a-c Spréche *bis* uuâr *von anderer Hand am oberen Rand nachgetr.; Verweisungszeichen : oben und im Schriftspiegel*   2c *íst   6 *dáz *sáment   7 *prędicato. Vt 165,7-178,27 (ausgen. 167,8-22) omne *bis* táz] *andere Hand und Tinte*   8 *Táz *fóne   9/10 subiectum . álde] um . á *auf Rasur von* iuum   12 ébenmíchel] n *auf Ansatz eines* m   16/17 CONTRADICTO/torię   19 *día únállelichûn] *meistens* -lích- *in Ni; vgl.* 20 állelichûn. 20/21 uuíderchétungo] *meistens* -úng- *in Ni*   21 *Állemo   24 *est. Est   *Punkt ist zu tilgen hinter* 19 chído, 20 sága. *Halbhoher Punkt steht hinter* 2a uuâr, 5 prędicato.

16/17 CONTRADICtorię *nach* K I; *CONTRADICtorie *nach* T K II M-P   17 *hinter* affirmationem] *negationi *nach* T K I II M-P   18 quę *nach* T, *dafür* quoniam K I II M-P

CONTRARIE UERO UNIUERSALEM affir-   B166
mationem . et uniuersalem negationem.
Íh chído áber die uniuersales éin ánderên uuíderuuártígo begágenen. *Ut om-*
5 *nis homo iustus est . nullus homo iustus*
est. Quocirca has quidem impossibile est
simul ueras esse. Fóne díu nemúgen sie
sáment keuuâre sîn. *His uero oppositas*
contingit in eodem. Íro oppositæ .i. íro
10 uuíderchétigûn múgen sáment keuuâ-
ře sîn in éinemo dínge . Íh méino. *Non*
omnis homo albus est. Est quidam homo albus.
CONTRADICTORIĘ OPPOSITARUM   20. M324,28 478,58
UNAM ESSE UERAM . ET ALTERAM FALSAM .
15 SIMILITER ET PARTICULARIUM.
QUĘCUMQUE IGITUR CONTRADICTIO-
nes uniuersalium sunt uniuersaliter .
necesse est alteram esse ueram uel falsam. Tie uuí-   P520,1
derchétunga dero állelîchôn állelîcho
20 gespróchenero . sínt ío éine hálb geuuâre . ánder hálb lúkke. Álso dáz lúgi íst .
omnis homo albus est . únde áber dáz uuâr
íst . *non omnis albus est .* álde dáz témo
gelîh íst . *quidam homo albus non est.* Sô sá-
25 mo. *Nullus homo albus est .* táz íst lugi.
Nonnullus homo albus est . táz íst uuâr.
Únde dáz témo gelîh íst . *quidam homo albus est.*

---

4 *uuíderuuártígo   5 *est. Nullus   9 *oppositę   10 uuíderchétigûn] ché
auf Rasur von tig; *meistens* -íg- *in* Ni; uuíderchétigûn = *nom.,* *uuíderché-
tígen = *adj.*   12 *hinter* albus² *Rasur*   16/17 CONTRADICTIOnes] IO *auf Rasur von* OR   18/19 *Tíe uuíderchétúngâ   19 állelîcho] e *aus* t *korr.*   20
ío] í *auf Rasur*   *éin *bzw.* *éina   23 *hinter* omnis] *homo   24 *So   25
*lúgi   27 albus] us *und* est. *von anderer Hand am Zeilenschluß nachgetr.*
Halbhoher Punkt steht hinter 12, 27 2*mal* est.

13 *CONTRADICTORIE *nach* T   18 uel] alteram K II

Et quaecumque in singularibus sunt. Tíu
sínt óuh éine hálb uuâr . ánder hálb
lúgi . díu man uóne éin-lúzzên spríchet.
Ut socrates est albus . non est socrates albus.
Lírne án dísemo gemâle . uuíolîh uni-
uersalia . únde particularia . únde op-
posita éin ánderên sin.

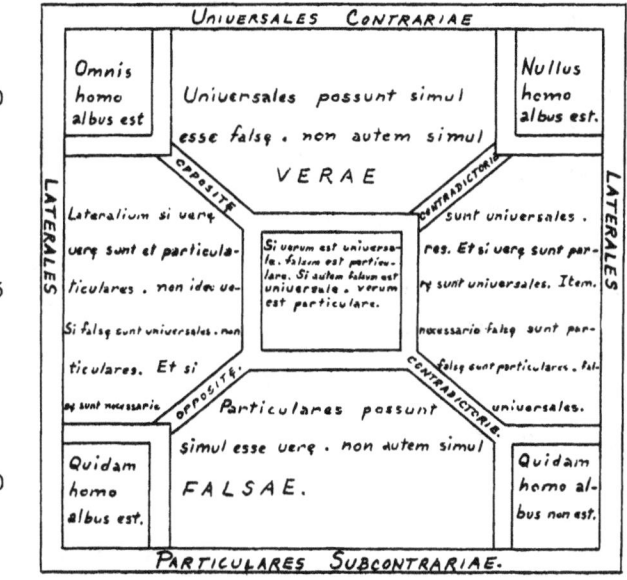

P519
Es folgen der Leserlichkeit we-
gen die Sätze der Ausführung.
Uniuersales possunt simul esse
falsę . non autem simul VERAE/
Lateralium si uerę sunt uniuer-
sales . uerę sunt et particula-
res. Et si uerę sunt particula-
res . non ideo uerę sunt uni-
uersales. Item. Si falsę sunt
uniuersales . non necessario
falsę sunt particulares. Et si
falsę sunt particulares . falsę
sunt necessario uniuersales./
Si uerum est uniuersale . fal-
svm est particulare. Si autem
falsvm est uniuersale . verum
est particulare./ Particulares
possunt simul esse uerę . non
autem simul FALSAE. *Die inneren*
Bezeichnungen des Schemas lau-
ten: OPPOSITĘ CONTRADICTORIE./
OPPOSITĘ. CONTRADICTORIE
21. M324,52 479,24 P520,14

ITEM INDEFINITAS PROSEQUITUR.
Quaecumque autem in uniuersalibus
non uniuersaliter . non semper hęc uera sunt
illa falsa. Indefinita neskéident níeht .
uuâr . únde lúgi . síu sínt sáment éin

---

1 *quęcumque singularibus] g *von anderer Hand aus* c *korr.*   2 *éin *bzw.*
*éina; hálb] lb *auf Rasur*   7 *sîn   8-22 *andere, kleinere Schrift in ande-*
rer Tinte; rote Linien   8 *CONTRARIĘ   12 *VERĘ   12/13 C̄ONTRAD;   17/18 C̄-
TRADICT   20 *FALSĘ   22 *SUBCONTRARIĘ   24 *QUĘCUMQUE   25 sunt, *eigentl.* s̄]
s *auf Rasur von* e   *Punkt gehört hinter* 8 CONTRARIAE, 11 est[1], 12 VERAE,
12/13 CONTRADICTORIE, 12-15 *2mal* LATERALES, 25 sunt. *Punkt ist zu tilgen*
hinter 17/18 OPPOSITĘ, 26 níeht. *Halbhoher Punkt steht hinter* 11 est[2], 14
und 16/17 *2mal* particulares, 14 particulare, 15 *und* 18 *2mal* uniuersales,
15 Item, 17/18 CONTRADICTORIE, 20 FALSAE, 21 *2mal* est, 22 SUBCONTRARIAE.

---

25 sunt] *est *nach* T K I II M-P

Siehe die Aufnahme dieser Seite gegenüber B224a.

uuéder. *Simul enim uerum est dicere . quoniam est*
homo albus . et non est homo albus . et est homo
probus . et non est homo probus. Uuâr sînt
tîu béidíu . iôh táz súmelîchêr albus íst .
5 súmelîh ánderêr áber sô neîst . únde
probus únde ánderêr non probus. *Si enim*
turpis . non probus. Íst er skámelîh . sô neîst er líebsam. Sámoso er châde. Uuírdet óuh éinêr béidíu . turpis . iôh probus .
10 náls aber in éinemo zîte. *Et est homo*
pulcher . et non est homo pulcher. Únde
íst éinêr skône . ánderêr neîst. *Si enim*
foedus . non est pulcher. Uuánda íst er
uuídersíhtîh . sô neîst er skône. *Et .s. ue-*
15 *rum est si fit aliquid et non est.* Únde dáz
nóh uuírdet . táz neîst nû. Tér nû uuîzêt .
ter neîst nôh nîeht uuîz. Táz chît er
áber fóne díu . uuánda éinêr uuírdet
péidiu . uuîz . iôh suárz . náls áber in éi-
20 nemo zîte. Pe díu íst albus . et non albus
in mísselîchen sáment uuâr . nals in
éinemo. INDEFINITAS NON UNIUER-
SALITER ACCIPIENDAS.

*V*IDEBITUR AUTEM SUBITO INCON-
25 *ueniens esse . idcirco . quoniam uidetur non est*
homo albus significare simul etiam .
quoniam nemo homo est albus. Hoc autem neque

---

6 *vor* probus¹] *éinêr 7 *scámelîh 8 líebsam] e *auf Rasur von* b; *líeb-
sám 9 éinêr] éi *auf Rasur* 10 *áber 12, 14 *2mal* *scône 14 *uuíder-
síhtíg 17 *tér 18 *uóne 19 *péidíu 21 *mísselîchên *náls

---

13 *fędus, dafür faedus T und fedus K I M-P; der Satz fehlt K II.

idem significat . neque simul necessario.   B169
Súmelîchên dúnchet únmáhtlîh . táz indefinita sáment uuâr sîn . uuánda sîe
uuânent éin bezéichenen . *non est homo al-*
5 *bus .* únde nemo homo albus est. Tés neîst
áber nîeht. *Non est homo albus . témo* neuólgêt nîeht . *nemo homo albus est.* Áber
nemo homo albus est . úbe iz uuâr ist . témo
uólgêt pe nôte . *non est homo albus.*
10 UNIUS AFFIRMATIONIS UNAM ESSE   23. M326,14 481,44
MANIFESTUM EST AUTEM . NEGATIONEM.
quoniam una negatio unius affirmationis
est. Nû îst óffen . dáz éinero geiíhte . éin lóugen îst. *Hoc enim idem oportet negationem*
15 *negare . quod affirmauit affirmatio .*
et de eodem. Uuánda dés man iíhet . tés sól
man lóugenen . únde uóne éinemo dínge chéden . néin . únde iáh. *Uel de aliquo*
singularium. Sô indiuidua sînt. *Uel de a-*
20 *liquo uniuersalium.* Sô appellatiua sînt.
Uel uniuersaliter. Táz chît . mît omnis .   P522
únde mît nullus. *Uel non uniuersaliter.*
Álde âne sîu. *Dico autem . ut est socrates albus .*
non est socrates albus. Álso díu béidiu uóne
25 éinemo gespróchen sînt. *Si autem aliud*
aliquid .s. prędicauerit negatio . uel de alio .
.s. subiecto . idem . s. prędicauerit . non erit

---

1 significat] über ic *altes Loch im Pgm.*   2 Súmelîchên] *zwischen* e² *und*
Zkfl. altes Loch im Pgm.   8 *îst   17 *vor* uóne *altes Loch im Pgm.*   24 albus.] *vor dem Punkt altes Loch im Pgm.*   *béidíu

opposita . sed erit ab ea diuersa. Úbe éin B170
ánderez ságet tiu negatio . dánne diu affirmatio ságetî . álde óuh táz sélba uóne
ándermo . sô nesîhet sî nîeht gágen îro .
5 nûbe uóne îro. *Huic uero quę est . omnis*
homo albus est .s. opposita est illa . quę est .
non omnis homo albus est. Illi uero quę est . aliquis
homo albus est . illa opposita est . quę est . nul-
lus homo albus est. Sîh târ uóre án dia de-
10 scriptionem . târ uîndest tu . dáz er chît .i.
uuîo angulares angularibus en-chédent .
únde particulares uniuersalibus? Âne
dîe îst nôh tánne . *indefinita enuntia-*
tio . fóne déro chît er óuh. *Illi autem quę est .*
15 *homo albus est . illa opposita est . quę est .*
non est homo albus. Manifestum ergo . quoniam
.s. *in oppositis una negatio unius affir-*
mationis est. Fóne dîu skînet . táz in oppositis . îo éin lóugen uuîrdet . éinero uéste-
20 núngo. RECAPITULATIO SUPERIORUM. 24. M327,17 483,11
Quoniam aliae sunt contrariae .
alię contradictorię . et quę sint hae . e-
dictum est. Uel quoniam non omnis uera uel falsa
contradictio . et quare . et quando uera uel falsa.
25 Nû hábo îh keságet . táz súmelîche propositiones . sînt uuíderuuártîg . sumelîche uuí-
derchétîg . únde uuélehe dáz sîn. Únde

---

1 diuersa] *Über u altes Loch im Pgm*. 2 dánne] *Über n¹ altes Loch im Pgm*.
3 *ságetî 4 *kágen 9/10 descriptionem] script *auf Rasur* 11 *inchédēn
12 *uniuersalibus. 17 u na] *vor n altes Loch im Pgm*. 21 *ALIĘ CON-
TRARIAE] IAE *auf Rasur*; *CONTRARIĘ 22 *hę 24 *vor et² altes Loch im Pgm*.
25/26 propositiones] propositi *auf Rasur* 26 *súmelîche 27 *uuéliche
bzw. *uuéle *Halbhoher Punkt steht hinter* 20 SUPERIORUM.

dáz álle uuíderchétâ . nîeht neskéident . B171
uuâr . únde lúgi . únde zíu dáz sî . únde P523
uuánne sie geuuâre . álde óuh lúkke sîn.
Una autem est affirmatio et negatio . quę
5 *unum de uno significat . uel cum uniuersale*
sit uniuersaliter . uel non similiter. Táz íst
ío éin affirmatio . únde éin negatio . tíu
éin ságet fóne éinemo . sô er óuh uóre
chát . únde íro subiectum . ióh íro predica-
10 tum . mêr dánne éin nebezéichenet . sô iz
állelîh állelîcho sî . álde nesî. *Ut omnis*
homo albus est . non est omnis homo albus.
Nullus homo albus est . est quidam homo
albus. An dísên . ist éin uône éinemo
15 geságet. *Si album unum significat.* Úbe
album . éin díng pezéichenet . ih méino .
úbe iz ęquiuocum neist. OPPOSITORUM   25. M328,6 485,1
REGULAM PROPTER AEQUIUOCA TURBARI.
SI UERO DUOBUS UNUM NOMEN EST
20 *positum . ex quibus non est unum . non est una*
affirmatio. Úbe áber zuéin díngen . éin
námo gegében íst . túrh tíu zuéi díng .
tér námo nîeht éin námo uuésen nemág .
fóne démo neuuírdet nîeht óuh . éin
25 affirmatio. *Ut si quis ponat nomen . quod*
est tunica . homini et equo. Álsô dáz nû
íst . úbe gelîh námo íst tunica . ménnisken .

8/9 *fóre chád   14 *Án *íst   15 album] alb *auf Rasur* 16 *íh   17 *neíst   18 *EQUIUOCA   23 *ter   26 *Álso *Punkt ist zu tilgen hinter* 1
neskéident.

---

19 SI *nach* K I, *dafür* Sin T K II M-P   25/26 quod est *nach* K I; *fehlt* T K
II M-P.

únde róssis. *Est tunica alba . hęc non est af-* B172
firmatio una . nec negatio una. Tánne neíst
nîeht éin affirmatio . uuîz rógh ízzet .
nóh éin lóugen . uuîz rógh neízzet. *Nihil*
5 *enim hoc differt dicere . quam est equus al-*
bus et homo. Táz kât álso man chéde . nû
ízzet uuîz ros . únde mán. *Hoc autem nihil*
differt quam dicere . est equus albus . et est
homo albus. Únde gât óuh táz . álso man
10 chéde . nû ízzet uuîz rós . únde ízzet uuîz
man. *Si ergo hę multa significant . et sunt* P524
plures . manifestum est . quoniam et prima mul-
ta uel nihil significant. Úbe díse propositiones . mêr dánne éin díng pezéichen-
15 nent . íh méino . est equus . et homo albus .
úbe sîe sínt mêr dánne éin díng . sô
skînet . táz óuh tíu êreren . íh meino . est
tunica alba . mánigíu díng pezéichenent . álde nehéin díng. Táz man chît
20 est equus albus . et homo . táz nemag
éin díng nîeht pezéichenen. *Neque est*
enim aliquis homo equus. Uuanda dés nemág uuésen nîeht . táz mennsko rós sî.
Quare nec in his necesse est . hanc quidem con-
25 *tradictionem ueram . illam falsam esse.* Fóne díu
neíst nehéin not . in dísên ęquiuocationibus .
sô getâna contradictionem . éine hálb uuésen

---

1 *rósses   3/4 2mal *róg; 4 rógh] g *aus* h *korr.*   3, 7, 10 4mal ízzet]
*íst 4 neízzet] *neíst 6 chéde] c *auf Rasur* 7 *rós 11 *mán   14 díng]
n *auf Rasur*   17 *tiu êrera *méino   18/19 *pezéichenet   20 *nemág   22
*Uuánda   23 *ménnisko 24 hanc] c *übergeschr.; Verweisungspunkt oben und*
in der Zeile   24/25 contradicionem   26 not] t *auf Rasur;* *nôt   ęquiuo-
uocationibus] uocation s *auf Rasur*   27 *éin *bzw.* *éina   Punkt gehört
hinter 5/6 albus, 6 kât, 19 chît.

11 *hinter* hę] s. propositiones *übergeschr.* K I 13 significant *nach* K II;
*significat *nach* T K I M-P

uuârra . ánder hálb lúkka. DE PRĘSENTI   1. B173 M329,24 485,59
ET PRĘTERITO . DEFINITAS FIERI CON-
*I*N HIS ERGO QUAE SUNT . TRADICTIONES.
et quę facta sunt . necesse est affirmationem .
5 uel negationem . ueram esse uel falsam. In uniuersalibus quidem uniuersaliter . semper hanc ueram .
illam uero falsam. Et in his quę sunt singularia . quemadmodum dictum est. Án gágen-
uuértên díngen . únde ergángenên . íst
10 pę nôte uuâr . álde lúgî . souuéder man
chît . néin . álde iah. Únde íst óuh quís .
uuéderez íro sî . uuâr . álde lúgî. Án dîen
communibus . communiter spréchendo . ut
omnis homo in diluuio periit . non omnis
15 homo in diluuio periit . fíndest tu ío
uuâr dáz éina . daz ánder lúgî. Sosámo
tûost tû indiuiduis. Ut in undis noe
periit . non in undis noe periit. Únde íst   P525
quís . uuéderez uuâr . álde lúgî sî. In his
20 quę in uniuersalibus . non uniuersaliter
dicuntur . non est necesse. Dictum autem
et de his. Án dien indefinitis . múgen
siu béidíu uuâr sîn . álso er dâr uóre
chád. Ut homo in undis periit . homo
25 in undis non periit. Sámo so er châde.
Matusalam periit . noe uero non periit.
Nû sínt táz preterita. Sámolîh fíndest

1 *uuâra   lúkka] k¹ *auf Rasur*   2 FLERI   3 *QUĘ   10, 12, 16, 19 *4mal*
*lúgi   11 *iáh   12 *dien   16 *daz¹   17 *vor* indiuiduis] *án *bzw.* *in
23 *síu   27 *pręterita

21 *hinter* autem] *est *nach* T K I II M-P

34 Liber tertius

tu in presentibus. Ut omnis homo sapiens est . B174
non omnis homo sapiens est. Socrates est sapiens .
socrates non est sapiens. Homo est sapiens .
non est homo sapiens. DE FUTURIS INDE- 2. M330,16 495,15
5 FINITAS FIERI CONTRADICTIONES.
IN SINGULARIBUS UERO ET FUTURIS NON
similiter. Hoc est . in singularibus de futuro
pr̨edicatis . definite uerum aut falsum non
reperitur. Án chúmftîgên gehéizen . díe
10 man fóne éinemo tûot . ut alexander
pransurus est . alexander non est . neíst ne-
uuéderez quís. Éin uuéder uuírdet uuâr .
dúrh nôt . daz ánder lúgî . uuéderez ío
dóh uuâr . álde lúgî sî . dáz nemág man
15 uuízen. Fóne singularibus . uuíle er úns
zéichenen . dáz uniuersalia sámolíh sínt.
Ut omnes captiui in patriam reuersuri sunt.
Téro ío uuéder . íst sámo únguis. Tía ún-
guíssi . begínnet er nû stérchen . ze má-
20 nigfáltero uuîs. P R O P O S I T I O. 3. M331,41 495,15
NAM SI OMNIS AFFIRMATIO . UEL NEGATIO .
uera . uel falsa est .s. definite . et omnem neces-
se est . uel esse . uel non esse . si hic quidem dicat fu- P526
turum aliquid . ille uero non dicat . hoc idem
25 *manifestum est . quoniam necesse est uerum dice-*
re . alterum ipsorum . si omnis affirmatio .
uel negatio . uera . uel falsa est. Utraque enim non

---

1 *pr̨esentibus   2 non *bis* sapiens¹] sap *auf Rasur von* Socrates est sapiens   6 SINGULARIBUS] I² *auf Rasur*   9 *Án uóne chúmftîgên gehéizenên .
díu   10 *uóne   11 *vor* non] *pransurus   13 *taz   13/14 *2mal* *lúgi   13
. uuéderez] . u *auf Rasur*   18 *únguís   *Tía   19/20 mánig/nigfáltero]
nig¹ rad.   Hoher Punkt steht hinter 1 est, 21 NEGATIO.

---

22 omnem *nach* T; *omne *nach* K I II M-P

erunt simul in talibus. Úbe ál dáz man
ságet . uuâr . álde lúgi íst . únde iz pe nô-
te sô uáren sól . álde nesól . únde úbe éinêr
dáz ságet chúmftîg . dáz ánderêr uuíder-
5 ságet . sô ságet échert ter éino uuâr péide
    nemúgen sie. A S S U M P T I O.   4. M332,21 495,22
*N*AM SI UERUM EST DICERE .S. IN PRE-
senti . *quoniam album . uel non album est . necesse est*
esse album uel non album. Úbe uuâr íst . taz man chît
10 in presenti . íz íst . álde neíst . sô íst is óuh nôt.
Sámo uuâr iz íst . sámo nôt íst is. *Et si est album .*
uel non album . uerum est affirmare . uel negare. Ún-
de úbe iz íst . álde neíst . sô íst is uuâr ze
iéhenne . álde ze lóugenenne. *Et si non est*
15 *mentitur . et si mentitur non est.* Únde úbe
iz neíst . sô líuget er . líuget er . sô neíst iz.
Quare necesse est . aut affirmationem aut nega-
tionem . ueram esse .s. definite. Úbe dáz futu-
rum sámolîh íst . sô íst îo guíslîcho uuâr
20 dáz man ságet . álde uuíderságet.
    C O N C L U S I O F A L S A.   5. M333,38 495,27
*N*IHIL IGITUR NEQUE EST . NEQUE FIT .
a casu . nec utrumlibet . nec erit . nec non erit .
sed ex necessitate omnia . et non utrumlibet.
25 Sól iz tés sîn . sô neíst tánne nîeht uuórten .   P527
nóh îo ána ne uuírdet . nóh hína fúre ne-
uuírdet . nóh ze léibo neuuírdet . áfter

---

4 dáz²] *táz   5 échert] écher auf Rasur   6 nemúgen] n² von anderer Hand
übergeschr. *sîe; dahinter *nîeht uuâr ságen   9 *táz   13 íz] Akz. rad.
14 lóugenenne] en² auf Rasur   15 et auf Rasur von s   18 *daz   22 EST] E
auf Rasur   26 *uúre   Punkt gehört hinter 5 und 19 2mal uuâr, 9 album¹,
14 est, 15 mentitur², 17 affirmationem.

---

23 vor a] *nec nach T K I II M-P

ûnguîssero geskîhte . nôh after éin uué- B176
der . nûbe îo uóne nôte . náls fóne béidero
uuâne. Sô îst liberum arbitrium ába . únde
állîu sélbuuáltîgî. *Aut enim qui dicit ue-*
5 *rus est . aut qui negat.* Íz îst tánne fóne
nôte . sîd éin uuéderêr quîsso ságet uuâr .
der iéhento . álde der lóugenento. Uuâre iz utrumlibet . táz chît péidero uuân .
sô gîenge iz kelîcho. *Similiter enim uel fieret .*
10 *uel non fieret.* Íh méino kelîcho máhtî geské-
11a hen . dáz iz uuúrte . álde neuuúrte. *Utrumlibet enim .*
11b *nihil magis sic uel non sic se habet aut habebit.* Tiz éin
11c uueder . ne béitet niot mer . ze uuerdenne danne ze ne uuérdinne
 UERE PREDICTA FUTURA . QUASI TOLLE- 6. M334,7 498,58
Amplius. pesûochên re utrumlibet.
nóh quárôr die futura. *Si est album*
15 *nunc . uerum erat dicere primo . quoniam erit*
album. Táz nû íst . táz máhta man uóre
ze uuâre ságen. *Quare semper uerum fuit*
dicere . quodlibet eorum quę facta sunt .
quoniam erit. Sô máhta man îo ze uuâre
20 fóre ságen . dáz nû ergángen íst. *Quod*
si semper uerum est dicere . quoniam est . uel erit .
non potest hoc non esse . uel futurum non esse. Íst iz
îo uuâr . dáz man fóre ságet . sô nemág
iz ze léibo uuérden . nóh únchúmtîg sîn.
25 *Quod autem non potest non fieri . impossibile*
est non fieri. Táz ze léibo uuérden nemág .
táz íst únmáhtlîh ze eruuéndenne.

1/2 *áfter éin uuédermo   4 *sélbuuáltîgi   . Aut] . A *auf Rasur*   5 *uóne
6 uuéderêr] r² *auf Rasur*   *guîsso   7 álder] r *rad.*   10 *máhti   11ab Utrumlibet *bis* habebit *von anderer Hand oben auf 176 nachgetr.; Verweisungszeichen* ᴍ *oben und am linken Rand*   11bc Tiz *bis* ne uuérdinne *von anderer
Hand oben auf 177 nachgetr.*   11b *Tîz   11c *uuéder   *nîeht mêr   *uuér-
denne dánne *neuuérdenne   14 *keuuárôr diu   20, 23 2mal *uóre   22 non²
von anderer Hand übergeschr.   24 *únchúmftîg   27 eruuéndenne] er *auf Rasur*   *Punkt gehört hinter* 4 dicit, 10 méino, 11c uuerdenne *und* ne uuérdinne.   *Halbhoher Punkt steht hinter* 4 sélbuuáltîgî.

---

12 Vera T

Et quod impossibile est non fieri . necesse est   B177
fieri. Únde dáz uuéndîg neuuirdet .
táz féret pe̜ nôte sô. *Omnia ergo qu̜e futu-*   P528
ra sunt . necesse est fieri. Fóne dîu geskéhent
5 álliu futura be̜ nôte. *Nihil igitur utrum-*
libet neque a casu erit. Nîeht neíst áber
dánne éin uuéder in únguîs . nóh uuîo
iz keuálle. *Nam si ex casu . non ex necessitate.*
Uuánda mág iz misselîcho geuállen . sô
10 neduuînget iz nehéin nôt . zû démo éinen.
NON UT CONTRARIA . SIC CONTRADICTO-   7. M334,53 501,35
RIA . UTRAQUE FALSA REPERIRI.

*A*T UERO NEC QUONIAM NEUTRUM UERUM
    est . contingit dicere . ut quoniam neque
15 *erit . neque non erit.* Nû îst ôuh úngelîmfe
ze̜ chédenne . dáz péidîu gelógen sîn .
uuîrdet . ióh neuuirdet. *Primum enim*
cum sit affirmatio falsa . erit negatio non uera.
Et cum he̜c sit falsa . contingit affirmationem non
20 *esse ueram.* Uuánda sô sínt siu hérton geló-
gen . néin . únde iáh. SI OPPOSITA SIMUL   8. M335,29 501,39
FALSA SUNT . PERIRE UTRUMLIBET.

*A*D HAEC SI UERUM EST DICERE . *QUONIAM*
    album est et magnum . oportet utraque esse.
25 *Sin uero erit .s. uerum est dicere . esse cras .s.*
oportet. Si autem neque erit . neque non erit cras .
non erit utrumlibet. Chît man dáz . îeht

2, 17 *2mal* *neuuîrdet   4 Fóne] óne *auf Rasur*   5 *álliu   8 necessetate]
e³ *aus* i *geänd.*   9 *misselîcho   10 *neduînget   *zûo *bzw.* *ze   *demo
20 sîu] *Akz. rad.*   hérton] n *aus* r *korr.;* *hértôn   23 *HE̜C   25 uerum] u¹
auf Rasur Punkt gehört hinter 27 man. *Punkt ist zu tilgen hinter* 27 dáz.

---

8 ex¹] *a *nach* T K I II M-P   25 *hinter* erit] *cras *nach* T K II M-P   26
oportet *nach* T K II; *fehlt* K I M-P.

sî in presenti geuuâro . táz îst sô. Chît man   B178
in futuro sámo geuuâro . dáz iz uuérde
mórgene sô uuîrdet iz. Ferságet er in guîs
uuérden . únde neuuérden gelîcho . sô
5 îst utrumlibet ába. *Ut nauale bellum*
.s. ad exemplum erit. Álso man chéden   P529
mág *nauale bellum* . quîsso uuérden .
únde neuuérden. *Oportebit enim neque*
fieri nauale bellum . neque non fieri nauale
10 *bellum*. Taranâh nemág skéfuuîg uuér-
den . nôh ze léibo uuérden. PERDITO   9. M335,33 502,45
    UTRUMLIBET . QUID SEQUATUR IN-
Q*UAE ERGO CONTINGUNT*   COMMODI.
inconuenientia hęc sunt . et alia
15 *huiusmodi*. Tés nîeht uuésen nemág .
táz îst táz únde dés gelîh. *Si omnis af-*
firmatio . uel negatio . uel in his quae in uni-
uersalibus dicuntur uniuersaliter . uel
in his quae sunt singularia . necesse est
20 *oppositionem eorum hanc esse ueram . illam uero*
esse falsam . nihil autem utrumlibet esse in his
quę fiunt . sed omnia esse uel fieri ex neces-
sitate . quare .i. eo pacto . non oportet neque
consiliari . neque negotiari . quoniam si
25 *hoc facimus . erit hoc . si uero hoc . non erit.*
Úbe álle geiîhte . únde álle lóugena . ke-
méinlîche . iôh súnderîge sólih sînt . táz

---

7 *guîsso   10 *Táranâh   13 *QUĘ   16 *kelîh   omnis] ni *auf Rasur*   17, 19 *2mal* *quę   19 singularia] singu *auf Rasur*   20 oppositionem] io *auf Rasur*   24 consiliarii] i⁴ *rad. vor* neque] neque *mit anderer Tinte durchgestr.*   26/27 keméinlîceh; *geméinlîche   *Punkt gehört hinter* 3 mórgene, 14 inconuenientia.

---

12 UTRUMLIBET *nach* T; *UTROLIBET   13 *hinter* CONTINGUNT] .i. in futvro proueniunt . *übergeschr.* K I   16/17 affirmatio . uel negatio *nach* affirmatio et negatio T; *affirmationis et negationis *nach* K I II M-P   20 oppositionem eorum *nach* K I II; *einfach* *oppositarum *nach* T M-P   23 *oportebit *nach* T K I II M-P

éiner guísso líuge . ánderer uuâr ságe .   B179
únde dáz únder zuéin héizet ába si . ún-
de is álles nôt sî . so sî óuh râten . únde chóu-
fon aba . uuánda uuéllen uuír éinez tûon .
5 sô geskíhet fóne nôte ánderez . uuéllen
uuír óuh táz . so uuírdet tés tána mêr.
Nihil enim prohibet in millesimum annum
hunc quidem dicere hoc futurum esse .
hunc uero non dicere. Quare quod ex neces-
10 *sitate erit . quodlibet eorum uerum erat pre-*
dicere tunc. Éiner mág líehto îo fúre ze
mánigen iâren chéden . uuáz chúmftîg
nesî. Úbe daz îo tánne dúrh nôt so ué-   P530
rit . so uuás íro fóre sága uuâr. Uuáz
15 feruáhet tánne den râtenten . táz er
chît tûen sús . unde sús. Nôt . tíu án
dero uóre ságûn ist . nehénget iz ímo
ze skeffenne. Íz féret îo nâh tero fóre
PRESAGIA REBVS NECESSITATEM ⌐ságun.   10. M335,45 507,46
20 EUENTUS NON DARE.
AT UERO NEC HOC DIFFERT . SI ALIQUI
   dixerunt negationem uel non
dixerunt. Nóh târ ána nestât is nîeht .
úbe man uóre ságeti . álde uerságeti.
25 *Manifestum est enim quod sic se habe-*
at res . uel si hic quidem affirmaue-
rit . ille uero negauerit. Íz kât

179,1-180,27 éiner *bis* díng] *andere Hand und Tinte*   1 *éinêr   *líege
*ánderêr   2 héizet] t *aus* r *korr.* *sî 3, 6, 13/14 4*mal* *sô 3/4 *chóu-
fôn ába   4/5 2*mal* *uuéllên   6 *neuuírdet   10/11 *predicere   11 *Éinêr
*uóre 12 *mánigên   13 *vor* nesî] *sî . álde   *dáz *dánne 13/14 *uéret
14 íro] *is   16 *tûen *únde sús?   17 *íst   18 *sképfenne   18/19 *uóre
*ságûn   23 nestâtis] tis *auf Rasur   Punkt gehört hinter* 16 chît, 22 negationem, 25 enim.   *Halbhoher Punkt steht hinter* 20 DARE.

25/26 habeat *nach* K I, *dafür habent* T K II M-P

ál ze éine . man iz kehéize álde negeheize. B180
Non enim propter negare . aut affir-
mare erit uel non erit. Uuánda dúrh
féstenon . unde dúrh lóugenen . netûot
5 iz neuuéder. *Nec in millesimum annum ma-*
gis quam in quantolibet tempore. Nôh
úberlang . nôh úber churz. *Quare. Fône*
dîu uernîm. *Si in omni tempore sic se habe-*
at . ut unum uere diceretur. Sôlti daz éina .
10 îo in zîtegelih uuâr uuésen. *Necesse est*
hoc fieri. Sô sôlti iz pe nôte so uáren. *Et unum-*
quodque eorum quę fiunt . sic se habere . ut
ex necessitate fieret. Unde álle geskîhte .
sôltin so getâne sîn . táz sie nôte uuúrtin.
15 *Quando enim uere dicit quis quoniam erit non po-*
test non fieri. Uuanda sô iz îo geuuâro uóre
geságet uuîrdet . so nemág iz ze léibo
uuerden. *Et quod factum est . uerum erat dice-*
re semper . quoniam erit. Únde dáz nû geskéhen
20 ist . tánnan uuás îo êreron uuâr . ze chédenne . iz uuirdet. Nôh tánne uernîm P531
îo dáz tiu gebúreda geuuârit tia uóre
ságun . náls tiu uóre sága dia gebureda.
Q U I D U O L U N T A S U A L E A T. 11. M337,37 507,57
25 *Quod si hęc non sunt possibilia .s.*
ut omnia ex necessitate fiant. Úbe
dés nîeht uuésen nemág . táz álliu dîng

---

1 *mán *negehéize 4 *féstenôn *únde 7 *úberláng *úberchúrz 10
*zîtegelîh 11, 14, 17 *3mal* *sô 13 *Únde 14 *sôltîn *uuúrtîn 16
*Uuánda 18 *uuérden 20 *íst *tánnân *êrerôn 21 *íz uuírdet 22
*geuuâret 23 *ságûn *gebúreda 27 *álliu *Punkt gehört hinter* 1 kehéize, 3 erit¹, 15 quis *und* erit, 22 îo. *Hoher Punkt steht hinter* 9 éina. *Halbhoher Punkt steht hinter* 24 UALEAT.

2 aut] *uel *nach* T K I II M-P 8/9 habeat *nach* K I, *dafür* habebat T K II
M-P 10 est *nach* K I, *dafür* erat T; *esset *nach* K II M-P

fóne nôte geskéhen. *Uidemur enim esse princi-*   B181
pium futurorum .i. sumus enim ipsi aliquibus prin-
cipium. Sô skînet . taz uuír bírn ána génne . únde réccheda dero chúmftîgôn . náls tiu uóre
5   sága. *Et ab eo quod consiliamur . atque agimus*
aliquid . et quoniam est omnino possibile esse . et non.
Iôh tánnân skînet iz . táz uuír râtên . únde
únseren môot uuíllen tûên . iôh tánnân .
dáz péidíu íst . iôh *possibile* quędam *esse . uel non esse. An uué-*
10 lehên íst táz? *In his quę non semper actu sunt .*
et in quibus utrumque contingit . et esse . et non esse.
Án dîen . dîu nîeht nôh in tâte nesínt . núbe
in uuâne . únde dîu mán mág tûon . únde netûon. *Quare et fieri . et non fieri.* Únde
15 siu óuh fóne dîu mûgen in futuro uuér-
den . únde neuuérden. EXEMPLUM EORUM   12. M337,42 510,20
    QUĘ POSSUNT FIERI . ET NON FIERI.
Et MULTA NOBIS MANIFESTA SUNT .
sic se habentia. Únde uuír bechénnên
20 gnûogíu sô getâníu. *Ut quoniam hanc uestem*
possibile est incidi . et non inciditur . sed
prius exteritur. Álso dáz íst . táz éin
láchen mág ferscrôten . iôh uerskáfen
uuérden . únde dôh tes nîeht neuuírdet .   P532
25 núbe sús únuerscrôtenez ferzlízen uuír-
det. *Similiter autem et non incidi possibile*
est. Sámo uuóla mág iz óuh ûn uerslíze-

181,1-190,27 fóne *bis* eius *von anderer Hand*   1 *geskéhên   3 taz *von anderer Hand übergeschr.;* *táz bírn] ír *auf Rasur*   8 tánnân:] *hochgestellter Punkt rad.*   9 quędam esse . uel *von anderer Hand übergeschr.; Verweisungszeichen : oben und in der Zeile;* uel] *iôh *Án   9/10 *uuélichên *bzw.* *uuélên   10 actū] *Strich rad.*   13 *man   23 *ferscáffen   24 *tés   181, 27-182,1 *Der lateinische Text erfordert eher* *ferslízenez . ferscrôten neuuérden. ûn uerslízenez] ûn *aus* sîn *geänd.;* *únuerslízenez

nez . ferscrôten uuérden. *Non enim esset* B182
eam prius exteri . nisi esset possibile non in-
cidi. Íz nemáhtî nîeht ôlangiz . hoc est .
álgánzez . ferslízen uuérden . iz nemáhtî
5 únuerscrôtenez ze‿léibo uuerden. *Quare*
et in aliis facturis . quę secundum potentiam di-
cuntur huiusmodi . manifestum est . quoniam
non omnia ex necessitate uel sunt . uel fiunt.
Fóne díu íst iz óuh an ánderên díngen . íh méi-
10 no dîe . in‿mánnis keuuálte stânt . sámo
óffen . táz sie nîeht álle uóne nôte nesínt .
nóh neuuérdent. *Sed alia quidem utrum-*
libet. Núbe súmelîchíu ze‿béidên gelîcho.
Et non magis uel affirmatio . uel negatio. Únde
15 nîeht quíssera neíst affirmatio . tánne
negatio. *Alia uero magis quidem*
in pluribus alterum. Súmelîchíu sínt . téro
éinez in‿gnûogên dícchôr geskíhet . tánne iz ze‿léibo uuérde . álso grâuuî tûot
20 in‿álten. *Sed contingit fieri alterum . alte-*
rum uero minime. Tôh keskíhet éteuuénne . dáz séltsânera . álso úngrâuuî íst in
áltemo. Únde uuírt ze‿léibo dáz keuuó-
na . sô diu grâuuî íst in‿áltemo. DIFFER- 13. M338,40 513,54
25 RE INTER NECESSE ESSE TEMPORALITER .
İGITUR ESSE QUOD ⊢ ET SIMPLICITER.
est quando est . et non esse quod non est . quan-

3/4 *2mal* *nemáhti   3 *ólangez   4 *álegánzez   *íz   5 *únuerscrôtenez
*uuérden   8 necessitate] essitate *auf Rasur*   9 an *von anderer Hand über-*
geschr.; *án   10 dîe = *res; *díu = díng   *mánnes   11 *siu   *állíu
nôte] ôt *auf Rasur*   15 affirmatio] a¹ *auf Rasur* *dánne   16 *hinter* uero]
negatio *unterpunkt.* 19, 24 *2mal* *grâuui   21 uerū] u² *zu* o *korr.; Strich*
rad.   22/23 *2mal* *daz   22 *úngrâuui   27 est¹ *auf Rasur*   esse] ess *auf*
Rasur von est   182,27-183,1 quando/do] do¹ *rad. Punkt gehört hinter* 9/
10 méino.   *Punkt ist zu tilgen hinter* 10 dîe, 21/22 éteuuénne, 27 est³.

do non est . necesse est. Nû íst nôt uuésen . B183
dáz tir íst . sô iz íst . únde neuuésen dáz
tir neíst . sô iz neíst. Uuánda nôt íst . táz
man sízze . sô er sízzet . únde álso nôt
5 íst . táz er nesizze . sô er nesizzet. *Sed non* P533
quod est omne . necesse est . esse . nec quod non
est . necesse est non esse. Áber nehéin nôt neíst témo éinen . dáz iz sî . nôh temo ánderen . dáz iz nesî .s. âne échert tîa uuîla .
10 únz iz íst . álde neíst. Sô er uuîle . sô uuéh-
selôt er iz. *Non enim idem est . omne quod est*
esse necessario quando est . et simpliciter
esse ex necessitate. Táz íst fóne díu . uuánda nîeht ze éine negât . pe͜ nôte uuésen .
15 tîa uuîla iz íst . álso sedere íst . unde in
zîtelîh pe͜ nôte uuésen . sô dáz íst . mortalem
esse. *Similiter autem et in eo quod non est.* Án
démo non esse . uérit iz so sámo. Not íst mánne . únz er nesízzet . non sedere . îmo íst áber
20 in͜ zîtelîh nôt . non immortalem esse.
SIMILITUDO CONTINGENTIS CONTRA- 14. M338,45 515,27
DICTIONIS . ET TEMPORALIS NECESSITATIS.
E̱T IN CONTRADICTIONE . EADEM RATIO EST.
Án déro uuíderchétúngo dero opposi-
25 torum. Féret iz óuh álso . dáz chît . éin uuéderez íst uuâr . non simpliciter . álso óuh temporalis necessitas . uuâr íst . non simpliciter.

---

5 *nesízze *nesízzet 8 *temo[1] 15 *únde 18 *demo *uéret *Nôt 20 immortalem] *im von anderer Hand übergeschr.* 24/25 *oppositorum . uéret 26 óuh *auf Rasur Punkt gehört hinter* 2 neuuésen. *Punkt ist zu tilgen hinter* 6 est[2], 27 necessitas.

Esse quidem . uel non esse omne . necesse est .s. in op- B184
positis presagiis. Nôte sôl iz állêz uuâr sîn .
álde lúgi . taz man uóre ságet. *Et futurum*
esse uel non. Unde állez chúmftîg sîn . álde ne-
5 sîn. *Non tamen diuidentem dicere alterum*
necessario. Tû neuîndest áber nehéinen .
díu zuéi skídônten . únde daz éina stérchenten. *Dico autem futurvm quidem esse bellum*
nauale cras necesse est . uel non esse futurum.
10 Táz chído íh . táz mórgene skéfuuîg túrh nôt
chúmftîg sî . álde nesi. *Sed non necesse est*
futurum esse cras bellum nauale. Turh táz P534
fóre chéden . neîst nehéin nôt . táz er sî.
Uel non futurum esse. Nóh nehéin nôt . táz er ne-
15 sî. *Futurum autem esse . uel non esse . necesse est.*
Nôt îst áber . dáz er sî . álde ne si. Uuéder
dero zuéio uuérde simpliciter . dáz chît
quísso . uuér uuéiz taz? éin uuéder uuîr-
det îo dóh. POSTREMA CONCLUSIO LONGE PRIVS 15. M340,7 516,45
20   PROPOSITĘ QUESTIONIS DE OPPOSITIS.
*Q*UARE QUONIAM SIMILITER ORATIONES
    uerę sunt . quemadmodum et res. Fóne
díu . uuánda die uóre sága . álso geuuâre
sînt . sô die nâh chómenten gebureda. *Ma-*
25 *nifestum est.* Sô skînet. *Quoniam necesse est .s.*
in his rebus . quęcumque sic se habent ut utrum-
libet sint . et contraria eorum contingant. Táz

---

2 *presagiis *állez   3 *táz   uóre *auf Rasur von* f___   4 *Únde   8 fu-
turorū] v̄ *über* o *nachgetr.,* rū *unterstr.; beides von anderer Hand*   11, 16
2mal *nesî   11 necesse] nec *auf Rasur*   12 *Túrh taz   14 Nóh] ó *auf Rasur*   17 *déro   18 taz⌐⌐] ⌐ *rad.;* *táz *Éin   20 *QUĘSTIONIS   23 *ságâ
24 gebûreda] Akz. rad.; *gebúredâ   *Punkt gehört hinter* 4 esse, 8 autem.
Hoher Punkt steht hinter 9 est.

---

27 eorum] *ipsorum nach* T K I II M-P; *hinter* ipsorum] in rebus *übergeschr.*
K I

nôt íst in zuîuelîgên díngen tîe uuíder
dien gehéizen gebúrren múgen. *Similiter
se habere et contradictionem.* Kelîcha uuésen
dia uóre ságûn .s. díen nâh kâendên gebú-
5 redon. *Quod contingit in his quę non semper sunt .
et non semper non sunt.* Táz kebúret án díen díngen .
díe uuîlon sínt . uuîlon nesínt. *Horum enim
necesse est quidem . alteram partem contradictionis . ueram esse . uel falsam.* Án sô getânero díngo
10 stríte . findest tu îo daz éina uuâr . álde
lúgi. *Non tamen hoc . aut illud . sed utrumlibet.* Nî io dóh quísso . díz álde éniz . núbe
éin uuéderez. *Et magis quidem ueram alteram .
non tamen iam ueram uel falsam.* Únde uíndest tu
15 dícchôr án súmelîchên dáz éina uuâr .
dánne daz ánder . nî îo dóh nîeht in zîtelîh. Álso dícchôst íst crâuuî . án áltemo hóu-
bete . éteuuénne neíst. *Quare manifestum
est . quoniam non est necesse . omnes affirmatio-
20 nes . uel negationes oppositionum . hanc quidem
esse ueram . illam uero falsam* .s. definite. Fóne díu
skînet . táz in állên strîten . dâr man féstenôt . únde lóugenet . táz éina nîeht quísso
uuâr neíst . únde daz ánder lúgi. *Neque
25 enim quemadmodum in his quę sunt . sic se
habent in his quę non sunt . possibilibus tamen
esse . uel non esse . sed quemadmodum dictum est.*

B185

P535

1 zuîuelîgên] îu *auf Rasur* tîe = res *bzw.* gebúredâ; *tíu = díng   2 *díen
4 *dien   *kândên   4/5 *gebúredôn   7 *díu   2mal *uuîlôn   10 *uíndest
12 *îo   *énez   15 dícchôr] dí *auf Rasur* *daz   17 *crâuuî   22/23 *uéstenôt   23 *taz   26 possibilibus] i³ *auf Rasur*   Punkt *gehört hinter* 1
díngen, 12 díz.   Punkt *ist zu tilgen hinter* 12 quísso.

20 oppositionum *nach* K I, *dafür* oppositarum T K II M-P   21 uero *nach* K I
II, *dafür* autem T M-P   25 *hinter* sunt] secundum simplex esse dicit *übergeschr.* K I   26 *vor* in] etiam T K II M-P   *hinter* sunt] secundum temporale
esse *übergeschr.* K I   possibilibus *nach* K II, *dafür* possibilius T K I *und*
possibilium M-P   27 uel] *aut nach* T K I II M-P

Nóh sô iz férit in presentibus . tíu ána sínt . sô neuéret in futuris . tíu nóh nesínt . únde dóh fúre múgen uuésen . álde neuuésen . núbe iz fóre ságeta. Uuáz íst taz? Táz presentia sínt quis . futura sámo únguis.
EXPLICIT DE UERITATE TRIUM TEMPORUM.
INCIPIT ITERUM OSTENDERE UIM SIMPLICIS
    ET PRĘDICATIUĘ PROPOSITIONIS.
QUONIAM AUTEM EST AFFIRMATIO SIGNI-
10   *ficans aliquid de aliquo.* Hic suspensio uocis. Uuánda affirmatio éteuuaz ságet fóne éteuuemo. *Hoc autem nomen est uel innominabile.* Et hic. Únde daz . fóne demo sî ságet . nomen íst álde innominabile . taz
15 múgen uuír díutin únnamig. *Unum autem oportet esse et de uno . hoc quod est in affirmatione.* Et hic. Únde sî ein ságen sol . fóne éinemo. *Nomen autem dictum est et innominabile prius.* Únde dâr fóre ge-
20 ságet ist uuáz nomen sî . únde innominabile. *Non homo enim nomen quidem non dico . sed infinitum nomen . unum enim significat infinitum.* Hic remisior uox . quia interposita ratio est. Non homo .s. quod est innominabi-
25 le nemag ih héizen nomen . núbe infinitum nomen . uuánda iz ein únguis tíng pezéichenet. *Quemadmodum et non currit . non*

---

1 *féret *presentibus   2 vor in] *iz   tíu] ti aus n korr.   nesínt] nesí auf Rasur von sínt   3 *fóre   4 iz] *sô ih   4, 14 2mal *táz   4/5 *presentia   5 *quís   5, 26 2mal *únguís   11 uocis] i auf Rasur von s *éteuuáz   12 *éteuuémo   13 *dáz *démo   14 nomen] no auf Rasur innobinabile   15 díutin] in auf Rasur von en; *díuten *únnámíg   17, 26 2mal *éin   18 *sól *uóne   19 *uóre   20 *íst   23 *remissior   25 *nemág 27 non¹ übergeschr.   Punkt gehört hinter 20 ist, 24/25 innominabile.

uerbum est . sed infinitum uerbum erit. Et hic
remissa. Álso ouh non currit uerbum neíst
nube infinitum uerbum. *Omnis affirmatio*
uel ex nomine et uerbo . uel ex infinito nomine et
5 *uerbo erit.* Hic clausula. Pę díu uuírdit ío
affirmatio . úzer nomine únde uerbo . álde
úzer infinito nomine únde uerbo. UERBUM
IN PROPOSITIONE TENERE PRINCIPATUM.
Preter uerbum autem nulla erit affir-
10 *matio uel negatio.* Âne uerbum neuuírdet nehéin propositio. *Est enim uel erit uel fuit.* Hoc est . preter est . uel erit uel fuit. *Uel preter alia huius-*
modi uerba quęcumque ex his sunt quę sunt
posita. Ih méino âne substantiua uerba
15 neuuírdet propositio . álde âne ánderiu dâr
uóre gezéigotiu . sô díu sint currit . uiuit .
disputat . regnat. *Consignificant enim tempus.*
Síu bezéichenent ío tempus sámint actione
álde passione. EXEMPLA SIMPLICIUM PROPOSI-
20   TIONUM . QUĘ HABENT UNUM SUBIECTUM . ET UNUM
Quare prima affirmatio et   predicatum.
   negatio est . est homo . non est homo. Fóne
díu ist tiu êrista . uzer finito nomine. *Deinde .*
est non homo non est non homo. Tíu ánderiu uzer infi-
25 *nito nomine. Est omnis homo . non est omnis homo.*
Tíu drítta uzer uniuersali uniuersaliter
Est omnis non homo . non est omnis non homo. Tíu

2. M341,26 520,37

3. M342,30 520,40

B187

uîerda ist . uzer uniuersaliter infinito. *Et in*   B188 P537
extrinsecus temporibus eadem ratio est. Mít
tîen ánderen temporibus . preterito únde
futuro . diu âne presens sínt . máht tu so
5 sámo tûon simplicem propositionem. Ut homo
erit homo fuit. Fernîm échert uuóla . dáz
omnis únde quidam . determinationes sínt .
náls termini. Táz chît síu sint zéigunga
dero terminorum . náls sélben die termini.
10 Únde uóne diu . neuuírdet fóne in nîeht
kemêrot . simplex propositio. DE HABENTIBUS   4. M343,11 524,53
   UNUM SUBIECTUM ET DUO PRĘDICATA.
Q*UANDO EST TERTIUM ADIACENS PRĘ-*
dica tur . dico autem ut est iustus homo . du-
15 *pliciter dicuntur propositiones.* Sô est . ter
drîto terminus uuírdet . álso er dâr ist .
est iustus homo . sô uuérdent ûzer zuêin propositionibus fîere. *Est tertium dico adiacere*
in affirmatione . nomen uel uerbum. Taz trítta
20 ih méino est . so iz nomen sî . so iz uerbum sî .
daz chído ih háften in propositione . zu ándermo uuorte . so iustus ist. Tóh iz stánde
ze êrist . iz neháftet toh nîeht zu subiectiua
parte . nube zu declaratiua. Hîer uerním
25 sâr . uuéleha zuíualti er méine. Éin oppositio íst . ûzer finito nomine . ih meino . est
homo iustus . non est homo iustus . ánderiu

---

1 u]erda])⁴ *nachträgl. eingeschoben* 1, 16, 22 *3mal* *íst 1 *ûzer 3 *tien ánderên *preterito 4, 10 *2mal* *díu 4 *presens 8 *sínt zégunga; *zéigúngâ 9 terminorum] or *auf Rasur von* um 10 *ín 11 *kemêrôt 13 EST] S *auf Rasur* 13/14 PRĘ/dica tur] d *auf Rasur* 16 *drítto 17 *zuêin 20, 26 *2mal* *íh 20, 22 *3mal* *sô 21 *dáz *háftên 21, 23/24 *3mal* *zûo *bzw.* *ze 22 *uuórte 23 *êrest *íz neháftêt tóh 24 *núbe 25 uuêhleha; *uuélicha *bzw.* *uuélea zíuualti; *zuíuálti 26 *méino 27 *ánderíu *Punkt gehört hinter* 6 erit, 8 chît, 19 trítta.

ist ûzer infinito nomine . ih meino . est non B189
iustus homo . non est non iustus homo. Fóne dien chît
er . daz hara nah fólget. *Quare idcirco quatuor*
istę erunt. Pe díu uuérdent tero propositionum
5 uîere. *Quarum duę ad affirmationem et nega-*
tionem sese habebunt secundum consequentiam .
ut priuationes .i. eandem uim retinent affir- P538
mationis et negationis . et similes sunt ad affirmandum aliquid et negandum . his quę sunt
10 priuatorię. Téro zuô tûont álso getâna
affirmationem únde negationem . sô priuatorię propositiones. Uuélehe sint priuatorię? Est iniustus homo . non est iniustus homo.
Uuélehe dirro uîero sínt tîen gelîh? Est non
15 iustus homo . non est non iustus homo. *Duo uero*
minimę. Ándero zuô nesínt ín níeht kelîh.
Uuélehe? Est iustus homo . non est iustus homo.
Infinitę únde priuatorię . habent kelîcha
uernúmist. *Dico autem quoniam est aut iusto ad-*
20 *iacebit aut non iusto. Quare etiam negatio.*
Est háftêt zû iusto únde ze non iusto . sô tûont
óuh non. *Quatuor enim sunt.* Fóne diu sínt
tero propositionum uîere. *Intellegimus uero*
quod dicitur . ex his quę subscripta sunt.
25 Fóne dero uólgendun figura . dar sie geór-
denot sínt spuet is paz ze uernémenne.
Est iustus homo . huius negatio . non est iustus

---

1 *hinter* ist *Punkt rad.;* *íst *íh méino   2 *díen   3 *dáz hára nâh fólgêt   quatuor] u¹ *übergeschr.*   8 similes] il *auf Rasur*   10, 16 *2mal* zûo
12, 14, 17 *3mal* *Uuéliche *bzw.* *Uuéle   12 sínt] *Akz. rad.;* *sínt   14
*dírro   16 *Ándere   18 *hábent   21 zû] *zûo *bzw.* *ze   *tûot   22 *díu
25 *uólgêntûn *dár   25/26 *geórdenôt   26 *spûot *páz   27 *hinter* homo
Punkt nachgetr.   Punkt gehört hinter 1 ist, 19/20 adiacebit, 26 sínt.

---

15 *Duę *nach* T K I II M-P   16 *minime *nach* T K I II M-P   22 enim *nach* K
I; *ergo *nach* T K II M-P

homo. Est non iustus homo . huius negatio . non est non   B190
*iustus homo. Est enim hoc loco et non est . iusto et non
iusto adiacet.* Fîere sint îro Án dîsen uier propositionibus . háftet est únde non . ze iusto únde
5 non iusto. *Hęc igitur quemadmodum in resolutoriis dictum est . sic sunt disposita.* Tíse uier propositiones . únde dara zû priuatorię uuérden sus keórdenôt álso ih óuh lêrta in anа-
liticis. *Quare et sequi sese inuicem uidebun-*
10 *tur .i. possibile est esse et non esse.* Téro affirma-
tionis possibile est non esse . uuírt kelóugenet
mít téro *negatione non possibile est non esse.* Fóne
díu íst óffen dáz tíu sélba *affirmatio possibile est non esse .* únde óuh tíu *possibile est esse .*
15 sámint éin ánderên sínt . nals gágen éin ánderên. *Non enim contradictiones sibi inuicem huius-
modi sunt . possibile est esse et possibile est non esse.*   P539
Sô getâne prędicationes . ih méino zuô affir-
mationes sô díe sélben sínt . tíe neuuérdent
20 níeht éin ánderên oppositę. *Sed possibile
esse et non possibile esse . numquam simul sunt . opponuntur enim.* Áber díse ih méino *affirmatio* únde *negatio .* nemúgen sámint sîn .
pę díu sínt sie *oppositę. At uero possibile*
25 *non esse et non possibile non esse . numquam simul sunt.*
Uuánda óuh tíse ríngent . pę díu nemúgen
óuh sie sámint sîn. *Similiter autem et eius*.

---

2 enim, *eigentl.* enī̄] e *auf Rasur von* n̄ 3 *sínt *dísên 3, 6 *2mal* *uier
4 *háftêt   6 *Tíse   7 *dára zûo   7/8 *uuérdên *bzw.* *uuérdent   8 *sús
8/9 analiticis] n *auf Rasur*   9 ⊢—·— *und* 27 ⁚] *Diese beiden Zeichen besagen, daß* Quare *bis* eius *zu streichen ist; der Abschreiber nahm nämlich*
218,1-18 *vorweg.*   10 *Tero   12 *tero   15, 23, 27 *3mal* *sáment 15 *náls
*kágen   16 huius] us *rad.* 18, 22 *2mal* *íh   18 zûo   27 sóuh   sîn] n *auf
Rasur*   *Punkt gehört hinter* 3 íro, 8 keórdenôt, 13 óffen, 14 tíu, 18/19
affirmationes, 22 díse. *Halbhoher Punkt steht hinter* 25 sunt.

| affirmatio simplex | Negatio Simplex | B191 |

Est iustus homo   Non est iustus homo.
Affirmatio priuatoria   Negatio priuatoria.
Est iniustus homo   Non est iniustus homo.
5 Similes   Similes
Est non iustus homo   Non est non iustus homo.
Affirmatio infinita   Negatio infinita.

Similiter autem se habet . et si uniuersalis nominis affirmatio sit. Sô uérit iz ouh . ube álle-
10 lîh féstenunga állelîcho getân uuírdet .
ih méino . dâr nemag ouh keskéhen daz
angulares sámint uuâr sagen. *Ut omnis est homo iustus. Non omnis est homo iustus. Omnis est homo non iustus. Non omnis est homo*
15 *non iustus. Sed non similiter angulares contingit ueras esse . contingit autem aliquando.* Áber doh
neságent íro angulares nieht io in zîtege-
lîh sámint uuâr . éteuuénne geskihet iz.
Samo so er châde. Sint tie angulares indifi-
20 nite . daz chît úngemarchôte . sô sínt síe gehélle . álso iz tar uore skînet an dero descriptione. Sint sie aber definite .i. kemárcho-
te mít témo nomine omnis . so sint sie uuîlon sámint uuâr . also iz skînet ube du an   P540
25 dero descriptione míssechêrist tia particulares oppositiones . unde negationem
particularem sezzest under affirmatio-

191,1-201,27 affirmatio *bis* affirmationem] *andere Hand und Tinte*   1 *Affirmatio *simplex²   9 *Sô uéret   9, 11 *2mal* *ôuh 9, 24 *2mal* *ûbe 9/10 *állelîh   11 *Íh *nemág   11, 20 *2mal* *dáz 12, 18, 24 *3mal* *sáment 12 *ság(e)ên   16 *dóh   17 *nîeht ío   17/18 *zîtegelîh 18 *geskîhet   19 *Sámo   19, 22 *2mal* *Sínt   19/20 *indefinitę *bzw.* *indiffinitę   20 *úngemárchôte   21 *tár uóre   21, 24 *2mal* *án   22 *áber definitę   22/23 *kemárchôte   23 *temo *sô sínt   23/24 *uuîlôn   24 *álso   25 *míssechêrest tie   25/26 particulares   26 *únde   27 *sézzest únder *Punkt gehört hinter* 1 simplex *und* Simplex, 2 4 6 *3mal* homo¹, 3 priuatoria¹, 7 infinita¹, 11 keskêhen, 24 skînet.

---

15 *hinter* angulares] s. diffinitas sicut indiffinitas . *übergeschr.* K I

ne uniuersali. Unde áber affirmationem
uniuersalem únder negatione particulari in hunc modum.

AFFIRMATIO UNIUERSALIS	NEGATIO PARTICULARIS.
Est omnis homo iustus	Non est omnis homo iustus.
NEGATIO PARTICULARIS	AFFIRMATIO UNIUERSALIS.
Non est omnis homo non iustus *SIMUL UERĘ*	Est omnis homo non iustus.

Nîm aber ába daz omnis . taz sie sîn indefinitę . so sint ében geuuâre die angulares affirmationes . ióh tie angulares negationes
in hunc modum.

AFFIRMATIO FINITI NOMINIS.	Negatio finiti nominis.
Est iustus homo. *SIMUL UERĘ*·	Non est iustus homo
Negatio nominis infiniti *SIMUL UERĘ*·	Affirmatio nominis infiniti.
Non est non iustus homo	Est non iustus homo

An sus ketânen prędicationibus . ih méino quę
possunt esse et non esse . sint iô sáment uuâr
die angulares. Áber an dien quę naturaliter insunt . so die sint . est homo animal .
est homo non animal . alde ouh naturaliter
inesse non possunt . ut est homo lapis . est homo
non lapis . nemúgen sie sament uuâr sîn.

QUOT OPPOSITIONES FIANT UBI EST TERTIUM   5. M347,49 548,23 P541
HĘ IGITUR DUĘ OPPOSITĘ SUNT.   ADDITUR
Nû sint taz zuo oppositiones .s. die ih
nu geságet habo. Éinu ist tíu dir bestât
ex finito subiecto . so díu tûot . est homo

---

1 *uniuersali . únde   7 non¹ *von anderer Hand übergeschr.* SIMUL] S über
I *rad.* 8 *áber 8, 25 *2mal* *táz   9, 19, 27 *3mal* *sô 9, 17, 19, 25 *4mal*
*sínt   12-15 *in anderer Tinte* 12 *NEGATIO FINITI NOMINIS. 14 *NEGATIO NO-
MINIS INFINITI. AFFIRMATIO NOMINIS INFINITI. 16 *Án sús ketânen *íh 17
*îo 18 *án díen 19, 25 *2mal* *díe 20 *álde óuh 22 sie sie] sie² *durchgestr. *sáment   25 *zuó   26 *nû geságet hábo *Éinîu íst *Punkt gehört
hinter* 4 UNIUERSALIS, 5 *und* 7 *2mal* iustus¹, 6 PARTICULARIS, 13 homo², 14
infiniti¹, 15 *2mal* homo, 16 méino, 18 dien, 24 ADDITUR, 26 ist.   *Halbhoher Punkt steht hinter* 5/6 *und* 13-15 *3mal* UERĘ, 12 NOMINIS *und* nominis,
13 homo¹, 14 infiniti².

iustus . non est homo iustus. Ánderíu ex infini- B193
to prędicato . so díu tuot . est non iustus homo . non est
non iustus homo. *Alię autem ad id quod est non homo .*
ut subiectum aliquod additum. Hoc est alię duę sunt
5 quasi aliquod additum ad id subiectum . quod est
non homo. Nóh sint ándere zuô dero prędicata
geléget sint zu démo subiecto . non homo. Tero
zuéio gíbet er nu exemplum. Éiniu bestât ex infinito subiecto . so diu tûot. *Est iustus non homo .*
10 *non est iustus non homo.* Ánderíu ist tíu dir bestât
ex infinitis prędicato et subiecto . so díu tuot.
Est non iustus non homo . non est non iustus non homo. Magis
plures autem his non erunt oppositiones. Mánigôrin
opposita . nemugen uuérden . so est ter drítto
15 terminus ist. *Hę autem extra illas . ipse secundum*
se erunt . ut nomine utentes non homo. Tie áf-
terin zuô propositiones . sint turh síh . âne de êre-
rin . infinitum nomen fure nomen hábende . toh
iz simpliciter níeht nomen nesí.
20 NON DIFFERRE INTER CURRIT ET CURRENS EST   6. M348,35 549,43
IN HIS UERO IN QUIBUS EST NON CONUENIT . UT IN
eo quod est currere uel ambulare . idem faciunt
sic posita hęc ac si est adderetur. An dien est
negelímfet . so iz ist in currere unde in ambu-
25 lare . taz chit an demo currit . unde an demo   P542
ambulat . tar gât iz . also ouh est tar míte
stûende. *Ut est currit omnis homo . non currit*

1, 10 2mal *Ánderíu   2, 9, 11, 14, 24 5mal *sô   2, 11 2mal *tûot   6/7,
17 3mal *sínt   6, 17 2mal zúo   6 *déro   7 *zúo *bzw.* *ze   *demo   *Téro
8 *nû   *Éiníu   9 *díu   10, 15, 24 3mal *íst   12 iustus²] iustu *auf Ra-*
sur von homo   13 *Mánigôren   14 *nemúgen   ter] t *auf Rasur von* d   15
*ipsę   16/17 *áfteren   17 *túrh   de *von anderer Hand übergeschr.;* *die
17/18 *êreren   18 *uúre   *tóh   23 *Án díen   24 negelímfet] i *aus* r
korr.   24/25 2mal *únde   25 *táz chít   2mal *án   26 2mal *tár   *álso
*óuh   27 *stûonde   *Punkt gehört hinter* 4 est, 6 zuô, 10 ist, 11 infinitis, 20 EST, 23 hęc, 24 currere, 25 chit.

---

9 *vor* Est] *Ut *nach* T K I II M-P

omnis homo. Currit omnis non homo . non currit omnis B194
non homo. An̮ dien propositionibus állen mág man
chéden currens est . fure currit. QUEM LOCUM O-   7.   M348,38 549,47
PORTEAT HABERE NON IN PRẸDICATIONE.

5   *NON ENIM DICENDUM EST NON OMNIS HOMO .*
sed non negatio ad id quod est homo adden-
dum est. Úbe du máchon uuîle infinitum nomen .
so nesólst tu nîeht légen non zu démo omnis . nube
zu demo homo. *Omnis enim non uniuersale signifi-*
10   *cat . sed quoniam uniuersaliter.* Uuánda omnis uuîrdet kespróchen uniuersaliter . iz neîst nîeht
selbez uniuersale. *Manifestum est autem ex eo .*
quod est currit homo . non currit homo . currit
non homo . non currit non homo. An̮ dîsen skinet iz.
15 Tîse prẹdicationes sint uniuersales . náls uniuersaliter. *Hẹ uero ab illis differunt . eo quod uniuer-*
saliter sunt. Tîse skéident sih fóne dien êrren .
tie mit omnis uniuersaliter gespróchen sint.
Quare omnis uel nullus nihil aliud consignificat .
20 *nisi quoniam uniuersaliter de nomine uel affirmat uel*
negat. Fóne diu uuîrdet io mit omnis . únde
mit nullus allelîcho uuaz geuéstenot . alde gelóugenet . fone demo állelichen nomine. *Ergo*
et cẹtera eadem oportet opponi .i. inmutata ser-
25 *uari.* Álso gnôto súlen alliu diu ánderiu uuórt
íro stat hálten.
ITEM DE CONSENTIENTIBUS.   8. M350,6 555,15 P543

2, 14 *2mal* *Án   2 *állên   3 *fúre   7 *máchon   8 *sô nesólt   8/9 **2mal**
*zûo *bzw.* *ze   8 *demo   *nûbe   9 non übergeschr.; *Verweisungspunkt in*
der Zeile   11 iz] z *von anderer Hand, auf Rasur;* *íz   12 *sélbez   14
*dísên skînet   15, 18 *2mal* *sínt   17 *síh   *êrerên   18 *tîe   18, 21/
22 *3mal* *mít   21 negat*,*   *díu   *îo   22 *állelîcho uuáz keuéstenôt
*álde   23 *fóne   25 *állíu *ánderíu   26 *stát *Punkt gehört hinter* 20
affirmat.   *Halbhoher Punkt steht hinter* 4 PRẸDICATIONE.

---

16 *Hẹc *nach* T K I II M-P   uero *nach* K I, *dafür* enim T K II M-P   *hinter*
quod] non K II M-P   24 opponi *nach* T K I, *dafür* apponi K II *und* adponi M-P

Liber quartus 55

Q̂UONIAM UERO ILLA NEGATIO QUĘ EST QUONIAM NULLUM   B195
   animal iustum est . contraria est ei .s. affirmatio-
   ni . quę est . omne est animal iustum. Hę quidem manifestum est . quoniam numquam erunt . neque uerę
5 simul . neque in eodem ipso. Uniuersalis affirmatio .
   unde uniuersalis negatio . tie sint uuíderuuár-
   tig . tie nemúgen sament uuâr sîn . nóh in einé-
   mo dinge samint sîn . daz ságeta er ouh fóre.
   His uero opposite erunt aliquando. Aber iro obli-
10 qua mugen so sîn . so díu sint. Non omne animal iustum est . est quoddam animal iustum. Sequitur
   uero eam quidem quę est nullus homo iustus est . illa
   quę est . omnis est homo non iustus. Nu hábe fure
   ein dîa. Nehéin man neíst rehter . unde dîa . mán-
15 nolih ist únrehter. Illa uero quę est . aliqui iustus
16a homo . opposita. Quoniam non omnis homo non iustvs est.
16b V́nde ouh téro zueio opposita . ih méino dîa . ételih man est
   rehter . unde dia . mánnolih neist nîeht únrehter. Necesse est enim esse aliquem. Úbe uuâr
   ist non omnis homo non iustus est . so ist not ali-
20 quem iustum esse. Táz lerit tisiu descriptio.
UNIUERSALIS NEGATIO FINITI NOMINIS.   AFFIRMATIO PARTICULARIS FINITI NOMINIS.
Nullus homo iustus est.   Quidam homo iustus est
   S I M I L E S   S I M I L E S
Omnis homo non iustus est.   Non omnis homo non iustus est.
25 UNIUERSALIS AFFIRMATIO FINITI NOMINIS PARTICULARIS NEGATIO INFINITI NOMINIS
   Hîer uernim daz infinitum nomen keméine ist . ióh
   infinito subiecto . ioh infinito prędicato.

2/3 affirmationi] i³ *auf Rasur*   3 *iustum . hę 6, 14, 17 *3mal *únde 6/7
2mal *tîe   6, 10 *2mal *sînt*   6/7 *uuíderuuártîg 7/8 *2mal *sáment *éinemo dînge   8, 26 *2mal *dáz*   8, 16b *2mal *óuh   9 *Aber íro   10 *múgen
10, 19 *3mal *sô*   11 quoddam] d¹ *übergeschr.*   13 *Nû   *uúre   14 éin] *Akz.
rad.;* *éin   14, 16b *2mal *mán*   14, 17 *2mal *réhtêr* 14/15, 17 *2mal *mánnolîh   15, 19, 26 *4mal *íst*   15, 17/18 *2mal *únrêhtêr*   16ab Quoniam *bis*
opposita *von anderer Hand am rechten Rand nachgetr.; Verweisungszeichen* :
am Rand und im Schriftspiegel   16a *opposita . quoniam*   16b *zuéio   *íh
*ételîh   est] *íst   17 *dîa   *neíst   19 ho mo] *vor* mo *altes Loch im Pgm.*
*nôt   20 *léret tîsíu   22 est²] ē   24 non¹ *übergeschr.*   25 FINITI] *INFI-
NITI   26 *uernîm   *geméine   27 *ióh   infi nito²] *vor* nito *altes Loch im
Pgm.*   *Punkt gehört hinter* 12 est¹, 19 ist¹, 22 est², 25 *2mal* NOMINIS, 26
uernim. *Halbhoher Punkt steht hinter* 16a opposita, 21 *2mal* NOMINIS. *Hoher Punkt steht hinter* 16b opposita.

---

1 EST] *SIGNIFICAT nach* T K I II M-P   11 *hinter* Sequitur] .i. concordat .
übergeschr. K I   15 *Illam nach* T K I II M-P

Uuéllest tu óuh keséhen . uuîo dise uîere sin op-   B196 P544
positę . so sih aber an dísa descriptionem.
UNIUERSALIS NEGATIO SIMILES UNIUERSALIS AFFIRMATIO CUM INFINITO PRĘDICATO.
Nullus homo iustus est   *OPPOSITE*   Omnis homo non iustus est.
5 PARTICULARIS NEGATIO CUM INFINITO PRĘDICATO *PARTICULARIS AFFIRMATIO.
Non omnis homo non iustus est   *OPPOSIMILES*   Quidam homo iustus est.
QUĘ NEGANTEM SEQUATUR UERA CONCLUSIO.   9. M351,2 558,20

M̄ANIFESTUM EST AUTEM . QUONIAM ETIAM IN SINGULA-
   ribus si uerum est interrogatum negare . quoniam
10 *et affirmare uerum est. Ut putasne socrates sapi-*
   ens est? Non. Socrates igitur non sapiens est. Socrates ist
éinluzzer so alliu indiuidua sint. Sapiens taz
ist finitum . also ouh iustus. Non sapiens taz ist
infinitum . also ouh non iustus. Fone diu skînet .
15 ûbe man uragentemo uerságen mag . socratem
esse sapientem . taz sar uuar ist zę chedenne . socratem non sapientem esse. Ube er sapiens neist . so ist
er non sapiens. *In uniuersalibus uero quę similiter*
dicuntur . non est uera .s. affirmatio . uera autem
20 *negatio. Ut putasne omnis homo sapiens est? Non.*
Igitur omnis homo non sapiens est. Hoc falsum est. Sed
uera est .s. negatio. Non igitur omnis homo sapi-
ens est. Ube man uraget so samo fóne allen . ist
mánnolih uuîse? unde ánderer chît néin . unde
25 éner sar fone diu nấh sprichet . so ist
mánnolih non sapiens . so hábet er gelógen. Omnis
homo non sapiens est . taz ist infinita affir-

---

1 *Uuéllêst   uûio] *schwacher Akz.*   *díse   *sîn   2, 12, 17, 25/26 *5mal*
*sô   2 *síh áber án   4/5 OPPOSITAE *und* 4-6 OPPOSITE. *in roter Tinte; 2mal*
*OPPOSITĘ   11, 13, 16/17, 23, 27 *7mal* *íst   12 éinluzzer; *éinlúzzêr
*állíu *sînt   12/13, 16, 27 *4mal* *táz   13/14 *2mal* *álso óuh   14 *Fóne
14, 25 *2mal* *díu   15 *urágentemo *mág   16, 25 *2mal* *sâr   16 *uuâr
*chédenne 17, 23 *2mal* *Ûbe   17 nêist] *Strich und Akz. rad.;* *neíst   19
affir matio] *vor* matio *altes Loch im Pgm.*   23 uraget so samo] t so sa *auf*
Rasur von ntemo; *uráget sọ sámo   23, 25 *2mal* *uóne   23 *állên   24, 26
2mal *mánnolîh   24 uûiseˆ] *~ nachgetr.*   *2mal* *únde   *ánderêr   25 *énêr
nah nấh] nah *durch Strich darüber und darunter getilgt;* *nâh   27 sapi-
ens] *vor* ens *altes Loch im Pgm. Punkt gehört hinter* 3 NEGATIO, 4 *und* 6
2mal est¹, 4/5 OPPOSITAE, 5 PRĘDICATO, 8/9 SINGULAribus, 12 éinluzzer *und*
Sapiens, 13 sapiens, 18 uero, 24 chît.

matio . unde ist lúgi . samo so er chade negando .   B197 P545
nullus homo sapiens est. Sprîchet er aber . finitum nomen negando . non omnis ergo homo sapiens est .
samo so er chade affirmando particulariter
5 quidam homo sapiens est . taz ist uuâr. *Hęc oppo-*
sita est .i. non omnis homo sapiens est . illa uero contraria est .
hoc est . omnis homo non sapiens est. Tisiu ist opposita .
éniu ist contraria. Opposita lêibet in uniuersalibus .
contraria nelêibet nîeht.
10 QUASDAM FALSÔ UIDERI NEGATIONES.   10. M351,53 560,49
ILLĘ UERO CONTRAIACENTES . SECUNDUM INFINITA
nomina uel uerba . ut in eo quod est non homo uel non ius-
tus . quasi negationes esse uidebuntur . sine no-
mine uel uerbo . sed non sunt. So getâniu opposita
15 so infinita nomina sint . also non homo . unde non
iustus sint . alde ouh infinita uerba . so non currit
unde non laborat sint . tiu múgen manne dún-
chen uuésen negationes. Taz nesint siu áber
nieht . noh uuérden mugen . âne nomen . unde
20 âne uerbum. Zíu chît er âne nomen unde âne uerbvm? Uuánda siu simpliciter nomina nesint . noh uerba. Uuârin siu
ouh so . noh tánne nemahti non homo nieht negatio sin . alde ouh non currit. *Semper enim ueram*
uel falsam esse necesse est negationem. Uuanda nega-
25 tio sol io uuar sîn . alde lúgi. Non homo unde
non currit . nesint neuueder. *Qui uero dixit non*
homo . nihil magis de homine .s. quam qui

1, 15, 17, 19/20, 25 6mal *únde   1, 5, 7/8 4mal *îst   1, 4 2mal *sámo
1, 4 2mal *châde   2 *áber   3 omn̸es] i aus e korr.   5 *táz   7 *Tísíu
8 *éníu   *léibêt   9 *neléibêt   14 *Sô getâníu   15/16, 22 3mal *sô   15-
17 3mal *sînt   15 *álso   16, 23, 25 3mal *álde   16, 22/23 3mal *óuh   17
*tíu   *mánne   18 *Táz   18, 21, 26 3mal *nesînt   19, 22 2mal *nîeht   19,
21/22 3mal *nôh   19 *nemúgen   20 *chît nomen bis uerbvm von anderer Hand
am rechten Rand nachgetr.; Verweisungszeichen : am Rand und im Schriftspiegel   21 *Uuârîn   22 *nemâhti   23 *sîn   24 *Uuánda   25 *sól ío uuâr
26 *neuuéder   Punkt gehört hinter 4 particulariter, 14 opposita, 16 currit, 20 nomen.   Hoher Punkt steht hinter 20 âne².

---

11 CONTRAIACENTES . SECUNDUM INFINITA nach T K I M-P, dafür quę sunt secundum infinita oppositę K II

finitum dixit . *sed etiam minus uerus fuit . uel falsus .*   B198
si non aliquid addatur. Ter infinitum spríchet
non homo . der nesprichit nieht quisseren . danne der finitum sprichit homo . nube er mag
5   ioh mín heizen uuârer . alde lúkker . er nelége   P546
zû mer uuórto. Uuánda guíssera ist homo
currit tanne non homo currit . pe͜ diu ist homo
nahera dero uuârhéite . danne non homo. Ze
erist chit er . non homo neist nieht negatio. Tara
10   nah chit er . uuare͜ iz negatio . so bezéichendi
iz uuar alde lúgi. Tara nah chit er . sîd taz
quissera nebezéichenet uuar noh lugi . uuîo
danne daz únguissera? Q U Ę   E X   I N F I N I T I S   11. M352,36 561,46
     S I N T   S I M I L E S.
15   *SIGNIFICAT AUTEM . EST OMNIS NON HOMO*
iustus . nulli illarum idem. Aber díu propositio .
alle únmennisken réhte sint . tiu neíst tero
óberon neheinero gelih. Omnis non homo . daz ist
uniuersale . unde infinitum subiectum . iustus est .
20   taz finitum prędicatum. So getân propositio nestât
tar nîener uore. *Nec huic opposita . ea quę est.*
Non est omnis non homo iustus. Noh tíu dísa lóugenet . ih mé͜ino. Nieht uuâr . daz alle únmennisken réhte sin. Tie zuô sint úngelih . allen
25   óberên. *Illa uero quę est . omnis non iustus non homo. Illi*
quę est . nullus iustus non homo . idem significat.
Áber díse zuô sint éin . alle únménnisken . ún-

---

2 *Tér   3/4 *2mal* *dér   3 *nespríchet   3, 9, 23 *3mal* *nîeht   3 *quísseren 3/4, 8, 13 *3mal* *dánne; 8 danne] d *aus* n *korr.*   4 *spríchet   *núbe   *mág 5 *ióh   *héizen uuârêr   5, 11 *2mal* *álde   5 *lúkkêr   *ér   6 *zûo mêr 6/7, 18 *3mal* *íst   7 *tánne   *díu   8 *náhera   9 *êrest   9-11 *3mal* *chít 9 *neíst   9-11 *2mal* *Tára nâh   10 *uuáre   *sô bezéicheneti   11/12 *2mal* *uuâr   12 *quíssera   *nóh lúgi   13 *únguíssera   16 *Áber   *díu   17, 23, 27 *3mal* *álle   17, 23/24 *2mal* *únménnisken   17, 24, 27 *3mal* *sínt 17 *tíu   18 *óberôn nehéinero gelîh   18, 23 *2mal* *dáz   19 *únde   20 *táz; dahinter* *íst   *Sô   21 *târ nîonêr uóre   21/22 *est . non   22 *Nóh 23 *íh méino . nîeht   24 *sín   *Tíe   24, 27 *2mal* zúo   24 *úngelîh   *ál-lên   25 *homo . illi   Punkt gehört hinter* 7 currit[1]. *Punkt ist zu tilgen hinter* 27 únménnisken.

rehte . nehéine únménnisken rehte. Uuîr múgen B199
héizen únménnisken . die âne mennisken sint .
sô angeli sint. An dero êrrerun dírro zueio . sínt
zuéi infinita . ein an demo subiecto . mit uniuer-
5 sali . ander án demo prędicato. Tára nah ist an dero áfterun infinitum subiectum mit uniuersali .
unde prędicatum finitum. NON TRANSPOSITO   1. M353,5 563,33 P547
  NOMINE . UEL . UERBO . SIGNIFICATIONEM MUTA-
*T*RANSPOSITA NOMINA   RI . SICUT TRANSPOSITA NEGATIONE.
10 *uel uerba . idem significant.* Mísse sáztiu nomina alde uerba neuuéhselont nieht ten sin propositionum. *Ut est homo albus . est albus homo.* Also
dísiu mísse sázten nomina unde uerba . des
sínnis nehéinen uuéhsel netuont. *Nam si hoc non*
15 *est . eiusdem erunt multę negationes.* Uuánda
úbe iz sô neist . so sulen einero affirmationis
uuésin manige negationes. *Sed ostensum est*
quia una unius est. Táz ist áber uóre gesaget
taz échert éin negatio êinero affirmationis
20 ist. *Eius enim quę est . est albus homo . negatio est*
non est albus homo. Fóne díu ist échert ein negatio dero affirmationis est albus homo .
tíu dir chit non est albus homo. *Eius uero quę est .*
est homo albus . si non eadem est . quę etiam ei que est .
25 *est albus homo.* Ube si aber misse chêrtiu fone
albus homo . ze homo albus . tia selbun negationem nehábit .s. tia si dóh guísso habit. *Erit*

198,27-199,1 *únrêhte 1 *rêhte   2 *díe *ménnisken sínt   3 *síntˡ *Án
*déro êrerûn *zuéio 4, 21 2mal *éin 4 *án 4, 6 2mal *mít 5 *ánder
*nâh 5, 18, 20/21 4mal *íst 5 *án² 6 *áfterûn 7, 13 2mal *únde 10
significant] an *auf Rasur* *sáztíu 11 *álde *neuuéhselônt nîeht tén sín
hinter sin] *dero 12 estˡ] Akz. rad. *Álso 13 *dísiu sázten] n *auf*
Rasur 14 *sínnes *netûont 16 2mal *sô *neíst *súlen 16, 19 2mal
*éinero 17 *uuésen mánige 18 una] u *auf Rasur* *geságet 19 *táz 23
tíu *auf Rasur von dir* *chít 24 *quę² 25 *Úbe *áber mísse chêrtíu
*uóne 26/27 2mal *tía 26 *sélbûn 27 *nehábet *quísso hábet Punkt
gehört hinter 17 est, 18 gesaget, 20 est³, 23 chit. Punkt ist zu tilgen
hinter 8 UEL. Halbhoher Punkt steht hinter 9 NEGATIONE.

negatio. So uuîrt iz ein anderiu . únde so sint îro
zuo. *Uel ea quę est. Alde diu dir chit. Non est non
homo albus. Uel ea quę est. Alde diu dir chit. Non
est homo albus. Sed altera quidem est . negatio eius*
5 *quę est . est non homo albus . alia uero eius quę est . est
homo albus.* Aber dero îouuéderiu . habit iro affirmationem . ih méino . est non homo albus . unde est homo
albus. Nu hábit tiu affirmatio est homo albus .
únbesprócheno dia negationem non est homo albus .
10 uuánda si ouh éna durh not hábit . non est albus
homo . pé diu habit si zuo. Ube nû . est homo albus
hábit zuô . so habit ouh est albus homo . die sélbun
zuô. *Quare erunt duę unius . pe diu* sint zuô
negationes einero affirmationis in hunc modum.
15 AFFIRMATIO UTRIUSQUE CONTRADICTORIA.
Est albus homo —— Non est albus homo.
Est homo albus —— Non est homo albus
AFFIRMATIO UTRIUSQUE CONTRADICTORIA.
Quoniam igitur transposito nomine uel uerbo eadem sit
20 *affirmatio uel negatio manifestum est.* Nû ist aber
offen . taz fóne míssesaztemo nomine alde
uerbo . nehéin uuéhsel neuuirdet tero affirmationis unde dero negationis. Uuúrte îro
dánnan uuéhsel . só man danne chade fone socra-
25 te . est albus homo . so neuuúrte daz nieht kelóugenet kelîcho mit temo non est albus homo .
unde mit temo non est homo albus. DE DISCER-

B200

P548

2. M354,18 567,55

---

1 *Sô *éin ánderíu   1, 12, 24/25 4mal *sô   1, 13 2mal *sínt   2, 11
2mal *zuô   2/3 2mal *Álde   2/3, 13 3mal *díu   2/3 2mal *chít   6 *Áber
*déro îouuéderíu 6, 8, 10-12 6mal *hábet   6 *íro   7 *íh 7, 23, 27 3mal
*únde   8 *Nû   albus²] al *auf Rasur*   9 únbesprócheno] b *auf Rasur von* g
10, 12 2mal *óuh   10 *dúrh nôt   11 *pe díu   Ubę; *Úbe   12/13 3mal zûo
12 *díe sélben   13 *unius. Pe   14 *éinero   16 albus homo *auf Rasur von*
homo albus; albus homo. *auf Rasur von* homo albus. 16/17 *rote Linien*   20
*íst áber   21 *óffen   *táz   *míssesáztemo   *álde   22 *neuuírdet   24
*dánnân   *dánne cháde uóne   25 *dáz nîeht   26/27 2mal *mít   27 *témo
Punkt gehört hinter 11 *und* 17 3mal albus, 12 ouh, 15 *und* 18 2mal AFFIRMA-
TIO, 16 homo¹, 20 negatio, 26 témo, 27 temo.

---

19 sit *nach* T; *fit *nach* K I II M-P

NENDIS PROPOSITIONIBUS . QUĘ UNĘ SUNT . QUĘ MULTĘ.   B201
At uero affirmare uel negare unum de pluribus
uel plura de uno . si non est unum ex pluribus . non est
affirmatio una . neque negatio. Uuîle du éin ságen .
5 fóne mánigen . alde mánigiu fone éinemo . éin
species neuuérde uzer în ánderis neîst iz éin
saga nieht . iéhendo noh lóugenendo. *Dico autem*
non si unum nomen sit positum . non sit autem unum ex illis.   P549
Id est . dico etiam non fieri unam affirmationem uel ne-
10 gationem . si unum nomen commune positum sit multis rebus . et si ex illis non sit unum. Íh ságo dir daz
ouh tánnan ûz ein affirmatio alde ein negatio neuuîrdet . ube éin nomen geméine fúnden
ist mánigen díngen diu éin speciem nîeht ke-
15 uuúrchen nemúgen. Taz ist tanne . so ein fone
éinemo gespróchen uuîrdet . *ut canis animal est.*
Tar ist animal gespróchen fone cane . éin fone
einemo . unde neist toh taz nieht éin affirmatio . uuánda canis pezéichenet peidiu ióh
20 tén béllenten hunt . ioh ten mérehunt .i. latrabilem et maritimum. *Ut homo est fortasse . et ani-*
mal . et bipes et mansuetum. Álso ódo uuâno
daz nieht ein affirmatio neîst . so dísiu uieriu
sus únderskéiden uuérdent mit coniunctione .
25 dáz man chît . homo est . et animal . et bipes et mansuetum. Ioh âne coniunctiones mag man siu under-
suîgendo geskéiden . taz síu eina affirmationem

200,27-201,1 DISCERNEnDIS] rote Minuskel n übergeschr.   3 uno] o aus u korr.   5, 15, 17 5mal *uóne   5, 14 2mal *mánigén   5, 12 2mal *álde   5 *mánigíu   énimo   6 *ûzer   *ánderes   éin auf Rasur von nieht   7 *sága   7, 18, 23 3mal *nîeht   7 *nóh   9 dico etiam] über o e altes Loch im Pgm.   11 *dír   11, 23 2mal *dáz   12 *óuh tánnân   12, 15, 23 4mal *éin   13 *úbe   fúnde   *uúnden   14/15, 17 3mal *îst   14 *díu   *éina; éin stimmt mit dem n. *bílde ‚species' überein.   15 *Táz   *tánne   15, 23 2mal *sô   17 *Tár   18 enimo; *éinemo   *únde neîst tôh   18, 27 2mal *táz   19 pediu; *péidíu   20 *ten¹   béllenten] b auf Rasur von p   *húnt   *ióh   *mére- húnt   20/21 latra/trabilem   21 maritmum   22 hinter et² altes Loch im Pgm.   *ódeuuâno   23 *dísiu uîeríu   24 *sús   *mît   26 *Ióh   *coniunctionem *mág   26/27 *únder/suîgendo   27 *siu éina   Punkt gehört hinter 2 PLURI- BUS, 6 În, 8 non¹, 11 dir, 14 díngen, 19 peidiu, 22 und 25 2mal bipes. Punkt ist zu tilgen hinter 4 ságen. Halbhoher Punkt steht hinter 1 MULTĘ.

---

1 *SINT nach T   7 hinter autem] *unum nach T K II M-P

ne tûont. Also daz ist homo est unde dánne B202
uberláng animal . so áber bipes so aber mansuetum. Samoso er châde . homo est . animal est .
bipes est . mansuetum est. *Sed ex his unum fit.* Aber
5 doh uuírdet éin species ûzer ín geuuúrchet .
so man gesláго chît animal bipes mansuetum homo est. Taz sínt mánigiu fóne éinemo .
unde doh ein affirmatio. *Ex albo autem et*
homine et ambulare non unum. Aber fo-
10 ne homine . unde fone albo . unde fone ambulare . ne uuírdet nehéin species. Ter uone
uuízemo man gântemo chît . album et ambulans homo est . ter hábet kesprochen zuéi
uone éinemo . tíu éin speciem níeht ne-
15 uuúrchent. Uuíz unde gân uuélih speciem
alde uuéleha naturam uuúrchent tiu? *Qua-*
re non unum. Fone díu ne mag iz óuh éin P550
affirmatio sîn. *Quare nec si unum aliquid de his*
affirmet aliquis erit affirmatio. Fone díu
20 spríchet mán éin dirro . fone dien anderen .i. unum de pluribus . so man nu chád . album
et ambulans homo est . alde homo et
ambulans album est . alde homo et album
ambulans est . taz ne uuirdet nieht ein
25 affirmatio. *Sed uox quidem una affirma-*
tiones uero multę. Nube éin est spréchendo uuérdent tar mánige affirmationes.

202,1-222,12 ne tûont *bis* inpossibile] *andere Hand, Tinte; dieser Schrei-*
ber ersetzt den hohen Punkt durch den halbhohen. 1 *Álso dáz íst   1, 8,
10, 15 *5mal* *únde   2 *überláng   2, 6, 21 *4mal* *sô; 2 *vor* so¹ *Rasur*   2 *á-
ber²   3 *Sámoso   4 manifestum   4, 9 *2mal* *Áber   5, 8 *2mal* *dóh   7 *Táz
sínt *von anderer Hand übergeschr.*   *mánigíu   7, 9-11, 14, 20 *7mal* *uóne
8, 24 *2mal* *éin   8 al bo] *vor* bo, 9 *vor* Aber *altes Loch im Pgm.*   11 *Tér
12 *uuízemo mán gândemo   13 *tér   *kespróchen   14 túi   *éina   15/16
2mal *uuélicha *bzw.* *uuélea   16, 22/23 *3mal* *álde; 22 *vor* alde *altes Loch*
im Pgm.   16 *tíu   17, 19 *2mal* *Fóne   17 *nemág   20 *man   *dírro   20/
21 *ánderên   21 *nû   24 *táz neuuírdet níeht   26 *Núbe   27 *tár   *Punkt*
gehört hinter 1 ist *und* est, 2 uberláng *und* bipes, 6 chît, 15 gân, 18 nec,
19 aliquis *und* díu, 25 una, 26/27 spréchendo.

---

19 *hinter* erit] *una *nach* T K I II M-P

Nec si de uno ista . sed similiter plures. Noh tána B203
mêr ne uuîrdet éin affirmatio ube îo man
disiu so misse chêret . taz plura uóne éinemo
gespróchen uuérdent . ih méino daz tíu
5 uuérdent prędicata . diu nû uuâren subiecta .
ut album . homo et ambulans est . uel ambulans .
homo et album est. AD INTERROGATIONEM PLURA   3. M355,32 570,41
SIGNIFICANTEM . UNAM RESPONSIONEM NON SUFFICERE.
Quocirca ergo. Fone díu .s. uuánda éin propo-
10 sitio mánigiu beceichenet. *Si dialectica in-*
terrogatio responsionis est petitio. Hic suspensio. Vbe der ántuuurtis kérôt . ter dialectice
urâget alsus . est canis animal an non? *Vel propo-*
sitionis . uel alterius partis contradictionis. Et hic.
15 Unde er gérôt állero propositionis . sô daz ist
animal est . animal non est. Alde téilis . so daz
ist . est non. *Propositio enim unius contradicti-*
onis est .i. una affirmatio unius est negationis
et hic. Vuánda ein féstenunga sûochet éinen
20 lóugen. *Huiusmodi interrogationi . non erit*
una responsio. Depositio. So getânero frâgo
ih méino sûs mánigiu díng pezéichenentero ne-
begágenet nîeht ein ántuuurte. *Ad hęc nec*   P551
una affirmatio. Noh ouh tara zû ein féstenun-
25 ga. *Nec si sit uera est.* Noh sâr uuâr ne ist iz .
ube iz éin ántuuurte ist . unde éin féstenunga. Uuánda chît er canis animal est taz ist

---

1, 24/25 *3mal* *Nóh   2, 26 *2mal* *úbe   3 *dísíu   3, 16 *2mal* *sô   3 *mísse
3, 27 *2mal* *táz   4, 22 *2mal* *íh   4, 15/16 *3mal* *dáz   5 *díu   7 est.;
9 *Fóne   10, 22 *2mal* *mánigíu   10 beceichenet] e⁴ *aus* i *korr.;* *bezéichenet   12 *Vbe dér ántuuúrtes *tér   13 *urâgêt álsús   15 *Únde   15,
17, 26/27 *4mal* *íst   16 *Álde téiles   18/19 *negationis. Et   19, 23/24
3mal *éin   19, 24-27 *3mal* *uéstenúnga   21 *Sô   *urâgo   23, 26 *2mal* *ántuuúrte   24 *óuh tára zúo   25 *neíst   26 *únde   *Punkt gehört hinter* 2
affirmatio, 4 *und* 22 *2mal* méino, 15 ist, 21 frâgo, 27 er *und* est.

---

10 *hinter* dialectica] .i. duorum locutio . *übergeschr.* K I   20 *Der Ab-*
schnitt beginnt erst mit Huiusmodi. T   *hinter* interrogationi] quę plura
significat . *am Rand nachgetr.* K II   24 affirmatio] interrogatio T K I
II M-P

in caelesti signo lûgi. Chît er non est animal . taz B204
ist in latrabili cane lûgi unde in marino. *Dictum*
autem de his est in thopicis. Similiter autem manifes-
tum est . quoniam nec hoc ipsum quid est est dialectica
5 *interrogatio.* Ih habo ouh ándersuuar dánnan
gesaget. *Si quis interroget quid est . oportet da-*
tum esse .i. dari . ex interrogatione . hęc eligere .i.
ut possit eligere . utrum uelit contradictionis
partem enunciare . quia opórtet interrogan-
10 *tem determinare . utrum hoc animal homo . an*
non homo. Ter urâgento sol demo geurâgeten an sînero urâgo uuála gében uuéderen
téil er uuélle dero contradictionis . unde fone
díu sol er in béidero iíhten alsus . ist tíz tîer .
15 alde diz monstrum mennisko . alde ne ist? Contradictio bestât îo fone affirmatione et negatione . so dáz ist . homo animal est . homo animal
non est. Fóne diu ist táz dialectica interrogatio . sô
man den ántuuurtenten besûochet uuéderez
20 er uuélle . in hunc modum. Putasne homo animal
est? Aber der sús urâget . quid est animal? der
urâget scolastice nals dialectice. QUOD QUĘDAM SIN- 4. M356,38 572,58
GULATIM UERA . IUNCTA . ALIAS UERA . ALIAS FALSA SINT.
Q*UONIAM HAEC QVIDEM PREDICATUR COMPOSITA .*
25 *ut unum sit omne prędicamentum eorum . quę extra prę-*
dicantur . alia uero non . quę differentia est .s. dicen-
da. Ordo est. Quoniam eorum . quę extra .i. singillatim

---

1 *cęlesti *táz 2, 14, 17/18 4mal *íst 2, 13 2mal *únde 5/6 *Íh hábo
*óuh ándersuuár dánnán geságet 7 eliegere] *Tilgungspunkt* 9 *oportet
11 *urâgento 11, 14 2mal *sól 11/12 *geurâgeten án 13, 16 2mal *uóne
14 *ín *álsús 15 2mal *álde *díz *ménnisko *neíst 16 et] *únde
17 *sô 18 *díu 19 *ántuuúrtenten 21 *Áber 2mal *dér *frâgêt 22
*urâget *náls 24 HEAC; *HĘC *Punkt gehört hinter* 1 er, 2 lûgi, 4 est²,
6 interroget, 12 gében, 19 besûochet, 22 scolastice.

---

3 *topicis nach* T K I II M-P 8 utrum *nach* T K I; *utram *nach* K II M-P 9
enunciare *nach* K II; *enuntiare *nach* K I M-P; rad. T 9/10 *hinter* inter-
rogantem] uel gatum *übergeschr.* K II 10 *vor* homo] *sit nach* T K II M-P
22/23 singillatim T 23 SINT *fehlt* T. 24 *PRĘDICANTUR *nach* T K I II M-P

prędicantur . hęc quidem composita sic prędicantur . ut   B205 P552
unum sit omne prędicamentum eorum . alia uero non . ea differentia dicenda est. Vuánda súmelichíu dúrh
sih kespróchenìu uuâr sint unde ze sámene
5 gelégetiu éin bezéichenent unde sámo uuâr
sint . tánne aber ánderiu sô ne sint . ter ǘnder-
skeit ist ze ságenne . unde mit exemplis ze
lêrenne. *De homine enim uerum est dicere . et extra animal . et extra bipes . et ut unum.* Fone
10 homine mag man súnderigo chéden . daz er
sî animal . unde er sî bipes . unde mág man
chéden daz tíu ze sámene gelegétiu éin sîn .
unde samo uuâr sîn . also daz uuâr ist . homo
animal bipes est. *Et hominem et album . et haec ut
15 unum.* Vnde mág ouh uuâr sîn . ube man ételîh animal sunderigo ságet hominem uuésen .
unde album uuésen . unde díu béidiu éin uuésen. *Sed non cytharedus et bonus . etiam cytharedus bonus.* Chît mán aber daz er súnderi-
20 go cytharedus sî . unde er gûot sî dúrh taz
ne ist ne héin nôt taz er gûot cytharedus sî .
unde daz sámint uuâr sî . daz éinzen uuar
uuas. QUĘDAM SIMUL INCONGRUE DICI . QUĘ   5. M356,44 573,5
PER SE UERE DICTA SUNT.
25 *S*I ENIM QVONIAM ALTERUTRUM DICITVR . ET VTRVM-
que dicitur . multa inconuenientia erunt. Sol man daz
samint spréchen . daz súndero uuâr ist . so uuér-

---

3 *súmelichíu 4 *síh kespróchenìu 4, 6 2mal *sínt 4/5, 7, 11, 13, 17, 20, 22 10mal *únde; 20 unde] d aus e korr. 4/5, 12 2mal *zesámine gelége- tíu 6 *áber ánderiu *nesínt 6/7 *únderskéit 7, 13, 27 3mal *íst 7 *mít 9 *Fóne 10 *mág 10, 12/13, 19, 22, 26/27 8mal *dáz 13 *sámo *álso 14 heac; *hęc 15 *V̂nde *óuh *úbe 16, 27 2mal *súnderígo; 16 sunderigo] n übergeschr. 17 *béidíu 19 *man áber 20/21 2mal *táz 21 *neíst 22, 27 2mal *sáment 22 *éinzén uuâr 23 *uuás 26 *Sól 27 *sô   Punkt gehört hinter 4 sint, 5 bezéichenent, 12 chéden, 19 aber, 20 sî[2], 21 nôt, 25 ENIM.   Hoher Punkt steht ausnahmsweise hinter 24 SUNT.

---

18 hinter non] *si nach T K I II M-P   18-21 4mal cytharedus nach K I; *citharędus nach citharedus K II, dafür citharoedvs T und citharoedus M-P
25 hinter DICITVR] singillatim atque separatim est übergeschr. K I

dent târ uz manigiu gechôse úngelimphiu. *De ho-*   B206
mine enim . et hominem uerum est dicere . et album.
Fóne ételichemo ménnisken ist áleuuar ze
spréchenne . daz er menisko sî . unde er uuîz
5   sî. *Quare et hominem rursus et album.* Fone díu
mag man aber chéden . den selben uuîzen   P553
mennisken . ménnisken uuésen ioh uuîzen. *Si*
et album et hominem. So chído ih ube man ín
uore uuârhafto híez uuîzen ménnisken. Vbe
10   man uone socrate einest uuârhafto chéden
mag . taz er uuîz mennisko sî . so mág man
anderest sámo uuârhafto fone ímo chéden .
tiser uuîzo mennisko . ist mennisko unde uuîz.
Quare erit homo homo . albus albus. Fóne díu
15   lége dáz ze sámene . so uuírdet tar ûz tíu únnuz-
za zála . daz ménnisko mennisko sî . uuîz uuîz
sî. *Hoc est in infinitum.* Tes ist únmez taz tu spréchen maht fone ímo . ze êrist súnderigo . unde danne sámint. *Et rursus musicus albus am-*
20   *bulans . hęc eadem frequenter simplicitas est.* Also díccho mág ouh keáberet uuérden díu súnderigi ube man uone socrate ze êrist chît taz
er sî uuîz musicus kânder . uuánda dû aber
chéden maht ter uuîzo musicus kânder . ist
25   uuîz . unde ist musicus . unde ist kânder. So
sol man danne sámint chéden drîestunt . uuîz
uuîz uuîz ist . unde iro îo gelichez trîestunt.

1, 15 2mal *târ ûz   1 *mánigíu   úngelimphui] h *auf Rasur;* *úngelímfíu
3, 13, 17, 24/25, 27 7mal *íst   3 *áleuuâr   4, 16 2mal *dáz   4, 11, 13
4mal *ménnisko   4, 13, 18/19, 25, 27 6mal *únde   5 *Fóne   6 *mág   6, 23
2mal *áber   6 *dén sélben   7 *ménnisken[1] *ióh   8, 25 2mal *Sô   8, 22
2mal *úbe   9 *uóre   9/10, 12 3mal *uuârhafto   9 *Vbe   10, 12, 22 3mal
*uóne   10 socrate] r *übergeschr.*   *éinêst   11 *mág[1]   11, 17, 22 3mal *táz
11, 15 2mal *sô   12 *ánderêst   13 t$ser] i *von anderer Hand aus* e *korr.;*
tísêr   14 albus[2]] über s Rasur   15 dáz von anderer Hand übergeschr. *zesámine   15/16 *tíu únnúzza   16 *ménnisko[2]   17 *Tés *únméz   18, 24 2mal
*máht   18 *fóne *êrest   19, 26 2mal *dánne sáment   20/21 *Álso   21 *óuh
*keáberet *diu   22 ze êrist] e[1] *und* s *übergeschr.;* *ze êrest   23-25 3mal
*kândêr   26 *sól *drîostúnt   27 *íro *gelíchez trîostúnt   Punkt ge-
hört hinter* 8 ih, 17 únmez, 21/22 súnderigi, 22 chît, 24 maht.

---

20 simplicitas *nach* K I, *dafür* implicitas T, inplicita K II, implicita M-P

Amplius. Si enim socrates socrates est et homo . erit B207
socrates socrates homo. Ube sunderîgo spréchendo uuâr ist . socrates ist socrates . unde aber sunderîgo uuâr ist . er ist ouh mennisko . so uuírt
5 tanne samint ze chedenne . daz socrates socrates
homo sî. *Et si socrates socrates est . et homo . et bipes .*
erit socrates homo et bipes. Tísiu uuort firním
samoso er châde . ube du zû dien zuéin ih méino daz er súnderigo . socrates ist . unde homo ist .
10 taz trítta ouh sunderigo chîst taz er bipes sî . sô
sólt tu ouh sámint chéden . déro sélbon zuéi unde sunderigo daz trítta. *Et rursus si hic idem bipes*
est et homo . erit socrates socrates . homo homo .
bipes bipes. Vbe socrates sunderigo dríu ist . sô P554
15 sînt sámint ze chedenne . diu selben dríu . socrates
socrates . et homo et bipes et homo et bipes. Taz
socrates ist sunderigo socrates . unde homo . unde bipes . taz kemachot in sament uuésen hominem
bipedem. So getân compositio ne geuállet nîeht.
20 *Quoniam ergo si qui simpliciter ponat . complexiones fieri .*
inconuenientia contingere manifestum est . quemadmo-
dum autem ponendum . nunc dicemus. Uuánda nû uuóla skînet . mánigiu úngelimphe dannan ûz uuérden . ube îoman úngeskeideno in alla uuîs ze sá-
25 mene légen uuile díu proloquia . sô ist taz ze
lêrenne . uuîo er tûon sol. SINGILLATIM SECUNDUM ACCI- 6. M358,27 575,4
DENS PRĘDICATA . SIMUL PRĘDICARI NON POSSE.

---

2 *Úbe   2, 3/4, 10, 12, 14, 17 6mal *súnderîgo   3/4, 9, 14, 17, 25 9mal
*íst 3, 9, 11/12, 17/18 5mal *únde   3 *áber   4 *ér   4, 10/11 3mal *óuh
4 *ménnisko *sô   5 *tánne; hinter tanne] *uuâr sîn   5, 11, 15, 18 4mal
*sáment   5, 15 2mal *chédenne; 15 chedenne] n¹ übergeschr.   5, 9 2mal
*dáz   7 *Tísiu uuort firním   8 *sámoso   8, 24 2mal *úbe   8 diu   *zûo
bzw. *ze   *díen   *íh   10 *táz²   11 *sélbôn   14 *V̂be   15 *díu sélben
16 *Táz   18, 25 2mal *táz   18 *kemáchôt ín   19 *Sô   23 *mánigíu úngelímfe
*dánnân   24 *úngeskéideno   *álla   24/25 *zesámine   25 *uuîle diu   26
*sól Punkt gehört hinter 7 firním, 8 zuéin, 8/9 méino, 10 chîst, 11 zuéi,
16 bipes¹.   Punkt ist zu tilgen hinter 11 chéden, 15 chedenne.

---

20 qui nach K I, dafür quis K II, quidem T, quidam M-P   21 vor inconue-
nientia] *plurima nach T K I M-P, dafür plura K II   22 hinter ponendum]
*est nach T K II M-P

Quecumque igitur eorum quę predicantur .
    et eorum de quibus prędicantur secundum accidens dicuntur.
Suspensio. Sint taz accidentia díu man spríchet .
unde ouh tíu fone díen man síu spríchet. *Uel*
de eodem uel alterum de altero. Et hic. Sô man
uone einemo subiecto zuei accidentia spréche
in hunc modum . homo albus est . homo musicus
est . so man daz ander fone demo êreren spréche
in hunc modum . homo albus est . albus musicus est.
Haec non erunt unum. Depositio. Tiu ne uuúrchent níeht
ein speciem. *Ut homo albus est et musicus.* Álso
díu accidentia béidiu fone homine gespróchen
uuérdent . álde daz éina accidens fone demo
andermo . unde aber daz fone homine. *Sed non*
est . idem musicus et albus. Síu ne uuúrchent toh
nieht éin speciem. *Accidentia enim sunt utraque*
eidem. Uuîo mugen? Sint péidiu éinis tínges accidentia . fone accidentibus ne uuírt nehéin substantia. *Nec si album . musicum uerum est dicere .*
tamen non erit album musicum aliquid. Unde doh
uuâr sî . albus est musicus . siu ne uuérdent îo níeht
éin. *Secundum accidens enim . musicum album. Quare non*
erit album musicum. Taz ist fone díu . uuánda síu béidiv
sint accidentia. Fone diu ne uuírt níomer albus durh sih musicus . nube der homo albus .
ter ist musicus. Ouh írret taz tia prędicationem .
daz accidentia sih líehto uuéhselont. Ube socra-

tes nû ist albus musicus . er mág aber an dero súnnun uuérden niger musicus. Fone díu ist sî lúkke. *Quocirca nec cytharedus bonus simpliciter.* Fone díu ne uuírdet óuh nîeht éin species . cy-
5 tharedus bonus . uuánda siu béidiu sint accidentia. *Sed animal bipes. Non enim secundum accidens.* Aber animal unde bipes uuúrchent éin speciem hominis . uuánda síu accidentia ne sint. Chît man homo animal est . homo bipes est . taz
10 mág man sáment uuóla chéden . homo est animal bipes. SIMILITER QUĘ INSUNT IN PROLATIONE . UEL . NARRATIONE SIMUL IUNCTA NON PRĘDICARI.
*A*MPLIUS. Fernémen nóh. *Nec quecumque insunt in alio.* Noh tíu ándermo ána sint .
15 s. díu ne múgen ouh nîeht kespróchen uuérden ze sámine gelégetiu. *Quare nec album frequenter.* Fone díu ne mag óuh album sô diccho kespróchen uuérden in conplexione sô iz extra mag. Chît îoman . uuîz mán ist callias .
20 callias ist uuîz . taz mág uuâr sîn . chît er dánne sáment . uuîz man callias uuîz ist . taz ist únredelih . uuánda iz ána ist tero prolationi subiectiue partis . taz ánderest prolatum uuírdet an prędicatiua parte. Uuîz mán chédendo .
25 uuîrt pegríffen . taz er uuîz ist. Pe díu ne gelímfet nîeht sáment . taz súnderigo gelámf.
Neque homo . homo animal . uel bipes. Noh sús ketân

B209

7. M359,15 575,14

P556

1/2, 19-22, 25 *8mal* *îst   1 *ér   *áber   1, 24 *2mal* *án   1/2 *súnnûn   2, 4, 17 *3mal* *Fóne   3-5 *2mal* *cithaŗedus   5 *síu béidiu   5, 14 *2mal* *sînt   6 accidens] s *aus Ansatz eines* t *korr.*   7 *Áber   *únde   *éina   8 *siu *nesînt   9 aņmal] i *von anderer Hand nachgetr.*   9, 20/21, 23, 25/26 *6mal* *táz   10 sáment] *früherer Akz. rad.*   11 bipes;   13 *ab* AMPLIUS *andere Tinte beim gleichen Schreiber*   *Fernémên   *quęcumque   14, 27 *2mal* *Nóh   15 *óuh   16 *gelégetíu   17 *nemág   17/18 diccho] di *auf Rasur;* *díccho   18 *gespróchen   *complexione   19 *mág   21 *mán   22 *únrédolîh   ána   *téro   23 *subiectiuę   *ánderêst   *Punkt gehört hinter* 9 man, 18 conplexione. *Punkt ist zu tilgen hinter* 12 UEL.

---

12 NARRATIONE] *NATURA *nach* T   16 nec] neque T K I II M-P

conpositio ne tóug . ube sia îoman uuúrchet . B210
ûzer dien extra prędicatis. So uuér mit téro báldi . daz er fone socrate chéden mag . socrates homo est et animal . sâr chéden uuîle .
5 homo homo est et animal . taz ist also er châde .
homo animal . animal est. Uuîo mág homo . béidíu sîn . ioh homo ioh animal? An díu daz er
homo ist . sô ist er animal. Chît ouh fóne socrate .
iste homo homo est . et bipes . taz íst áber álso er
10 châde . iste homo bipes bipes est. *Insunt enim in ho-*
mine . animal et bipes. An démo námen homo .
uuírdet animal uernómen ioh bipes. Ter óuh
chît socrates . socrates est et homo . der máhti
be díu chéden socrates homo . homo est . uuánda
15 an socrate uuírt homo natûrlicho uernómen.
HUCUSQUE AN SINGULATIM UERE PRĘDICATA . 8. M360,24 576,56
IUNCTA QUOQUE UERA SINT . NUNC E CONTRARIO QUĘ-
RITUR . QUĘ UERE PREDICANTUR IUNCTA . AN EADEM
UERUM SIT ET SIMPLICITER DICERE.
20 U̧ERUM EST AUTEM DICERE DE ALIQUO ET SIM-
pliciter . aut quendam hominem . hominem . aut quen-
dam album hominem . album. Non semper autem. Tisa sententiam súln uuír urâgendo lésen . alsús. Íst ouh súnderigo uuâr . daz sáment uuâr ist? iz mág éte- P557
25 uuanne uuâr sîn . náls nîeht îo. Mág sámo uuâr
sîn hominem currere . samo quendam hominem currere? Alde ist sámo uuâr ze spréchenne . album curre-

---

1 *compositio *ûbe sîa 2 Sô] Akz. rad. uuérdent] dent rad. *mít
3, 7, 24 3mal *dáz 3 *uóne mag] g aus n korr.; *mág 4 hinter animal .]
taz rad. sâr auf Rasur 5, 9 2mal *táz 5, 8, 24, 27 5mal *íst 5 *álso
7, 12 3mal *ióh 7 homo] h aus n korr. 7, 11 2mal *Án 7 hinter díu]
díu rad. er von anderer Hand nachgetr. 8 hinter Chît] *er 8, 23 2mal
*óuh 11 *demo 12 *Tér 13 *dér 15 *án uernómen; 22 *Tísa 23 *súlen
*urâgéndo *álsús 24 *Íz 24/25 *éteuuénne 26/27 2mal currere] *esse
26 *sámo 27 *Álde Punkt gehört hinter 5 ist, 7 homo und díu, 9 áber,
13 chît, 14 chéden. Punkt ist zu tilgen hinter 6 homo2, 9 est.

---

16 singillatim T

re . sô daz ist quendam album hominem currere? *Sed quan-*   B211
do in adiecto quidem aliquid oppositorum inest . quę .s.
opposita sequitur contradictio . non uerum sed falsum
est. Iz ist tánne lúgi . so demo adiecto ételih oppo-
5   situm ána ist . unde demo opposito uólget contradictio. *Ut .s. falsum est mortuum hominem . hominem di-*
cere. Also daz lúgi ist . ube mán tôten ménnisken .
ménnisken héizet. Homo ist prędicatum . mortuus
ist adiectum. Homo unde mortuus .i. ínsêler . unde
10   ána sêla . díu sint opposita. Tíen uólget súslih contradictio . homo uiuit . mortuus non uiuit. *Quan-*
do autem non inest . uerum . sô demo adiecto sólih oppositum ána ne ist . so ist súnderigo uuâr daz
sament uuâr uuás. Samint ist uuâr . socrates ani-
15   mal bipes est. *Uel etiam quando inest quidem semper fal-*
sum . quando uero non inest . non semper uerum. Alde ióh
rehtor ze ságenne . sô díu oppositio ána ist tero
prędicationi . sô ist îo daz súnderigo lúgi . taz sáment uuâr uuás. Tánne aber oppositio târ ána
20   ne ist . sô ist iz échert uuîlon uuâr . *Vt homerus*
est aliquid . ut poęta. Álso diu ist sine oppositione . homerus ist poęta . unde keskéidiniu lugi
ist. *Ergo etiam est . aut non.* Nû uolget témo daz
er poęta ist . taz er selbo ist . alde ne ist. Sih án
25   éna prędicationem . sô ist tísiu lúgi. Zíu ist taz? *Secundum*
accidens enim prędicatur esse de homero quia poeta est .
sed non secundum se prędicatur de homero quoniam est. Uuán-

210,27-211,1 *2mal* currere] *esse   1, 7, 13, 18, 23 *5mal* *dáz   1, 4/5, 7-
9, 13/14, 17/18, 20-25 *18mal* *íst; 5 ist] i *auf Rasur*   4 *Íz   4, 13 *2mal*
*sô   4 *ételîh   5, 9, 22 *4mal* *únde   5, 10, 23 *3mal* *uólgêt   6 .s.]
Punkt[1] *nachgetr.*   7 *Álso   *úbe man   8 ménnisken] *Akut aus Zkfl. korr.*
9 *Ínsêlêr   10 *âne   *sínt   *súslîh   12 *uerum. Sô   13, 20, 24 *3mal*
*neíst   14 *sáment   *Sáment   16 *Álde   17 *réhtôr   *diu   18, 24/25
3mal *táz   19 uuâr] *Zkfl. aus Akut korr.*   *áber   *dâr   20 *uuîlôn   21
*díu   22 *geskéideníu lúgi   24 *ér sélbo   *álde   *Síh ána] a[2] *rad.*
25 *tísiu   *Punkt gehört hinter* 1 ist, 13 uuâr, 15 quidem, 23 témo, 26/27
2mal homero.

---

3 *consequitur *nach* T K I II M-P   21/22, 24 *3mal* *poeta *nach* T K I II M-P

da sîn accidens uuárd kezéigot tô man chád poęta B212
est . unde be dîu ne uuárd nîeht taz est substanti- P558
aliter gespróchen fone ímo. Tanne dîu pręedicatio
uuâr ist . tíu dir chît . homerus est . sô ne ist sî nîeht
5 teil tero accidentalis . tiu dir chît . homerus poęta est. *Quare in quantiscumque prędicamentis . neque contra-*
rietas aliqua . aut ulla oppositio inest . si diffinitio-
nes pro nominibus prędicantur. Suspensio uocis. Fone
dîu uuízzist . taz án dien pręedicationibus an dîen
10 nehéin contrarietas . unde ne héin oppositio ne ist .
ih méino dîu sih pírget an dien nominibus . unde aber
danne sih óuget . ube man fure diu nomina so homo
ist unde mortuus . iro diffinitiones spríchet .i. a-
nimatus et sine anima. *Et secundum se pręedicantur . et non*
15 *secundum accidens.* Et hic. Unde síe durh sih kesprócheh
uuerdent . náls ánahaftîgo . ih méino . also est háftet
zû poęta . unde âne poęta ne uuírdet iz pręedicatum.
In his et simpliciter uerum erit dicere. Depositio. An
díen uuírt iz óuh súnderîgo uuâr . Sô dû chîst
20 fone socrate . hic homo albus est . unde daz uuâr
ist . so ist sámo uuâr . ube dû fone imo chîst . hic
albus est . uuánda albus ne chlébêt nîeht zû homo
so est tuot zu poęta. *Quod autem non est . quoniam opinabi-*
le est . non est uerum dicere esse aliquid. Taz áber ne-
25 ist . taz ne mag nîeht túrh taz uuésen . daz man
iz uuânet uuésen. *Opinatio autem eius non est .*
quoniam est . sed quoniam non est. Sîn uuân ist uuórtener fone

---

1 *kezéigôt   1, 5/6, 17, 23 5mal *poeta   2, 10/11, 13, 17, 20 6mal *únde
3, 21, 27 3mal *uóne   3 *Tánne   4, 13, 21, 27 5mal *íst   4, 10, 24/25
3mal *neíst   5 *téil déro   *tíu   8 *Fóne   9 *uuízîst   9, 25 3mal *táz
9 *díen¹   *án²   11, 16 2mal *íh   11/12, 15 3mal *síh   11 *án   *áber
12 *dánne   12, 21 2mal *úbe   12 *uúre   12, 21, 23 3mal *sô   13 *íro
15 *Únde   *dúrh   16 *uuérdent   *ánaháftîgo   *álso   est, eigentl. ę]
hinter e Rasur von r   *háftêt   17, 22/23 3mal *zûo bzw. *ze   18 *Án   19
*díen   20 *fóne   20, 25 2mal *dáz   21 *ímo   23 *túot   24 *Táz   25 *nemág
27 *uuórtenêr   *Punkt gehört hinter* 1 kezéigot *und* chád, 9 prędicationibus, 11 méino, 12 nomina, 22 homo.

---

18 *hinter* dicere] Exemplum de coniunctis et simplicibus pręedicationibus.
am Rand nachgetr. T   26 autem *nach* K I, *dafür* enim T K II M-P

ne uuésenne . náls fone uuésenne. Fone díu álso
opinabile ist . taz an ímo selbemo ne ist . álso íst
taz uuâr . daz homerus aliquid ist uuánda er poeta ist . unde ist lúgi daz er mit páremo est aliquid
sî. Homerum esse . daz ist párez esse . homerum poętam
esse . alde eloquentem esse . daz héizet aliquid esse.
Substantia getûot ín esse . accidentia getûont
ín aliquid esse.
INCIPIT DE OPPOSITIONE EARUM PROPOSITIO-
NUM . QUĘ CUM MODO ALIQUO PROFERUNTUR.

*H*IS UERO DETERMINATIS . PERSPICIEN-
dum est . quemadmodum se habeant negationes et
affirmationes . ad se inuicem . he scilicet quę sunt . esse
possibile . et esse non possibile . et contingere et non contingere . et inpossibili et de necessario. Habent enim
aliquas dubitationes. Hára nâh ist ze chîesenne .
uuîo ouh tiu proloquia . éin ánderen in-chéden .
díu fone posse uuérdent . unde contingere . unde
necesse . uuánda siu zuîuelig sint. IUDICIUM . QUĘ
NEGATIO AFFIRMATIONI OPPONENDA SIT.

*N*AM SI EORVM QUĘ COMPLECTUNTUR .
illę sibi oppositę sunt contradictiones . quęcumque
secundum esse uel non esse disponuntur. Suspensio. Úbe
díu ze sámene gelégeten uuórt . uuíderchedâ
machont . an dien geiíht uuírt unde lóugen. Ut
eius quę est esse hominem . negatio est non esse hominem .

---

1 *fóne *Fóne 2 *íst¹ 2/3 2mal *táz 2, 26 2mal *án 2 *sélbemo
*neíst 3-6 4mal *dáz 3-5, 17 5mal *íst 4, 19, 26 4mal *únde 4 *mít
5 *poetam 6 *álde eloquentem] o übergeschr.; quentem und esse² auf Rasur héizet] e² auf Rasur 8 esse; 14 *hę 15 esse auf Rasur 18 *óuh
*tíu *ánderên inchédên 19 *uóne 20 *zuíuelíg sínt 21 AFFIRMATIONi]
rote Minuskel i übergeschr. 25 *diu zesámine *uuíderchétâ 26 *máchont
*díen Punkt gehört hinter 1 díu, 3 ist, 4 lúgi, 16 inpossibili. Punkt
ist zu tilgen hinter 15 possibile¹. Hoher Punkt steht ausnahmsweise hinter 10 PROFERUNTUR.

---

13 habeant nach K I II, dafür habent T M-P   14 vor esse] de T M-P   16
inpossibili nach impossibili K I; *impossibile nach T M-P, dafür inpossibile K II Habent nach K I, dafür habet T K II M-P   23 hinter sibi] *inuicem nach T K I II M-P

non autem ea quę est esse non hominem. Et hic. Also lóugen B214
uuírt tes esse hominem . mit non esse hominem . nắls mit
esse non hominem. *Et eius quę est esse album hominem negatio*
est . ea quę est non esse album hominem sed non ea quę est esse
5 *non album hominem.* Et hic. Vnde also gelóugenet uuírt
tes esse album hominem . mit non esse album hominem . nắls P560
mit esse non album hominem. *Si enim in omnibus aut*
dictio aut negatio uera. Et hic. Taz chîesen dâr
bî. Vbe in állen contradictionibus taz éina uuâr
10 ist . taz ánder lúgi . unde ouh tero zuéio . est albus
homo . est non albus homo . daz éina uuâr ist . taz
ánder lúgi. *Lignum erit uerum dicere . esse non album*
hominem. Depositio. Sô ist tanne uuâr ze spréchenne . daz holz uuésen non album hominem. *Cum lignum*
15 *falsum sit dicere album hominem esse . erit de eo uerum di-*
cere . esse non album hominem. Ube iz uuésen ne mag
albus homo . sô sol iz aber uuésen non albus homo. Vbe iz ne uuéder dero zuéio ne ist . só nesint síu nîeht opposita.
20 IDEM ESSE . AMBULAT ET AMBULANS EST.   11. M363,7 586,38
Qvod si hoc modo et in quantiscvmqve
esse non additur . idem faciet quod pro esse dicitur. Ube
aber daz esse sús kesprochen ne uuírdet . an sumelî-
chen propositionibus . so hâbent ten sélben sín . taz
25 tar uúre stât. *Ut eius quę est ambulat homo . nega-*
tio est . non ea quę est ambulat non homo . sed
non ambulat homo. Also dû chîesen mâht . an de-

1, 27 2mal *Álso   2, 6/7 4mal *mít   3 albūs] s rad.   5 *Vnde álso   7
enīm] m rad.   8 *Táz chîesên   9, 18 2mal *Vbe   9 *állên   10/11, 13 3mal
*íst   10 *únde óuh téro   13 *tánne   14 *hólz   16, 22 2mal *Úbe   16
*nemág   17 *sól   17, 23 2mal *áber   18 *déro *neíst   18, 24 2mal *sô
18/19 *nesínt   19 *síu opposita;   23 ne uuírdet] ne übergeschr.   23, 27
2mal *án   23/24 *súmelîchên   24 *hábet tén *táz   25 *tár   26 est² non]
Tilgungspunkte   Punkt gehört hinter 3 hominem², 4 hominem, 15 dicere.

7 in *nach* K I, *dafür* de T K II M-P   21 IN *nach* K I; *fehlt* T K II M-P.   26
hinter sed] ea quę est T M-P

roságun . ambulat homo . díu mit non ambulat homo   B215
gelóugenet uuírdet . náls mit ambulat non homo.
Nihil enim differt dicere . uel hominem ambulare .
uel hominem ambulantem esse. An íro gât tir einis ze
5 chédenne . homo ambulat . alde homo ambulans est.
AN REGULA SECUNDUM ESSE ET NON ESSE PRĘDICAN-   12. M363,12 591,40 P561
DI . AD POSSIBILE TRANSEAT.
   Quare si hoc modo in omnibus . et eius
      quę est possibile esse . negatio est possibile non
10 *esse . non ea que est . non possibile esse . uidetur idem*
possibile et esse . et non esse. Fóne díu ube iz so uáren
sol an anderen ságon . ih meino ube possibile esse
gelóugenet uuírt . mit possibile non esse . náls mit
non possibile esse . sô uuérdent siu béidiu uuâr an éine-
15 mo dinge. *Omne enim . quod est possibile diuidi uel am-*
bulare . et non ambulare et non diuidi possibile est.
Uuánda an állen dien diuidi unde ambulare uuérden mag . an dien mag iz ouh ze léibe uuérden.
Ein láchen mag keteilet uuérden . unde ne uuér-
20 den. Ter mennisko mág kân . unde ne gân. SECUNDUM   13. M365,14 592,5
MODUM POTIUS POSSIBILE PRĘDICARI.
   Ratio autem est . quoniam omne quod pos-
      sibile est . non semper actu est. Aber der únderskeit
ist târ ána . taz tiu so getânen possibilia . níeht
25 in actu ne sint. Uuârin síu in actu . so der hímel ist
uuánda er suéibôt . so ne uuâre is uuéhsel. *Quare*
inerit etiam negatio. Fone díu ist in ána negatio

---

1 ságun] g *auf Rasur;* *ságûn   1/2, 13 *4mal* *mít   3 differt] d *auf Rasur*
4 *Án   *tír éines   5 *álde   10/11 ea *bis* uáren *auf Rasur*   10 *quę   11/
12 *2mal* *úbe   11, 24-26 *4mal* *sô   12 *sól   12, 14, 17/18 *4mal* *án   12
*ánderên ságôn *íh méino   14 *síu béidíu   15 *dínge   16 et¹ *bis* diuidi
auf Rasur   17 *állên   17/18 *2mal* *díen   17, 19/20 *3mal* *únde   18/19 *3mal*
*mág   18 *óuh   *léibo   19 *Éin   *ketéilet   20 den *bis* kân *in anderer*
Tinte   *ménnisko   23 *Áber   *únderskéit   24/25, 27 *3mal* *íst   24 *táz
25 *nesínt   *Uuârîn siu   27 *Fóne   *ín *Punkt gehört hinter* 11 díu, 12
meino, 25 ist.   *Punkt ist zu tilgen hinter* 10 est, 15 enim.

---

3 uel *nach* K I; *fehlt* T K II M-P.   10 *vor* idem] *autem *nach* T K I II M-P
22 *hinter* QUOD] *SIC *nach* T K I II M-P   23 *vor* actu] *in *nach* T K II M-P
27 *vor* etiam] *ei *nach* K II M-P

samoso affirmatio. *Potest igitur et non ambulare quod*   B216
est ambulabile . et non uideri quod est uisibile. Also án
demo skînet . taz tir gân mag unde gesîhtig ist . énez
mag . kân unde ne gân . diz mag man séhen . unde
5 ne séhen. *At uero inpossibile est de eodem oppositas ue-*
ras esse dictiones. Non igitur est ista negatio. Nû ne-   P562
mag tes nîeht sîn an dien oppositis . taz tie pre-
dicationes béide uuâr ságeen . fóne éinemo
dînge   Pe díu ne ist nîeht posse non esse . lóugen des
10 posse esse. *Contingit autem ex his aut idem ipsum dicere*
et negare simul de eodem . aut non secundum esse uel non esse .
que opponuntur fieri affirmationes uel negationes.
Hínnan geskíhet ein uuéder so daz péide predica-
tiones fóne éinemo dinge uuâr ságent . daz nîo
15 ne geskáh . alde sie ne inchedent nîeht éin ánderen
nah esse et non esse. *Si ergo illud inpossibilius est.* Ube
aber daz ne mag sîn . daz sie béide uuâr ságeen.
Hoc erit magis eligendum. Sô ist pezzera sie ze spréchenne secundum modvm tánne nah esse et non esse. *Est igitur nega-*
20 *tio eius que est possibile est esse . ea que est non possibile*
est esse. Tero affirmationis tiu dir chît possibile est
esse . ist tiu negatio . tiu dir chît . non possibile est
esse. *Eadem quoque ratio est . et in eo quod est contingens esse. Et-*
enim eius negatio non contingens esse. Also begágenet
25 tero affirmationi ouh contingens esse . diu negatio
non contingens esse. An dísen ist ío daz éina uuâr . daz
ander lúgi. *Et in aliis quidem simili modo . ut in ne-*

1 *sámoso   2 ambulabile .] bile . und et non *auf Rasur*   2, 24 2mal *Álso
3 *démo   3, 7, 14 3mal *táz; 3 taz *auf Rasur*   3 tir] über r Ansatz eines
z   3/4 je 3mal *mág und *únde   3 *gesíhtîg   3, 18, 22, 26 4mal *íst   4
*díz   man] n aus u korr.   6/7, 17 2mal *nemág   *tés   *án   *tîe   8 *péi-
de   8, 17 2mal *ság(e)én   8 *uóne   9 *neíst   13 *Hínnân *éin *sô   13,
17 3mal *dáz   14 *dínge   15 *álde *neinchédent *ánderén   16, 19 2mal
*náh   16 *Úbe   17 *áber   *síe   18 *pézera   19 modvm *von anderer Hand*
übergeschr.; Verweisungspunkt oben und in der Zeile   *dánne   21 *Téro
21/22 3mal *tíu   25 *óuh   26 *Án dísen   27 *ánder *Punkt gehört hinter*
1 ambulare, 2 uideri, 4 kân, 9 dínge, 10 his, 13 so, 19 modvm, 21 affirmationis *und* chît.   *Punkt ist zu tilgen hinter* 4 mag[1].

5 inpossibile *nach* T K II; *impossibile *nach* K I M-P   10 autem] *enim
nach T K I II M-P   12 opponuntur *nach* T K I, *dafür* apponuntur K II *und*
adponuntur M-P   16 inpossibilius *nach* T K II; *impossibilius *nach* K I M-P
20 est[2], 21 est[1] *nach* K I; *fehlt* T K II M-P.   24 contingens *nach* K I, *da-*
für contingere K II M-P *und* congere T   27 quidem] *quoque *nach* T K I II
M-P   ut *nach* K I II M-P; *fehlt* T.   in *nach* K I; *fehlt* T K II M-P.

cessario et inpossibili. Álso ist óuh an dien anderen negatio
ze sezzenne . ih meino an demo necessario . unde
an demo inpossibili. Temo necessario begagenet .
non necessarium . temo impossibili non inpossibile.
Fiunt enim quemadmodum in illis esse et non esse oppositi-
ones . subiectę uero res . hoc quidem album . illud uero homo .
eodem quoque modo hoc loco . esse quidem subiectum sit . pos-
sibile uero et contingere oppositiones . determinan-
tes quemadmodum in illis esse et non esse ueritatem. Also
an ánderen proloquiis . uuîlon homo uuîlon albus .
subiecta uuâren . unde esse et non esse prędicationes uuâren .
so mûoz aber an dísen esse uuésen subiectum . unde
possibile et contingere prędicationes . hîer dia uuârheit
skéidende . álso derit tâten esse et non esse. *Similiter*
autem hę etiam . in eo quod est esse possibile . et esse non
possibile. Tíse oppositiones . ih méino nâh modo
geuuórhte . skéident samo uuóla dia uuârheit
unde lúgi mit possibile et non possibile . álso dé-
rit tûont an dien simplicibus taz esse unde daz
non esse. Ube uuir chéden pluuiam esse possibile est .
so ist pluuiam esse subiectum . possibile est taz ist
prędicatum. Chéden uuír âna daz possibile simpliciter . pluuiam esse . ih méino sô daz ist . uideo pluuiam esse super terram . tánne ist pluuia subiectum .
unde ist esse prędicatum.
ORDINATIO OPPOSITIONVM SECUNDUM MODUM.   14. M367,22 593,43
EIUS VERO QVĘ EST POSSIBILE EST NON ESSE .

1, 3 2mal *impossibili   1, 21, 23-25 6mal *íst; 1 ist *von anderer Hand*
übergeschr. 1-3, 10, 12, 19 6mal *án 1, 19 2mal dien] i *übergeschr.* 1,
10 2mal *ánderên   2 *sézzenne   2, 16, 23 3mal *íh   2, 11/12, 18/19, 25
6mal *únde   3 *begágenet   4 *impossibile   9 *Álso   10 2mal *uuîlón   12,
21 2mal *sô   12 *áber   *dísên   13, 17 2mal *uuárhéit   14, 18/19 2mal
*déret   17 *sámo   18 *mít   20 *Úbe   *chéden   21 *táz   22 *Chéden   *âne
23 *dáz   *Punkt gehört hinter* 4 impossibili, 5 enim, 8/9 determinantes, 9
esse², 10 homo, 20 chéden, 21 est, 23 méino.

5/6, 8 2mal oppositiones *nach* K I; *appositiones *nach* T K II M-P   7 sit]
*fit *nach* T K I II M-P   7/8 possibile *nach* T K I, *dafür* posse K II M-P
15 eo quod est *nach* T K I; *fehlt* K II M-P.

negatio est non possibile est non esse . Quare et sequi sese   B218
inuicem uidebuntur .i. possibile est esse et non esse . Tero affirmationis possibile est non esse . uuîrt kelóugenet
mit tero negatione non possibile est non esse . Fóne
5 dîu ist óffen daz tîu sélba affirmatio possibile
est non esse . unde ouh tîu possibile est esse . sáment
ein ánderên sint . náls gágen ein ánderen. *Non*
enim contradictiones sibi inuicem huiusmodi sunt . possibi-
le est esse et possibile est non esse. So getâne prędicatio-
10 nes . ih méino zuô affirmationes sô dîe sélben
sint . tie ne uuérdent nîeht éin ánderen oppo-
sitę. *Sed possibile esse et non possibile esse . numquam*   P564
simul sunt . opponuntur enim. Aber dîse ih mei-
no affirmatio unde negatio . ne múgen sáment
15 sîn . pe dîu sint sie oppositę. *At uero possibile non esse*
et non possibile non esse . numquam simul sunt. Uuánda óuh
tîse rîngent . pe dîu ne múgen ouh sie sáment
sîn. *Similiter autem et eius quę est necessarium esse . non est ne-*
gatio necessarium non esse . sed non necessarium esse. Sosá-
20 mo ne uuîrt nehéin lóugen dero affirmationis
necessarium esse . mit tero affirmatione necessarium
non esse . nube mit tero negatione non necessarium esse.
Eius uero quę est necessarium non esse . ea quę est . non necessa-
rium non esse. Unde dero affirmationis necessarium non esse .
25 uuîrt kelóugenet mit tero negatione non necessarium non esse. *Et eius quę est impossibile esse . non ea quę est*
impossibile non esse . sed non impossibile esse. Nóh óuh

1-18 Zu Quare *bis* eius *vgl.* 190,9-27.   4, 21/22, 25 4mal *mit   5 *îst
*dáz   6, 14 2mal *únde   6, 17 2mal *óuh   7 2mal *éin   7, 11, 15 3mal
*sînt   7 *kágen   7, 11 2mal *ánderên   9 *Sô   10, 13 2mal *îh   10 zûo
11 *tîe   ne uuérdent] t *von anderer Hand übergeschr.*   13 *Áber   13/14
*méino   19 necessarum¹   21 affirmationes] s *rad.*   22 *nûbe   24 *Únde
Punkt *gehört hinter* 5 óffen, 6 tîu, 10 affirmationes, 13 dîse. Punkt ist
zu tilgen hinter 23 est².

---

2 .i.] *idem enim nach* T K II M-P, *dafür* idem K I   26 ea quę est *nach* K
I, *dafür* est ea negatio quę dicit K II; *fehlt* T M-P.

tero affirmationis impossibile esse . mit tero affirma- B219
tione impossibile non esse . nûbe mit téro negatione non impossibile esse. *Eius uero quę est impossibile non
esse . ea quę est non impossibile non esse.* Aber déro affir-
5   mationis impossibile non esse . uuírt kelóugenet mit
tero negatione non impossibile non esse.
IN DECLARATIUA PARTE MODUM ESSE.   15. M368,28 596,9
Ęt VNIUERSALITER UERO QUEMADMODUM
   dictum est esse quidem et non esse oportet ponere . quem-
10 *admodum subiecta . negationem uero et affirmationem ap-*
ponere ad unum hęc facientem .i. ad modum tantummodo.
Keméinlîcho uerním uóne állen daz óuh fóre geságet ist . daz tu esse unde non esse háben sólt fúre
subiecta . unde affirmationem ih méino est . ioh ne-   P565
15 gationem ih méino non est . sólt tu légen zû demo modo . ter án possibile ist alde an contingens affirmationem unde negationem máchontemo. *Et oportet pu-*
tare has esse oppositas dictiones. Unde uone díu súln
sie sûs stân . sus inchédent sie éinánderen. Uuîo?
20 *Possibile non possibile . contingens non contingens . ne-*
cessarium non necessarium . uerum non uerum. Uuíle
du uerum est lóugenen . mit uerum non est . taz ne-
máht tu be díu níeht . uuánda sîn negatio ist .
non uerum non est. HUCUSQUE DE OPPOSITIONIBUS   16. M369,11 598,34
25 MODORUM . NUNC DE CONSEQUENTIIS EORUM.

Ęt CONSEQUENTIAE UERO SECUNDUM ORDI-

1/2, 5, 22 *4mal* *mít   2 *tero   4 *Áber dero   12 uerním   *állên   *dáz
13, 16, 23 *3mal* *íst   13, 22 *2mal* *táz 13/14, 17 *3mal* *únde 14/15 *2mal*
*íh   14 *ióh   15 *zûo *bzw.* *ze   16 *tér *álde án   17 *máchôntemo   18
*Únde uóne   *súlen   19 *sús² *éinánderên   27 *CONSEQUENTIĘ   *Punkt*
gehört hinter 8 UERO, 9 est, 10/11 apponere, 12 állen, 14 affirmationem,
14/15 negationem, 16 ist *und* contingens.

---

18 *hinter* dictiones] et negationes T M-P   20 *hinter* contingens²] impossibile non impossibile T M-P

nem fiunt ita ponentibus. Tíe ouh gehélle sínt . unde ín- B220
ne éin iéhent . tíe zéigot tíser ordo. *Illi enim quę*
est possibile esse illa quę contingit esse. Tero ságun
possibile est . *uerbi gratia . aliquando esse pluuiam .*
5 iíhet tíu contingit aliquando esse pluuiam. *Et hoc*
illi conuertit. Unde daz kíltit sî iro . uuánda si iíhet
7a iéhentero. Also possibili uólget contingere .
7b sô uolget possibile demo contingere. *Et non*
inpossibile esse . non necessarium esse. Unde énen zuéin .
fólgent tísiu zuéi. Uuánda daz tir sîn mág taz ke-
10 búrit . unde ne ist níeht únmahtlîh . nôt ne ist is
aber níeht. Tísiu uíeriu tûont éina consequentiam. *Il-*
li uero quę est possibile non esse . et contingere non esse . ea
quę est . non inpossibile non esse . et non necessarium non esse.
Híer iehent aber zuéin ándere zuô. Temo máht-
15 lih ist taz iz ze léibe uuérde . unde demo dáz gebú- P566
rit daz iz ze léibe uuérde . temo ne ist níeht únmahtlih taz iz ze léibe uuérde . unde démo ist
únnôt taz iz ze léibe uuérde. Taz ist ánderiu consequentia. *Illi uero quę est non possibile esse . et non*
20 *contingens esse . illa quę est necessarium non esse . et in-*
possibile esse. Híer iéhent aber zuéin ándere zuô.
Taz tir sîn ne mag . unde ne gebúrit . temo ist
nôt . taz iz ne sî . unde únmahtlih taz
iz sî. Taz ist tiu drítta consequentia. *Illi uero*
25 *quę est non possibile non esse . et non contingens*
non esse . illa quę est necesse esse et inpossibile non
esse. Híer iéhent aber zuéin ságon ándere zuô.

---

1 *Tíe óuh kehélle sínt 1, 10, 15, 17, 22/23 6mal *únde; 23 hinter unde]
unde mit anderer Tinte durchgestr. 1/2 *ínne 2 *tíe zéigôt tíser 3
*ságun 5 *tíu 6, 8 2mal *únde 6, 9 2mal *dáz 6 *kíltet *íro 7a
*Álso 7ab 2mal *uólgêt 7b sô bis contingere von anderer Hand am lin-
ken Rand nachgetr.; Verweisungszeichen ∾ am Rand und im Schriftspiegel
8, 13, 20/21, 26 4mal *impossibile 8 *énen 9 *uólgênt tísíu 9, 15-
18, 23 7mal *táz 9/10, 15/16 2mal *kebúret 10, 16 3mal *neíst 10,
16/17, 23 3mal *únmáhtlîh 11, 14, 21, 27 4mal *áber 11 *Tísíu uíeríu
13 non³ übergeschr. 14 *iéhent 14, 21, 27 3mal zûo 14 *Témo 14/15
*máhtlîh 15, 17/18, 22, 24 5mal *íst 15-18 4mal *léibo 15 *démo dáz]
z aus o korr. 16, 22 2mal *témo 18, 22, 24 3mal *Táz 18 *ánderíu 21
zúen 22 *nemág *negebúret 24 Illi .] Punkt rad. 27 *ságon Punkt
gehört hinter 3 esse¹, 5 tiu, 9 mág, 15 ist, 15/16 gebúrit, 16/17 und 23
2mal únmahtlih, 18 únnôt, 26 esse². Punkt ist zu tilgen hinter 13 est.

Taz ze leibe uuérden ne mág . noh taz ne ge-
búrit taz iz ze léibe uuérde . taz ist nôte . un-
de ist únmahtlih taz iz ne sî . Taz íst tiu uîer-
da consequentia. *Consideretur autem ex subscriptio-*
ne quemadmodum dicimus. An dírro nâh scrífte
séhe man iz.

C O N S E Q U E N T E S .

Possibile est esse	Contingit esse
Non inpossibile est esse	Non necesse est esse

C O N S E Q U E N T E S .

Possibile est non esse	Contingit non esse
Non inpossibile est non esse	Non necesse est non esse

C O N S E Q U E N T E S .

Non possibile est esse	Non contingit esse
Necessarium est non esse	Inpossibile est esse

C O N S E Q U E N T E S .

Non possibile est non esse	Non contingit non esse
Necesse est esse	Inpossibile est non esse

PRIMAM ET TERTIAM CONSEQUENTIAM CONTRADICTORIE PRĘ-
DICARI PERUERSO MODO . PRĘTER NECESSARIA.

*E*RGO INPOSSIBILE ET NON INPOSSIBI-
le sequuntur quidem contradictorie . illud
quod est contingens et possibile . et non con-

1, 3 *2mal* *Táz   1/2 *2mal* *léibo   1 *nóh   1-3 *4mal* *táz; 2 taz¹] a aus
i *korr.*   1/2 *negebúret   2 *íst   2/3 *únde   3 *íst¹   *únmáhtlíh   5
*Án   7, 10, 14, 18 *rote Bezeichnungen;* 7 CONSEQUENTES...   7, 10, 13/14,
17/18, 21 *rote Linien*   9, 12 *2mal* *impossibile   16, 20 *2mal* *Impossibile
25 *IMPOSSIBILE   25/26 *IMPOSSIBI/le   26 contradictorie] ie *auf Rasur*
Punkt gehört hinter 1/2 ne gebúrit, 3 únmahtlih *und* 8/9, 11/12, 15/16, 19/
20 *16mal* esse.

---

4 Consideretur *nach* K I, *dafür* Considerentur T K II M-P   26 sequuntur
nach secuntur K I, *dafür* sequitur T K II M-P

tingens et non possibile sed conuersim. An
dero drîttun consequentia stânt mit inpossibili . non possibile unde non contingit .
án dero êrestun stânt mit non inpossibili
possibile unde contingit. Nû órdenoen
die alsus.

AFFIRMATIO.	Inpossibile esse	CONTRADICTIO.	Non inpossibile esse	NEGATIO.
NEGATIO.	Non possibile esse	CONTRADICTIO.	Possibile esse	AFFIRMATIO.
NEGATIO.	Non contingit esse	CONTRADICTIO.	Contingit esse	AFFIRMATIO.

Hîer séhen uuîr die zuô . dien inpossibile

1 *Án   2 *drîttûn   2, 4 2mal *mît   2-4 2mal *impossibili   3, 5 2mal *únde   3 contingit] t¹ auf Rasur   4 *êrestûn   5 *órdenoên   6, 12 2mal *díe   6 *álsús   7, 11 rote Linien   8-10 neun rote Bezeichnungen; 8, 10 2mal C̄TRADICT̄; 9 C̄TRAD̄   8 *Impossibile   8, 12 2mal *impossibile   12 *séhên zûo *díen   11, 13, 15, 17, 19 Diese früher schwarz beschriebenen Zeilen sind ausradiert.   Punkt gehört hinter 1 possibile, 4 inpossibili, 8-10 6mal esse.

unde non inpossibile consequentes sint contradic-   B223
torie stân . unde conuersim. Conuersim dáz chît
mísse uuéndîgo . uuánda affirmationi uólgent negationes . únde negationi affirma-
5 tiones. Táz zéigôt er mít tísen uuórten. *Illud
enim quod est possibile esse . negatio inpossibilis .s. sequitur.* Possibile dáz affirmatio íst hábit
óbe îmo sîn consequens . íh méino non inpossibile . dáz tir íst negatio des inpossibilis. *Negati-*
10 *onem uero affirmatio .s. sequitur. Illud enim
quod est non possibile esse . sequitur illud quod
est inpossibile esse.* Táz ánder hálb stât gágen
possibili . íh méino sîn negatio non possibile
táz hábit affirmationem óbe îmo . íh méino   P568
15 inpossibile esse. *Affirmatio enim est inpossibile . non inpossibile uero negatio.* Uués affirmatio ist sî? Táz íst sî non inpossibilis. Tía sélbun
mísse chêri hábent óuh tíu contingentia.
Pe díu uuérdent fóne sex prędicationibus tres
20 contradictiones. Tára nâh folle sézzên die
êristun consequentiam mít non necesse esse . únde
dia dríttun mít necesse non esse . unde sêhen
úbe díu tûen quartam contradictionem. Taz
ferságet er hára nâh. DE NECESSARIO ALIUM   2. M371,35 603,47
25 N*ECESSARIUM UERO* MODUM FIERI.
quemadmodum sit considerandum est. Chîsen
óuh táz necessarium. *Manifestum est quoniam non*

223,1-238,27 unde bis uuân (ausgen. 224b)] *wohl die gleiche Hand wie bei
181,1-190,27; dieser Schreiber unterscheidet den hohen und den halbhohen
Punkt.* 1/2, 22 3mal *únde   1, 8/9, 12, 15/16 6mal *impossibile 1 *sínt
3/4 *uólgênt   5 *tísên   6/7, 9, 17 3mal *impossibilis 7, 14 2mal *hábet
12 *kágen   17 *íst¹ *Tía sélbûn   18 *tiu   20, 24 2mal *nâh 20 *fólle
*dia   21 *êrestûn únde] de *fehlt.* 22 *dríttûn necesse] eces *auf Rasur* *sêhên 23 *tûên *Táz 26 considerandum] n² *von anderer Hand übergeschr.* *Chîesên 27 *taz *Punkt gehört hinter* 1 sint, 2 Conuersim,
7 Possibile *und* íst, 13 possibile, 22 sêhen, 26 sit, 27 est.

5, 10 2mal Illud *nach* K I II, *dafür* Illi T M-P   6/7 *hinter* inpossibilis]
s. sequitur *übergeschr.* K II   15/16 *hinter* inpossibile] esse T K II M-P

eodem modo . sed contrarie sequuntur. Necessaria nehéllent nîeht tîen ánderên contradictorie . nûbe contrarie. Sie ne sînt
nîeht sélbin contraria ér méinet táz îro zuéio
5   taz éina îst contrarium . tes ánderis contradictorio.
Táz contradictorium sézzên in míttemen alsûs.
Non necesse esse. Necesse esse. Necesse non esse. Án dero
êristun consequentia stât non necesse esse tes contradictio îst necesse esse án dero uiêrdûn démo
10 îst contrarium . necesse non esse . án dero dríttun
consequentia. Fóne dîu îst tîu mítta . contradictoria déro éinun . contraria dero ánderûn.
Die ûzerôstun nesînt neuuéder nóh contradictorie noh contrarie. *Contradictorie uero*
15 *extra sunt.* Íro bêdero contradictiones sint
ûzeren hálb tírro zuéio consequentiarum . ih
méino dero êristun consequentię unde dero
dríttun. *Non enim est negatio eius quod est*
necesse non esse . non necesse esse. Tîse zuô nelóuge-
20 nent éin ándere nîeht. *Contingit enim ueras*
esse in eodem utrasque. Táz skînet târ ana . uuánda sie béide uuérdent fúnden in éinemo
23a dínge. *Quod enim est necessarium non esse .*
23b *non necessarium esse* Tés nôt
ist non esse . tes neîst nehéin nôt esse. Nôt îst
25 non esse ignem frigidum unde nehéin nôt esse frigidum. An démo igne sint tîe prędicationes péide uuâr. Nû sézzên óuh tia ánderûn . unde

---

2 *tien   3 *Sîu   4 *sélben   5 *daz   *des ánderes   6 *Taz   míttemen]
ítt *auf Rasur* *álsûs   8, 17 *2mal* *êrestûn; 17 êristun] êr *auf Rasur*   8
*tés   9 *uîerdûn   10, 18 *2mal* *dríttûn   11 *tiu   12 *dero éinun   13
*Tîe ûzerôstun   13/14 contradic/torie noh cont *auf Rasur von* contrarie./
Contradictorie; *contradictorię nóh contrarię   15 *béidero   15, 26 *2mal*
*sînt   16 *Íh   17, 25, 27 *3mal* *únde   19 *Tîse zuô   21 *ána   22 *sîe
23a non *von anderer Hand übergeschr.* 23b non est necessarium esse *von an-*
derer Hand am linken Rand nachgetr.; Verweisungszeichen ⸜ *am Rand und im*
Schriftspiegel; est, *eigentl.* ę] *Tilgungspunkt*   24 *îst   tes neîst ne *auf*
Rasur; *tés   26 *Án demo   igne] *Strich rad.* *tîe   Punkt gehört hin-
ter 4 contraria *und* méinet, 8 *und* 23b *2mal* esse, 9 uiêrdûn, 13 neuuéder,
13/14 contradictorie, 25 frigidum.   *Hoher Punkt steht hinter* 23a esse.

---

1 contrarię T K I II; contrariae M-P   14 *Contradictorię *nach* T K I II
M-P   uero] *autem *nach* T K I II M-P   15 sunt *nach* K I; *fehlt* T K II M-P.
23b *hinter* non] est K I II M-P

Et quaecumq́ . insingularibus sunt. Tíu sint óuh éine hálb uuár. ánder hálb lúgi. díu man uóne éin lúhhen spríchet. Ut socrates est albus. non est socrates albus. Lírne . andístemo gemále. uuíolíh uniuersália. únde particulária. únde op postea éin ánderen sin.

UNIUERSALES CONTRARIAE		
Omnis homo albus é	Universales possunt simul ee falsę. non autę simul	Nullus homo albus é
	Si uerę e uniuersalis falsa particu- Lare. Si autę falsa uniuersalis uerum e particulare.	
	Particulares possunt simul ee uerę. non autę simul falsę.	
Quidam homo albus e		Quidam homo al- bus non é
PARTICULARES SUBCONTRARIAE		

ITEM INDEFINITAS PROSEQUITUR.
Quaecumq́ autem inuniuersalibus non uniuersaliter. ñ semp hęc uerę . illa. falsę . Indefinita. neskéident níeht. uuár. únde lúgi. sú sínt sáment éin.

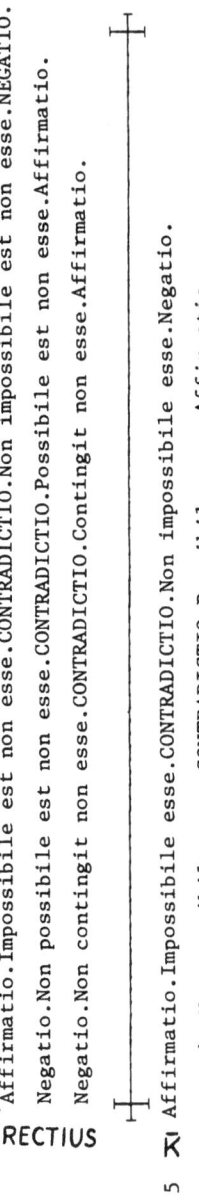

ȳ RECTIUS K̄

1. Affirmatio.Impossibile est non esse.CONTRADICTIO.Non impossibile est non esse.NEGATIO.
2. Negatio.Non possibile est non esse.CONTRADICTIO.Possibile est non esse.Affirmatio.
3. Negatio.Non contingit non esse.CONTRADICTIO.Contingit non esse.Affirmatio.
4.
5. Affirmatio.Impossibile esse.CONTRADICTIO.Non impossibile esse.Negatio.
6. Negatio.Non possibile esse.CONTRADICTIO.Possibile esse.Affirmatio.
7. Affirmatio.Necesse est non esse.CONTRADICTIO.Non necesse est non esse.Negatio.

Dieser zwischen 224a/225 eingeheftete Pergamentzettel im Format von 13,3x 8,5 cm enthält die korrigierte Fassung von 225,3-10 und 230,6-13; es sind wohl die gleiche Hand und Tinte wie bei 167,8-22; dieser Schreiber setzt nur den halbhohen Punkt. Zu 1-3 vgl. 225,3-10.   1 *Negatio   Zu 5-7 vgl. 230,6-13.   7 non² auf Rasur

dia uîerdun consequentiam . tîe aristotiles B225
ûber hûob hoc modo.

AFFIRMATIO.	Inpossibile est non esse.	Ȳ
CONTRADICTIO.	Non inpossibile est non esse.	NEGATIO.
NEGATIO.	Non possibile est non esse.	
CONTRADICTIO.	Possibile est non esse.	AFFIRMATIO.
NEGATIO.	Non contingit non esse.	
CONTRADICTIO.	Contingit non esse.	AFFIRMATIO.

Hîer sínt áber drí contradictiones. Sézzên uuír
nóh zû diu necessaria . ûzer dîen neuuîrdet
tánne nîeht contradictio . nûbe mêr contrarietas in hunc modum.

NEGATIO. Non necesse est non esse. Necesse est esse. AFFIRMATIO.

Téro êrerun prędicationis contradictoria tíu hîer
uer suíget ist . ih méino necesse est non esse . díu
ist contraria déro ánderûn . álso iz fóre fûor.
    HUIUS DISSIMILITUDINIS RATIO.   3. M373,39 605,26 P570
*C*AUSA AUTEM EST CUR NON SEQUANTUR
    similiter cęteris . quoniam contrarium . id est con-
    uersum inpossibile necessario redditur idem
    ualens. Uuáz méinet taz necessaria nîeht con-
tradictorie negehéllent tîen possibilibus?
Táz méinet uuánda inpossibile geuuêhse-

---

1 *uîerdûn *tîe aristotiles .] Punkt rad. 2 *hûob 3, 10, 15, 17 rote Linien 4-9, 16 elf rote Bezeichnungen 4 AFFIRMAATIO *Impossibile Ȳ von anderer Hand am rechten Rand nachgetr.; ein Hinweis darauf, daß das Schema 225,3-10 durch die korrigierte Fassung 224b,1-3 zu ersetzen ist. 5, 24, 27 3mal *impossibile; 5 inpossibile auf Rasur 6 Non] n und possibile est auf Rasur non von anderer Hand übergeschr. 11 *drî 12 *zûo 18 *Tero êrerûn 19 *uersuîgêt 19/20 2mal *íst 19 *íh 20 *dero fóré fûor] Akut² rad.; *fúre uôor 25 *táz 26 *tien Punkt gehört hinter 18 contradictoria, 19 méino, 25 und 27 2mal méinet. Hoher Punkt steht hinter 23 contrarium.

---

22 SEQUANTUR nach consequantur K I; *SEQUATUR nach T K II, dafür consequatur M-P 23 contrarium nach K I, dafür contrarie K II M-P und contrarię T

lôtiz unde in uuíderuuartîga uuîs kespró-   B226
cheniz ében uílo gemág temo necessario. *Nam*
si inpossibile est esse . necesse est hoc non esse.
Si uero inpossibile non esse . hoc necessarium est esse.

5 Táz ist ter uuéhsel . úbe mít inpossibili stât
esse . sô stât mít necessario non esse . álso iz ferit
án dero dríttûn consequentia. Ube áber mít
inpossibili stât non esse sô stât mít necessario
esse . álso iz férit án dero uîerdûn consequentia.

10 Âna dén uuéhsel nehábint síu nehéina consequentiam. Tér sélbo uuéhsel uerzíret tia uîerdun contradictionem. An díen aber contradictio uuírdet . tíu nehabent nieht tisen uuéhsel.
Quare si illa similiter . inpossibile et non hec e con-

15 *trario.* Fone díu geskíhet ío dáz uuíderuuártîgo úbe gelícho uernómen uuérdent .
éniz ih méino inpossibile iéhendo . únde
dísiu id est necessaria lóugenendo. *Nam*
idem significat necessarium et inpossibile quem-

20 *admodum dictum est contrarie.* Síu bezéichenent éin . uuíderuuartîgo gespróchenîu.
Nu sézzên in ében alle díe consequentias
mít fíer predicationibus alsús.
Inpossibile esse.CONTRADICTORIĘ.Non inpossibile esse.

25 Non possibile esse.CONTRADICTORIĘ.Possibile esse.
Non contingit esse.CONTRADICTORIĘ.Contingit esse.
Necesse est non esse.CONTRARIĘ.Non necesse esse.   P571

225,27-226,1 *geuuéhselôtez 1 unde] nde *und* in *auf Rasur;* *únde *uuíderuuartîga 1/2 *kespróchenez 3/4, 14, 17, 19, 24 *6mal* *impossibile
4 esse.² *von anderer Hand nachgetr.* 5 *íst 5, 8 *2mal* *impossibili 6,
9 *2mal* *féret 7 dríttûn] *Akut auf Rasur eines Zkfl.* *Úbe 10 Âna] a
auf Rasur von e; *Âne *den 10, 13 *2mal* *nehábent 10 *siu 11/12 *uîerdûn 12 *Án díen aber 13 *níeht tísen uuélsel 14 *hęc 15 *Fóne
*ío 15/16 uuíderuuártîgo] o *auf Rasur von* a 17 *énez íh 18 *dísíu 19
idem] id *auf Rasur* 21 *uuíderuuartîgo gespróchenîu 22 *Nû ĩnében]
Trennungspunkt *álle die 23 predicationibus] n *auf Ansatz eines* b;
*pręedicationibus 24-27 *vier rote Bezeichnungen* 24 *Impossibile 27 CON-
TRARIĘ] *schwarzes* R² *auf Rasur eines roten* D *Punkt gehört hinter* 8 esse,
15 díu, 15/16 uuíderuuártîgo, 17 éniz, 18 dísiu. *Halbhoher Punkt steht
hinter* 4 esse², 24-27 *den vier Bezeichnungen.*

---

19 *hinter* inpossibile] sed T K II M-P

Inpossibile est non esse CONTRADICTORIĘ.Non inpossibile est non esse. B227
Non possibile est non esse CONTRADICTORIĘ.Possibile est non esse.
Non contingit non esse CONTRADICTORIĘ.Contingit non esse.
Necesse est esse CONTRARIĘ.Non necesse est non esse.

5 Hîer sêhên uuîr dîa causam . dîu dia consequentiam machôt . unde áber îrret tîa contradictionem.
PROPONIT IPSE SIBI QUASI FORTE ERRAUERIT .   4. M375,19 606,40
ITA COLLOCANDO CONSEQUENTIAS.
AUT CERTE INPOSSIBILE EST SIC PONI NECES-
10 *sarii contradictiones.* Alde uuâno îh sús nemúgen stân contradictiones necessarii nâh témo
possibili . sô sie nû gesézzet sint . uuánda
nah possibili stât non necessarium an dero ê-
ristun consequentia. Uuehselôen . unde sézzên
15 fure necessarium . daz an dero uîerdûn stât .
unde dara nâh possibile . dáz án dero êristun
stât. *Nam quod necessarium est esse . possibile*
est esse. Táz mág uuóla fóne dîu gelîmflîh sîn .
uuánda daz necessarium îst . taz îst óuh târ
20 mîte possibile. *Nam si non negatio sequitur.*
Álde úbe îmo possibile neuólget . sô uólget
îmo sîn negatio . îh méino non possibile. *Neces-*
se est enim aut dicere aut negare. Îmo sól be
nôte éin uuéder uólgen . possibile álde non
25 possibile. *Quare si non possibile est esse . inpossi-*
bile igitur est esse quod necesse est esse . quod est
inconueniens. Fóne dîu . úbe necessario possibile

1-4 *vier rote Bezeichnungen*   1 *Impossibile   1, 25/26 2mal *impossibile
2 possibile] le *und* est¹ *auf Rasur*   4 CONTRARIĘ] *schwarzes* R² *auf Rasur*
eines roten D   6 *máchôt   6, 14, 16 3mal *ûnde   6 *tia   9 *IMPOSSI-
BILE   10 *Álde   11, 13 2mal *nâh   11 *temo   12 *sînt   13, 15 2mal *án
13/14, 16 2mal *êrestûn   14 *Uuêhselôen   15 *uúre   15, 19 2mal *dáz   16
*dára   18 *uóne   19 *táz   21 *neuólget   *uólgêt   24 *uólgên   *Punkt*
gehört hinter 1-4 *und* 26 5mal esse¹, 10 îh, 20 non.

---

20 sequitur *nach* K I, *dafür* consequitur T K II *und* consequetur M-P   25/26
vor inpossibile] *impossibile est esse . *nach* K II M-P

nefólget . únde îmo áber non possibile fólget . B228 P572
sô fólget îmo sámint non possibili daz inpossibile . dáz uuésen nemág. *At uero illud quod est*
possibile esse . non inpossibile esse sequitur. Hoc
5 *uero illud quod est non necessarium esse.* Nû fólgee
necessario daz uuir sáztôn in quarta consequentia . possibile daz uuir sázton in prima . temo uólget non inpossibile esse . unde démo non
necessarium esse . álso uuîr dâr séhen múgen
10 an díen consequentiis. *Quare contingit . id quod*
est necessarium esse . non necessarium esse. Sô ist tánne geskéhen contra naturam . táz necessarium îst
non necessarium. Târ skînet táz possibile neuólget
necessario. QUALITER TRANSLATUM NON NE- 5. M376,20 606,49
15 CESSE NON ESSE PRO CONTRARIETATE SUPRA DIC-
TA . CONTRADICTIONEM FACIAT.
At uero neque necessarium esse sequitur
possibile esse . neque necessarium non esse. Nû nemág ouh táz sîn . dáz possibili uolgêe ne-
20 cessarium esse . álde necessarium non esse. *Illi enim*
contingit utraque accidere. Horum autem
utrumlibet uerum fuerit . non erunt illa uera.
Táz îst fone diu . uuánda possibili geskîhet
peidiu . iôh posse esse . ioh posse non esse . únde
25 sô énero deuuéderiz uuâr uuîrdet . Íh méino necesse esse . álde necesse non esse . sô uuérdent síu béidiu uertîligôt. Fóne necesse

1, 13 *2mal* *neuólgêt; 1 nefólget] ne *auf Rasur*   1/2, 8 *3mal* *uólgêt   2
*sáment   2-4, 8 *3mal* *impossibile   5, 19 *2mal* *uólgee   6/7 *2mal* *dáz   7
*sáztôn   7/8 *témo   8 *únde   10 *án dien   11 *îst   19 *óuh   21 con-
tingit] g *auf Rasur* autem] au *auf Rasur*   23 *fóne díu   24 *péidíu   *iôh²
25 *deuuéderez   26 necesse²] nec *auf Rasur*   27 *béidíu *Punkt gehört hin-*
ter 6 necessario, 7 possibile, 13 skînet.

10 id *nach* K I; *fehlt* T K II M-P.   11 *hinter* esse²] *quod est inconueniens. *nach* T K II M-P.

esse zegât posse non esse . unde fóne necesse non esse
zegât posse esse. Pe dîu nehéllênt sîu in eín.
Simul enim .s. contingunt possibile esse et non esse. Sin
uero necesse esse uel non esse . non erit possibile utrumque.

5 Sámint sínt uuâr posse esse unde posse non esse .
unde uuánda sîu sámint sínt . pe dîu zegant
sîu óuh sámint . sô necesse esse chúmit álde
necesse non esse. *Relinquitur ergo non necessa-*
rium non esse . ei quod possibile est esse. Nû mág

10 áber uolgen possibili taz tir chit non necesse
non esse. Táz ist fone dîu uuánda dáz tir sîn
mág . táz nehábit tia nôt táz iz nesî. *Hoc enim*
uerum est et de necesse non esse. Nû íst óuh táz
fone necesse non esse uuâr. Uuáz ist táz?

15 *Hęc enim fit contradictio eius.* Taz éniu prędicatio
non necesse non esse . iro contradictio íst. *Quę sequi-*
tur non possibile esse. Dîu sélba íh méino necesse non esse . stât mít non possibili an dero
fólgendun descriptione. *Illud enim .i. non pos-*

20 *sibile esse sequitur hoc quod est inpossibile*
esse . et necesse non esse . cuius negatio non necesse
esse non esse. So ifhet áber dîu non possibile esse .
demo inpossibili óbenân . unde démo . sélbin
necesse non esse nídenân . dáz énero lóugin

25 ist íh méino non necesse non esse. *Sequuntur*
igitur et hę contradictiones secundum prędictum
modum. An sús ketânero ordinatione . máchont

1, 5/6, 23 4mal *únde   1 *uóne   2 *nehéllent   2, 6/7 3mal *siu   2 *eín
5 *Sáment   6/7 2mal *sáment   6 *zegânt   7 *chúmet   9 possibile] i¹ *auf*
Rasur von e   mág] ág *auf Rasur*   10 *uólgēn   *táz   *chît   11 non] no
auf Rasur   11, 14, 25 3mal *íst   11, 14 2mal *fóne   12 *nehábet   15
*Táz éníu   16 *íro   17 *Tíu   18 *án   19 *uólgêntûn   20 *impossibile
22 *Sô   23 *impossibili *sélben   24 *lóugen   27 *Án *máchônt *Punkt*
gehört hinter 7 chúmit, 10 possibili, 11 *und* 22 2mal dîu, 12 nôt, 15 prędicatio, 17 sélba, 20 esse, 25 ist. *Punkt ist zu tilgen hinter* 23 démo.

---

3 *vor* esse¹] est K II   4 *vor* esse¹] est T K II M-P   9 ei *bis* esse² *nach*
T K I *(ei rad.* T; est *fehlt* K I), *dafür* sequi possibile esse K II M-P   20
hoc *bis* inpossibile *nach* hoc quod est impossibile T K I M-P, *dafür* id
quod est non possibile K II   21 *vor* non¹] esse K II M-P; *rad.* T

tíu necessaria sámo uuóla contradictionem . sámo B230
díu possibilia. *Et nihil inpossibile contingit*
sic positis. Unde neíst nîeht ûngelîchis tîen
ánderên contradictionibus . sô man die consequentias . sûs sézzêt. Táz lêrit ûnsîh tîsiu descriptio.

AFFIRMATIO.   Inpossibile esse.
CONTRADICTIO. Non inpossibile esse. NEGATIO.
NEGATIO.   Non possibile esse.
CONTRADICTIO. Possibile est esse. AFFIRMATIO.
AFFIRMATIO.   Necesse est non esse.
CONTRADICTIO. Non necesse esse non esse. NEGATIO.

Hínnân skînet táz possibili péidiu gehéllent   P574
iôh non necesse esse . iôh non necesse non esse. ITEM 6. M377,56 611,29
    QUESTIO AN POSSIBILE NECESSARIO CONSEN-
Dubitabit autem aliquis . TIAT.
si illud quod necessarium est possibile
esse sequitur. Zuîuel mág óuh sîn ube possibile gehélle necessario. *Nam si non sequitur .*
contradictio sequitur non possibile esse. Úbe
possibile îmo negehîllet . sô gehîllet îmo áber
sîn lougen . non possibile esse. *Et si quis non hanc*
dicat esse contradictionem . necesse est dicere
possibile non esse. Únde negíbet er îmo dén
lóugen sô gibet er áber dîsen .i. possibile non esse.
Sed utreque falsę sunt. Tíu sînt kelógen béidiu.

1 *tiu uuóla] u¹ auf Rasur   2 *diu   2, 8 2mal *impossibile; 2 inpos-
sibilia] a in æ geänd., æ dann rad.; i⁴ zu e korr.   3 positis] sitis auf
Rasur   *Únde   *úngelîches tien   5 *sézzet   *lêret únsih tísíu   6, 13
rote Linien   7-12 neun rote Bezeichnungen   Das Schema 230,6-13 ist durch
die korrigierte Fassung 224b,5-7 zu ersetzen.   7 AFIRMATIO *Impossibile
esse] e¹ auf Rasur   10 Possibile] P auf Rasur von N   12 esse¹] *est   14,
27 2mal *béidíu   19 *úbe   20 gehélle] geh auf Rasur   23 *lóugen non¹]
n¹ auf Rasur von p   26 *gíbet   27 utreque] e¹ auf Rasur von a; *utręque
kelógen] g auf Rasur von n   Punkt gehört hinter 14 skînet und gehéllent,
19 sîn, 21 sequitur, 26 lóugen.

27 hinter sunt] de necesse esse K II M-P

Tér possibili uerságet ten lóugen non possibile
tér líuget ter ímo óuh tén ságet possibile
non esse . ter líuget áber. Uuíle óuh íoman strîten dáz non possibile necessario uolgêe. Uuáz
keskíhêt tánne? Dáz non posse . sámint necessario sî. Tés nemág nîeht sîn. Úbe er ímo óuh
fúoget possibile non esse . dáz íst sámo úngelímfe. Tés kíbet er nû exemplum. *At uero rursus idem uidetur esse possibile incidi et non incidi .
et esse et non esse.* Nû mág éin díng péidiu uuérden . uerscrôten iôh únuerscrôten . unde
uuésen iôh neuuésen. *Quare erit necesse esse
contingere non esse.* Ze dero uuîs keskíhêt . taz
tes nîeht nesî . dáz tôh nôte íst. *Hoc autem
falsum est.* Táz ist kelógen . dáz iz pe note súle
uerscrôten uuérden unde dôh múge unde
nemúge uerscrôten uuérden.   QUĘ CREATURĘ   7. M378,57 613,28 P575
    HABEANT POSSE ET NON POSSE . ET QUĘ NON HABEANT.
*M*ANIFESTUM EST AUTEM QUONIAM NON OMNE POS-
SIBILE UEL ESSE UEL AMBULARE . ET OPPOSITA UALET. Uuír
uuîzen dáz álliu possibilia . sô dáz íst possibile esse álde possibile ambulare . nîeht neuuérdent non possibilia. *Sed est in quibus non est
uerum.* Êtelîchiu sint an díen non possibile lúgi
ist. *Et primum quidem in his quę non secundum racionem possunt.* Állero méist an díen . díu posse
habent âna uuízze. *Ut ignis calefactibilis.*

---

2 *tér² 3 *tér 4 *uólgee . uuáz 5, 13 *2mal* *keskíhet 5 *Táz *sáment
6 nî eht] *vor* eht *zwei kleine alte Löcher im Pgm.* 7 fúolget] 1 *rad.*;
*fúoget 10 *péidíu 11, 16 *3mal* *únde 13 *déro *táz 14 *tés 15,
25 *2mal* *íst 15 *nôte 21 uuîzen *állíu 22/23 ne/uuérdent] t *von
anderer Hand übergeschr.* 24 *Êtelîchiu sînt 24, 26 *2mal* *án díen 27
habent] nt *auf Rasur von* ant; *hábent *âne *Punkt gehört hinter* 1 possibile, 2 líuget *und* ságet, 3/4 strîten, 16 uuérden, 19 AUTEM, 21 uuízen
und íst, 24 sint.

---

23 est² *nach* K I, *dafür* sit T K II M-P 25/26 *rationem *nach* T K I II M-P

Álso fíur prénnen mág. *Et habet uim inratio-*
nabilem. Unde día máht hábit iz uuízzelôsiz.
Íz hábit posse calefaciendi âna non posse. *Ergo*
secundum racionem potestates ipsę eędem plurimo-
5 *rum contrariorum .i. oppositorum sunt.* Târ uuízent-
héit íst . târ sínt péide máhte . faciendi
iôh non faciendi. Homo medicus mág curare . er mág ôuh non curare. *Inracionabi-*
les uero non omnes sed quemadmodum dictum
10 *est . ignem non esse possibile calefacere et non.*
Díu racionis tárbênt . tíu nehábent nîeht
álliu máhte tûennis unde netuennis . álso
fíur nîeht péide máhte nehábit prénnen-
nis unde nebrennennis. *Nec quęcumque alia*
15 *semper agunt.* Nôh téro nehéinemo neíst
sámint ána posse unde non posse . día îo
dáz éina tûont . álso fíur îo prennit. *Ali-*
qua uero possunt et secundum inrationales
potestates simul quedam opposita. Nû sînt
20 tôh ételîchiu inrationalia tíu béidiu ge-
mûgen . iôh uuérden iôh neuuérden . tôlên
unde nedôlên . álso uuîn mág uuérden
únde neuuérden . unde éin hût uersní-
ten uuérden unde neuuérden. *Sed hoc*
25 *quidem idcirco dictum est . quoniam non omnis potes-*
tas oppositorum est. Fóne díu spráh íh táz
fóne díen . díu in actu sínt . fone díu líez ih

1, 13, 17 *3mal* *uíur   1 *brénnen   1/2 inrationabilem] b *auf Rasur*   2 *Únde *dia   2/3 *2mal* *hábet   2 *uuízzelôsez   3 calefaciendi] i² *auf Rasur*   *âne   4 potestates] tes¹ *auf Rasur*   4/5 plurimorum] u¹ *auf Rasur*   5 opositorum   6 péi de] *vor de zwei kleine alte Löcher im Pgm.*   8 *ér   10 possibiles] s³ *rad.*   11 *Tíu rationis   12 *álliu *tûonnes   12, 14, 16, 22, 24 *5mal* *únde   12 *netûonnes   13 *nehábet   13/14 *prénnennes   14 *nebrénnennes   16 *sáment   *díu   17 *daz   *brénnet   19 *quędam sînt   20 *ételîchiu *béidíu   23 *únde²   23/24 *fersníten   27 *díen *fóne²   ih] iz *Punkt gehört hinter* 9 omnes, 13 nehábit, 20 inrationalia, 21 uuérden.

---

4 *rationem *nach* T K I II M-P   5 *vor* contrariorum] *etiam *nach* T K I II M-P   8/9 *Inrationabiles *nach* T K I M-P, *dafür* Inrationabilis K II   18 inrationales *nach* irrationales K I, *dafür* inrationabiles T K II M-P

tíu uóre . uuánda álle máhte . oppositorum   B233
níeht máhtîge nesînt. Taz fíur mág taz
éina déro oppositorum . âna daz ánder. *Nec*
quęcumque .s. possibilia secundum eandem speciem
5 *dicuntur.* Únde dû uuízîst . taz álliu possibilia níeht éinis speciei nesínt. Síu nesínt níeht
éin déro rationalium sô der medicus íst . núbe
óuh inrationabilium . sô daz fíur íst unde
dáz man uersképfen mág.
10   NON UNO MODO DICI POSSIBILE.   8. M380,35 616,15
Q*UĘDAM UERO POSSIBILITATES EQUIUOCĘ*
   sunt. Súmelîche máhte . sint úngelîcho gehéizene. *Possibile enim non simpliciter*
dicitur. Taz íst fóne díu . uuánda máht . ze
15 éinero uuîs kesprochen ne uuîrdet. *Sed hoc*
quidem quoniam uerum est . ut in actu. Núbe dánnân
uuírt súmelîchiu gespróchen . dáz sî uuâr
íst fóne tâte. *Ut possibile est ambulare quoniam*
ambulat . et omnino possibile est quoniam iam
20 *actu est quoniam dicitur possibile.* Álso an démo skînet . táz fóne díu gât uuánda iz kân
mág . unde an déro tâte tíu máht skînet.
Illud uero quod forsitan agit ut possibile
est ambulare quoniam ambulabit. Ánderiu máht
25 íst tés táz nóh tûon sól álso dés íst . táz kân
mág . sô iz uuíle. SOLUTIO PRIORIS QUĘSTIONIS 9. M380,41 616,21
ID EST CUI POSSIBILI NECESSARIUM CONUENIAT.

---

2 *nesînt 2, 5 2mal *táz 3, 7, 22 3mal *dero 3 *âne 4 eamdem] d *auf dem letzten Strich des* m¹ 5 *álliu 6 *éines píldes *bzw.* *éinero speciei 8, 22 2mal *únde 11 *EQUIUOCĘ 12 *sînt 12/13 adv. úngelîcho *im Schriftspiegel;* o *auf Rasur von* e adj. úngeliche *von anderer Hand am rechten Rand nachgetr.; Verweisungszeichen* : *am Rand und im Schriftspiegel;* *úngelîche 14 *Táz 15 kesprochenne uuérdet] n¹ *von anderer Hand übergeschr.; Verweisungszeichen , unter der Zeile;* u¹ *auf Rasur;* *kespróchen;* *neuuírdet *bzw.* *neuuîrt 17 *súmelîchiu 19 ambulat] a¹ *auf Rasur* 20, 22 2mal *án 22 *diu 24 *Ánderîu 25 tûon] tûo *auf Rasur* 27 EST] *schwarzes* ST *auf Rasur Punkt gehört hinter* 7 rationalium, 8 íst, 21 gât, 23 agit, 25 tés *und* sól, 26 QUĘSTIONIS, 27 EST.

---

11 POSSIBILITATES *nach* K I, *dafür* potestates T K II M-P   19 *hinter* est] esse T K II M-P   20 quoniam] *quod nach* T K I II M-P   23 *aget nach* T K I II M-P

*E*T HĘC QUIDEM IN MOBILIBUS SOLIS EST PO-   B234
testas . illa uero et in immobilibus. Tíu mâht
faciendi et non faciendi . díu íst an díen lében-   P577
den . áber díu échert faciendi díu íst an díen
5 únlébendên. *In utrisque uero uerum erit dicere .*
non impossibile esse ambulare . uel esse. An îo uuédermo chît man uuârhâfto . dáz iz múge gân
unde uuésen. *Et quod ambulat iam et agit . et*
ambulabile. Íh méino iôh táz nû îo ána gât .
10 iôh táz kân mág. *Sic igitur possibile non est ue-*
rum de necessario simpliciter dicere . alterum autem
uerum est. Sô getân possibile .i. faciendi et non faciendi . táz negehíllet níeht necessario. Táz échert
faciendi possibile íst . táz kehíllet necessario.
15 *Quare quoniam partem uniuersale sequitur.* Fóne
díu . uuanda parti totum uolget . uerbi gratia
dâr homo íst . târ íst animal. *Id quod ex ne-*
cessitate est . sequitur posse esse sed non omnino.
Tannân uolget necessario dáz posse. Dâr ne-
20 cesse íst târ íst posse. Iz negât aber níeht
úmbe . so uuâr posse íst . taz târ mítte sî necesse.
    ITEM DE ORDINE CONSEQUENTIARUM.   10. M382,23 619,33
*E*T EST QUIDEM FORTASSE PRINCIPIUM QUOD NE-
cessarium est . et quod non necessarium est . omnium uel
25 esse uel non esse. Únde uuóla mág keskéhen dáz
necesse únde non necesse hóubet súlen uuésen
állero déro án-derro consequentiarum . ih méino

possibilium esse uel non esse. *Et alia quidem quemad-*   B235
modum horum consequentia considerare oportet.
Únde necessariis fore stânden . diu ánderiu sulen
uuésen in geuolgîg. POTESTATEM ORDINE TEM-   11. M382,48 619,36 P578
5 PORIS . NECESSITATEM NATURĘ DIGNITATE PRECEDERE.
MANIFESTUM AUTEM EX HIS QUĘ DICTA SUNT .
    quoniam quod ex necessitate est secundum actum est.
Hínnân skînet . táz îo nôt in tâte íst. Táz îo be nôte
íst . álso fíur be nôte héiz íst . táz tûot óuh
10 îo . iz prénnet îo. *Quare si priora sunt sempi-*
terna .s. non sempiternis . et quę actu sunt . potestate
priora sunt. Fone díu . úbe sempiterna . Íh
méino díu hímelískin díu êuuiga tât hábent
âna uuéhsel . fórderôren sint non sempiternis .
15 sô sól óuh tíu tât téro non sempiternorum . fórde-
rôra sîn iro potestate. *Et hęc quidem sine*
potestate actu sunt . ut primę substantię.
Táz chído íh fone díu . uuanda súmelíchiu
díng sínt an dero tâte . âna día máht tés
20 non faciendi . sô diuinę substantię sînt. Síe
hábent in actu bonum. Hábetîn síe potentiam
non agendi bonum . dáz uuâre impotentia. *Alia*
uero sunt actu cum possibilitate . quę natura
priora sunt . tempore uero posteriora. Sô sínt
25 ánderiu díng . tíu dia tât hábent sámint
tero máhte . tero tât íst natûrlícho fórderô-
ra . iro máht íst áber álterôra. Tíu máht

---

3 *fóre stânden 3, 25 2mal *ánderíu 3 *súlen 4 *ín geuólgîg *(gegen-*
über *úngeuólgîg* *nach Kelle II, S. 365)* 4/5 TEMPO/PORIS 5 *PRĘCEDERE
6 *vor* QUĘ *altes Loch im Pgm.* 9 *uíur íst²] *i auf Rasur von* e 10 *íz
12 *Fóne 13 *diu hímelisken 14, 19 2mal *âne 14 *uórderôren sínt 15
*tero 15/16, 26/27 2mal *uórderôra; 26/27 fórderô/ra] *vor* ra *altes Loch*
im Pgm. 16, 27 2mal *íro 18 *fóne *uuánda súmelíchiu 19 *án *día
*tes 20 *Síe 21 *síe 25 *sáment 26 *téro² 27 *áltera *Punkt ge-*
hört hinter 13 hímelískin.

---

1 quidem *nach* K I; *fehlt* T K II M-P. 6 *vor* AUTEM] *EST *nach* T K I II M-P

fabricandi domum gât fóre tára nah fólget B236
tiu tât. Toh éniz êrera sî . diz îst tîu êrera . uuánda dîu mâht efficiendi . neferfâhet nîeht
âna dia effectum. *Alia uero numquam sunt*
5 *actu . sed potestate solum.* Súmelîchiu nehábent tia tât . núbe échert tia mâht. Numerus neîst nîeht in tâte infinitus . ér mág
áber uuérden infinitus. Decem alde centum
nesînt nîeht infiniti . sîe múgin áber uuáh-
10 sen in infinitum. EXPLICIT DE PROPOSITIONIBUS SE- P579
CUNDUM MODUM DICTIS. CONTRARIA SIT.
ALIUD THEMA INCHOAT . ID EST QUESTIO . UTRUM 12. M383,36 621,34
PROPOSITE REI NEGATIO UEL MAGIS AFFIRMATIO
V*TRUM AUTEM CONTRARIA EST AFFIRMA-*
15 *tio negationi . et oratio orationi quę dicit*
quoniam omnis homo iustus est . ei quę dicit nul-
lus homo iustus est . an ea quę est omnis ho-
mo iustus est . ei quę est omnis homo iniustus est.
Callias iustus est . callias iustus non est . callias
20 *iniustus est . quę horum contraria est?* Uuáz
îst téro affirmationi uuíderuuártîg . tîu
22a dir chît mánnolîh ist reht. Uuédir dîu
22b affirmatio mánnolih ist únreht álde dîu negatio . nîoman neîst réht? Îst téro affirmationi callias îst réht mán . dîu affirmatio
25 uuíderuuártîg callias îst únreht man .
álde dîu negatio . callias neîst nîeht réht
man? *Nam si ea quę sunt in uoce . sequuntur*

---

1 *nâh fólgêt   2 *Tóh énez   *díz   tíu *etwa instr.sg.n. mit dem Kompar.*
3 *neueruáhet   4 *âne   *den effectum *bzw.* *dia tât   5 *potestate]* t³ *aus*
s *korr.* *Súmelîchiu   6 *vor* tât *altes Loch im Pgm.*   8 *álde *bzw.* *únde
9 *síe múgen   11 CONTRARIA SIT. *gehört hinter* 13 AFFIRMATIO.   12 *QUESTIO
22a mánnolîh] o *aus* i *korr.*   22ab 2mal *îst   22a únreht] ún *rad.;* *réht .
*uuéder   22ab Uuédir *bis* únreht *von anderer Hand am linken Rand nachge-*
tr.; Verweisungszeichen ✓ *am Rand und im Schriftspiegel*   22b *mánnolîh
22b, 25 2mal *únréht; 22b únreht]* h *übergeschr.*   25, 27 2mal *mán   27 se-*
quu ntur] *vor* ntur *altes Loch im Pgm.*   *Punkt gehört hinter* 1 fóre, 22a
chît, 22b affirmatio *und* únreht, 23/24 affirmationi, 25 uuíderuuártîg.
Halbhoher Punkt steht hinter 22a reht.

---

16 dicit *nach* K I, *dafür* est T K II M-P   17 est¹ *bis* est² *nach* K I, *da-*
für aut T M-P *und an* K II

ea quę sunt in anima. Sínt tíu uuíderuuár- B237
tîg in rédo . díu uuíderuuártîg sínt in mûote. *Illic autem contraria est opinio contrarii . ut
omnis homo iustus . ei quę est omnis homo inius-
5   tus.* Únde ube dâr uuíderuuártîg íst . tér
uuân daz mánnolîh réht sî . démo uuâne .
daz mánnolîh únreht sî. *Etiam in his affirmationibus quę sunt in uoce . necesse est similiter
se habere.* Sô uérit iz óuh dúrh nôt . an déro
10 rédo   *Quod si neque illic contrarii opinatio . contraria est.* Úbe áber in démo mûote . dér
uuân déro éinun affirmationis uuíderuuár-
to neíst sînes uuíderuuárten . íh méino dés
uuânes téro ánderûn affirmationis. *Nec
15 affirmatio affirmationi erit contraria . sed
ea quę dicta est negatio.* Sô neuuírdet tána
mêr an déro rédo . dáz éin affirmatio uuíderuuártîg sî tero ánderûn . núbe diu negatio.   P580
*Id est nullus homo iustus est . uuíderuuállôt
20 tero affirmationi omnis homo iustus est.*
NON UNIUERSALEM PRIUS OPINIONEM AGGREDITUR .   13. M383,48 622,57
   UT PERUENIAT AD UNIUERSALEM.
Q̲UARE CONSIDERANDUM EST. FONE DÍU IST
ze séhenne. *Cui falsę opinioni . uera opi-
25 natio contraria est.* Uuédermo lúkkemo
uuâne . uuârer uuân uuíderuuártîg si.
Uuârer uuân ist . táz ter gûoto gûot sî. Tára

---

5 *úbe   6/7 *2mal* *dáz   7 *únréht   9 *Sô uéret   *túrh   9, 17 *2mal* *án
9, 12, 17/18 *4mal* *dero   10 opinatio] at *auf Rasur*   11 *demo   12 *éinûn
14 *tero   23 *FÓNE   *ÍST   24/25 opinȧtio] a *über* i² *mit Tilgungspunkt*
26 *uuârêr   *sî   27 *Uuârêr   *íst   *Punkt gehört hinter* 6 uuan, 10 rédo,
19 est¹, 20 affirmationi.

gágene sínt tíe zuêne lúkke . táz ter gûoto gûot
nesî . alde er úbel sî. Uuédermo íst er uuíderuuártîg? *Utrum negationi.* Uuéder demo sléhten
lóugene dáz er gûot nesî. *An certe ei quę con-*
5 *trarium opinatur.* Álde démo uuíderuuártîgin
dáz er ubel sî. *Dico autem hoc modo. Est quędam*
opinatio uera boni quoniam bonum est . alia uero quoniam
non bonum falsa . alia uero quoniam malum. Quę horum
contraria est uerę? Uuéder díu uerságenta
10 *propositio . dáz tir íst .* álde díu ságenta . dáz tir
neíst . uuíderuuállôt téro ságentûn dáz tir
ist? *Et si est una . secundum quam contraria?* Unde úbe
zuéio uerságentero propositionum éin significatio
ist . uuéderiu déro íst contraria? Uuéderiu íst
15 téro propositioni dies est . uuíderuuartig . tíu
dir chît nox est . alde non est dies? Sie bezéichenent éin. DE FALSA OPINIONE QUAE ORITUR   14. M385,21 624,30

Ṇam arbitrari con-   a contrariis.
trarias opiniones diffiniri in eo quod
20 *contrariorum sunt falsum est.* Tér dir uuânit
uuésen contrarias opiniones . tíe fóne contra-   P581
riis sint tér íst petrógen. *Boni enim quoniam bonum*
est . et mali quoniam malum est. Álso die uuâna fóne
contrariis sint . taz man gûot uuânit uuésen
25 daz kûota . únde úbel uuésen daz ubela. *Eadem*
fortasse opinio . et uera siue plura sint . siue
una. Mág keskéhen dáz ist échert éin uuân

1, 21 *2mal* *tíe   2, 16 *2mal* *álde   3 demo] d *auf Rasur*   5 *demo uuíderuuártîgen   6 *úbel   12, 27 *2mal* *íst   12 est] e *auf Rasur* *Únde   12/
13 rotes e (= *emenda) vereinzelt am linken Rand zwischen den Zeilen   13
propositionum] si *von anderer Hand übergeschr.*   14 *íst¹   *uuéderíu
*Uuéderíu   15 *tero *uuíderuuártîg   16 *Síe   17 *QUĘ   20 falsum] u *auf
Rasur von a*   20, 24 *2mal* *uuânet   21, 23 *2mal* *uóne   22, 24 *2mal* *sínt
22 Boni] B *auf Rasur*   24 *táz mán] *Ansatz eines Akuts*   25 *úbela   *Punkt
gehört hinter* 4 lóugene, 5 uuíderuuártîgin, 11 ságentûn, 15 propositioni,
16 chît, 22 sint, 26 uera, 27 keskéhen *und* uuân.

---

5 *vor* opinatur] *esse nach* T K I II M-P   8 horum *nach* K I, *dafür* eorum T
und harum K II M-P   19 diffiniri *nach* K I, *dafür* definiri T K II M-P   26
hinter opinio] est T K II M-P   *plures nach* T K I II M-P

unde uuârer uuân . sô er ein uuân sî . alde ne sî. Iz mag ein uuân
sîn . uuánda éin uuârheit in béiden ist. So uuéder iz sî . uuâr
ne ist îo nîeht uuíderuuartig uuâre.

FALSĘ OPINIONIS DESTRUCTIO. 15. M385,25 624,33

Svnt autem ista contraria .s. quę in opinione
 sunt. Nû sint ofto uuíderuuartig tiu in mánnis
uuân chomint. *Sed non in eo quod contrariorum sunt.* Nî
doh nîeht umbe daz . taz sie uone uuíderuuartigen
chómen sint. *Sed magis quod contrarie.* Nube dánnan . daz
sie uone éinemo dínge in uuíderuuartiga uuîs dén-
chent . sô daz ist . úbe man gûot peidiu ahtot uuésen
guot ioh . úbel. OPINIONI DE BONO QUONIAM BONUM SIT . 16. M386,9 625,41
OPPOSITAM ET CONTRARIAM ESSE QUĘ EST DE BONO . QUONIAM NON BONVM SIT.

Si ergo est boni qvod bonvm est. Vbe éin uuân ist
 fóne gûotemo daz iz kûot si. *Opinatio est autem quoniam
non bonum est.* Unde ánder uuân ist . taz iz ne sî . daz
iz toh ist . ih méino daz iz kûot ne sî . nóh honestum .
noh utile . noh expetendum. *Est autem quoniam aliud aliquid
quod non est . neque potest esse.* Unde der drítto uuân ist .
daz iz sî . daz iz ne ist . noh uuésen ne mag . ih méino
daz iz úbel sî . alde iz quantitas sî . alde iz ad aliquid sî .
alde ánderiu díu infinita sint. *Aliorum nulla ponenda est s. contraria . nec quecumque esse quod non est opinatur .
neque quecumque non esse quod est s. pręter oppositam.* Sô ne íst temo
uuâne daz taz kûota gûot sî . tero mánigon nehéin
uuíderuuartig . tie iz áhtont uuésen daz iz ne sî . alde ne uuésen daz iz ist . âne sîn oppositum. *Infinite enim*

utreque sunt . et quecumque esse opinantur quod non est . et non esse B240
quod est. Tero uuâno ist únende die iz áhtont uuésen .
daz iz ne ist . alde ne uuésen daz iz ist. *Sed* s. *opposita*
in quibus est fallatia .s. *prima. Opposita sint îo contraria.*
5 Fóne dien chóment tie lúgi . álso daz ist . taz man gûot
 uuânit ne uuésen kûot. Témo uuâne uólgent tíse
 uuâna . daz *bonum* ne sî *honestum* . unde iz ne sî *utile* .
 nóh *appetendum* . tîe ne sint nîeht uuíderuuartig témo . daz man uuânit taz kûota uuésen gûot . uuán-
10 da sie ímo *opposita* ne sint. Uuân uóne gûotemo .
 daz iz kûot ne sî . ist uuíderuuartig temo uuâne
 daz iz kûot sî. *Hęc autem* .s. *fallatia . ex his ex quibus sunt*
 generationes. Sî ist tánnan . dánnan álle gebúrte sínt.
 Ex oppositis uero generationes quare etiam fallacia. Fóne
15 *oppositis sint* álle gebúrte . sô ist óuh tiu lúkkî. Fóne unsûozemo uuírt sûoze . fóne únhertemo uuírt
 hérte . fóne unsuárzemo uuírdet suárz. Uuánnan
 máhtin siu uuérden âne uóne iro *oppositis*? Uuîo
 mahti sûoze uuérden uóne uuîzemo . alde uóne
20 hertemo? Uuîo mag ouh *fallacia* uuérden uone táge? alde uone náht . alde fone ánderen dîu iro *op-*
 posita ne sint? *Fone contradictione ueritatis* uuírt
 fallacia. Prima fallacia ist . taz man uuânit alde P583
 chît éin dîng ne uuésen daz íz íst . tíu ist uuíder-
25 uuártig témo uuâne . ter iz áhtot uuésen daz iz
 ist. Uuánda dîe zuêne uuâna *oppositum* máchont .
 pe dîu ist *fallacia in oppositis.*

---

1 *utręque *quęcumque   2 *Téro 2/3, 5, 11, 13, 15, 23, 26/27 9mal *íst
2 *únénde díe   *áhtônt   3, 5, 7, 9, 11/12, 24/25 9mal *dáz; 3 daz²] d
aus a korr.   *neíst   3, 19, 21, 23 5mal *álde   4 hinter .s. altes Loch
im Pgm.   4, 15 2mal *sínt   5 *díen   5, 23 2mal *táz   6, 9, 23 3mal *uuânet   6 *gûot   *uólgênt   7 *únde   8, 10, 22 3mal *nesínt   8, 11, 24/25
3mal *uuíderuuártîg   9 kûota] k aus Ansatz eines g korr.   13 *tánnân
*dánnân   15 *lúkki   16 *únsûozemo *únhértemo   17 *únsuárzemo *Uuánnân
18 *máhtîn   18, 21 2mal *íro   19 *máhti   20 *hértemo *mág óuh   20/21
3mal *uóne   *táge .   álde   21 *ánderên   22 *Fóne   24 *iz *íst²   25
*tér   *áhtôt   26 *máchônt   Punkt gehört hinter 2 únende, 3 und 24 2mal
ne uuésen, 3 Sed, 11 uuâne, 14 generationes, 21 ánderen, 25 uuésen.

---

1 vor non²] *quę nach T K II M-P   4, 12 2mal fallatia nach T K I; *fallacia nach K II M-P

ITEM UALIDIUS ARGUMENTUM DE EADEM RE.   17. B241 M387,28 627,56

Sɪ ERGO QVOD BONVM EST . BONVM ET NON MALVM EST .
et hoc quidem secundum se . illud uero secundum accidens.
Úbe daz kûota gûot ist . unde úbel ne ist . sô ist îmo
énez ánaburte . tiz ist îmo zûgeslúngen. *Accidit ei*
malum non esse. Imo ist taz chómen daz iz úbel nesî. *Magis autem in unoquoque est uera .s. oppinio quę se-*
cundum se est. Nû ist ter uuân îo uuârera . ter ána-
burtiges tîngis ist . tánne der zûgeslungenis tîngis
sî. *Etiam falsa . siquidem uera.* Ube dér uuâro sô ist . tanne ist óuh ter lúkko sô. *Id est falsa oppinio quę*
secundum se est . fallacior est illa falsa quę secundum acci-
dens est. Ergo ea quę est quoniam non est bonum quod bonum
est . secundum se consistens falsa est. Ter uuân ter daz
kûota uuânit ne uuésen gûot . ter ist ánaburtîgis tin-
gis lúkke. *Illa uero quę est . quoniam malum est . eius quod est secundum*
accidens. Ter aber daz kûota zîhet úbelis . ter ist fól-
gentis tîngis unde zû geslúngenis. *Quare . magis erit*
falsa de bono . ea quę est negationis opinio . quam ea quę
contraria est. Fóne díu ist ter uuân lúkkero târ negatio
boni ána líutet . ih méino quoniam bonum non est bonum . danne der sî . dâr malum ána líutit . ih méino quoniam bonum
malum. Malum ist îo contrarium bono. REUERTITUR . UT   18. M388,41 630,1
EX HIS PRĘMISSIS . FACIAT QUĘSTIONIS SOLUTIONEM.   P584

FALSVS AUTEM MAGIS CIRCA SINGVLA . QUI HABET .I. HIC
   habet contrariam opinationem. Ter an díngolîchemo
der lúkkero íst . ter hábet geuángen an dén uuíderuuar-

4-6, 8-11, 15, 17, 20, 23 *12mal* *íst   4, 18 *2mal* *únde   4 *neíst   5 éinez *ánabúrte *tíz zûgeslúngen] zûgeslún *auf Rasur von* anaburte; *zûo-
geslúngen   6 *Îmo   *táz   *dáz   7, 11 *2mal* *opinio   8, 14/15, 17, 20,
27 *7mal* *tér   8 *uuârero   8/9, 15 *2mal* *ánabúrtîges   9, 15/16, 18 *4mal*
*tînges   9, 22 *2mal* *dér   9, 18 *2mal* *zûogeslúngenes   10 *Úbe der   10/
11 *tánne   14, 17, 26 *3mal* *Ter   15 *uuânet   17 *áber   *zîhet úbeles
17/18 *fólgêntes   21/22 *2mal* *íh   *dánne   22 *líutet   26 contrariam]
ar *von anderer Hand übergeschr.*   26/27 *2mal* *án   26 díngolîchemo] líc
auf Rasur von ge   27 lúkkero] ke *auf Rasur;* ro *von anderer Hand überge-*
schr. *keuángen *den   241,27-242,1 *uuíderuuártîgen *Punkt gehört hin-*
ter 6 chómen, 11 est, 14 uuân, 20 lúkken, 21/22 *2mal* méino.   *Punkt ist*
zu tilgen hinter 16 est[1].

---

5 *vor* ei] *enim *nach* T K I II M-P   10 *vor* uera] *et *nach* T K I II M-P   20
contraria *nach* T K I; *contrarii *nach* K II M-P   25 *hinter* FALSVS] *EST
nach T K II M-P   26 *opinionem *nach* K I II M-P, *dafür* oppinionem T

tigen uuân. *Contraria enim sunt eorum quę plurimum cir-* B242
ca idem differunt. Tiu sint îo uuîderuuartig . tîu an éinemo dînge sîh hártôst skeident . also uuîz unde suárz
tûont an dero uáreuuo. *Quod si horum contraria est altera.*
5 Ube éinuuederiu uuîderuuartig ist . ih meino dîu
dir chît . bonum non bonum . alde diu dir chît . bonum
malum est. *Magis uero contraria contradictionis.* Unde
ube diu uerságenta hártor uuîderuuartig ist . ih
méino quoniam bonum non est bonum. *Manifestum est quoniam hęc*
10 *erit contraria.* Sô skînet taz sî héizen sól contraria. *Illa*
uero quę est quoniam malum est quod bonum . implicita est .i. non simplex est. Ter uuân daz kûot úbel sî . ter ist zuîsker. *Et-*
enim quoniam non bonum est . necesse est id ipsum opinari. Uuánda
dâr mite uuânit er iz ouh ne uuésen gûot. Pe dîu ist
15 ter slehto uuân sléhtemo uuîderuuartig. Sîd taz sô
ist . taz témo uuâne der daz kûota chît uuésen gûot .
uuîderuuartig ter ist . ter iz chît ne uuésen gûot .
mêr danne der iz chît uuésen ubel . sô ist óuh pe nôte demo uuâne ioh tero rédo omnis homo iustus est .
20 uuîderuuartig ter uuân unde diu réda nullus homo
iustus est . mêr dánne omnis homo iniustus est.
ROBORATUR SENTENTIA EXEMPLO. 19. M389,27 631,37 P585
A̲MPLIVS. Fernîm nóh. *Si etiam in aliis similiter opor-*
tet se habere . et hic uidetur esse bene dictum. Ist óuh
25 an ánderen uuânen hártor uuîderuuartig contradictio danne contrarii affirmatio . sô habo ih hîer réhto
geságet. *Aut enim ubique* s. magis contraria est ea quę est con-

---

2 *Tíu sínt   2, 5, 8, 15, 17, 20, 25 7mal *uuíderuuártîg; 8 uuíderuuar-
tig] Akut[1] rad. 2, 4, 25 3mal *án   3 *skéident *álso 3, 20 2mal *únde
5 *Úbe éinuuéderíu   5, 8, 12, 14, 16-18 7mal *íst   5, 8 2mal *íh   5
*méino   6 *álde díu   7 *Únde   8 *úbe   8, 25 2mal *hártôr   9 est quon-
iam] st q *auf Rasur von* sse   10, 15/16 3mal *táz   12 uuân] u[1] übergeschr. *dáz   12, 17 3mal *tér   12 *zuískêr   13 Uuánda] uán *auf Rasur*
von anda   14 *míte uuánet *óuh   15 *slehto   16, 18 2mal *dér   18, 26
2mal *dánne   18 *úbel   19 *ióh   24 *Íst   25 *ánderen   26 *hábc   27
contrariū] u zu a korr.; *Strich rad. Punkt gehört hinter* 5 meino, 9 méino
und est[2], 10 skînet, 12 uuân, 16 uuâne, 19 rédo, 20 réda, 25/26 contradictio, 27 ubique.

---

4 horum *nach* T K I; *harum *nach* K II M-P   13 id] *idem *nach* T K I II M-P

tradictionis . aut nusquam. Iz sôl uber al sô uáren . daz   B243
ter uuân contradictionis sî uuíderuuartig . alde nîe-
ner. *Quibus uero non est contraria . de his est quidem falsa . ea
quę est uere opposita.* Tíu contrarium ne habent . also ho-
5 mo ne hábet . fone díen uuírdet lúkke . der uuíder-
sagento uuân. *Ut qui hominem non putat esse hominem .
falsus est.* Also der uuân lúkke ist . ter den ménnisken ne-
uuânit uuésen ménnisken. *Si ergo hę contrarię sunt .
et alię contradictiones.* Sint tíse zuêne uuâna uuíder-
10 uuartîg . uuánda an in contradictio ist . sô uérit iz óuh
tār sô . tār ándere contradictiones sint. OPINIONES 20. M389,52 632,48
QUĘ SIMUL UERĘ SUNT . NON POSSE CONTRARIAS FIERI.

*A*MPLIVS. Fernîm óuh. *Similiter se habet boni quoniam
bonum est . et non boni quoniam non bonum est.* Tíe zuêne
15 uuâna sint ébengeuuâre . daz kûot kûot sî . unde
úngûot kûot ne sî. *Et super has boni quoniam non bonum
est . et non boni quoniam bonum est.* Unde dâr míte sint
ébenlukke die zuêne . daz kûot kûot ne sî . unde
ungûot kûot sî. *Illi ergo uerę opinioni quę est
20 non boni quoniam non bonum est . quę est contraria?* Uuéler   P586
ist temo uuâne uuíderuuartig daz ungûot kûot
ne sî? *Non enim ea quę dicit quoniam malum est.* Táz nemag ter nîeht sîn . ter ungûot chît úbel sîn. *Simul enim aliquando erit uera.* Fóne díu ne mág
25 er . uuánda sie samint múgen uuâr sîn. Uuer zuuîuelôt uuánda úngûot kûot ne ist . iz ne múge
ubel sîn? *Numquam uera uerę contraria est.* Nîomer ne-

---

1 *Íz   *über ál   1, 15, 18 3mal *dáz   2, 7, 23 4mal *tér; 7 ter] r aus
n rad.   2, 9/10, 21 3mal *uuíderuuártîg   2 *álde   2/3 *nîonêr   3 quidem, eigentl. q̇dē] i von anderer Hand übergeschr.; dem auf Rasur   4 *uerę
*Tíu   *nehábent   *álso   5 *fóne   5/6 *uuíderságento   7 *Álso dér   7,
10, 21 3mal *íst   7 den von anderer Hand übergeschr.   7/8 *neuuânet   9
*Sínt   10 *án ín   contradictio] tra übergeschr.   *uéret   11, 15, 17 3mal
*sínt   13 óúh] Akut² rad.   15, 18 2mal *únde   17 bonū] u zu i korr.;
Strich rad.   *Únde   18 *ébenlúkke díe   19, 21, 23 3mal *úngûot   20 *Uué-
lêr   21 *táz   22/23 *nemág   24 aliquando] vor a¹ Rasur von e   Fóne] e
aus o korr.   25 *sáment   *Uuér   25/26 *zuuîuelôt   26 *neíst   *íz   27
*úbel   *Nîomêr   Punkt gehört hinter 21 uuíderuuartig, 25/26 zuuîuelôt.

---

6 esse nach K I; fehlt T K II M-P.   9 contradictiones nach T K I; contradictionis K II M-P   27 vor uera] *autem nach T K I II M-P

uuîrt uuâr uuâre uuîderuuartig. *Est enim quiddam*   B244
non bonum malum. Ungûot ist uuîlon ûbel. *Quare contin-*
git simul esse ueras. Fone dîu uuérdent sie sáment
uuâr. *At uero nec illa quę est non malum*. Nóh ter . der
5 ungûot chît ne uuésen ûbel. *Simul enim et hec erunt*.
Uuánda óuh tie sáment uuâr uuérdent. Álso daz
kûot nóh ûbel ne ist . ube mán âna dúrfte príchet
aba bóume éin lóub. *Relinquitur ergo ei quę est*
non boni quoniam non bonum . contraria ea quę est non boni
10 *quoniam bonum*. Fone dîu ist temo uuâne daz úngûot
kûot ne sî . uuîderuuartig tér uuân . daz únguot
kûot sî. *Quare et ea quę est boni quoniam non bonum . ei quę*
est boni quoniam bonum. Sô ist óuh ter . daz kûot kûot nesî . demo daz kûot kûot sî. UNIUERSALITER   21. M391,3 635,59
15 PROPOSITIONUM CONTRARIA FIERI SIMILI MODO
SICUT NON UNIUERSALIUM . IN QUO SOLUTA SIT QUĘSTIO.
MANIFESTVM EST AUTEM QVONIAM NIHIL INTEREST
   nec si uniuersaliter ponamus affirmationem. Tísemo
gelîcho uérit iz óuh tánne . ube uuír sézzen dén
20 álelîchen uuân. *Huic enim opinioni ut est quę opinatur .*
quoniam omne quod est bonum bonum est . contraria ea erit uniuer-
salis negatio quę est nihil horum quę bona sunt bonum   P587
est. Uuánda demo uuâne daz állero gûotelih gûot
sî . ist ter uuîderuuartig . daz ne hein gûot kûot
25 ne sî. *Nam eius quę est boni quoniam bonum si uniuersaliter sit*
bonum . ea est quę opinatur quicquid est bonum . quoniam bo-
num est. Uuîle dû den uuân daz kûot kûot sî állelîcho

1, 11, 24 *3mal* *uuîderuuártîg   2 *Úngûot   2, 10, 13, 24 *4mal* *îst   2
*uuîlôn   3, 10 *2mal* *Fóne   4, 13, 24 *3mal* *tér   4 *dér   5, 11 *2mal*
*úngûot   5 ne uuésen] ne *übergeschr.* *hęc   6 *tîe   6, 10/11, 13/14,
23, 27 *7mal* *dáz   7 *neîst   7, 19 *2mal* *úbe   7 *man âne *bríchet   8 *ába
bóume *auf Rasur*   9 boni¹ .] *Punkt rad.*   11 *ter   14 *démo sî•;   19 *uéret   *sézzên den   20 *állelîchen   23 *gûotelîh kûot   24 *táz nehéin
Punkt gehört hinter 10 *und* 23 *2mal* uuâne, 14 demo, 17 AUTEM *und* INTEREST,
27 uuân *und* sî.   *Punkt ist zu tilgen hinter* 20 opinatur, 26 bonum².

---

14 *UNIUERSALIUM *nach* T   16 SIT] est T   17 AUTEM] *ERGO *nach* T K I II M-P

spréchen sô chîst tû állêr gûotelih gûot uuésen. *Simi-*   B245
liter autem et non bono. Álso mâht tû den uuân daz
kûot kûot ne sî . máchon állelichen chédendo . daz
ne hein gûot kûot ne sî. *Quare si in opinione se sic ha-*
5 *bet .s. ut sit ipsa opinio uniuersalis et contraria.* Fóne dîu
ube iz so ist an démo uuâne . daz er állelîh sî unde
uuîderuuartig ándermo. *Sunt autem hę quę sunt*
affirmationes et negationes notę eorum .i. earum passionum
quę sunt in anima. Sága sint îo óffenunga des uuâ-
10 nis . unde dero gedáncho. *Manifestum est quoniam etiam*
affirmationis uniuersali contraria quidem negatio uni-
uersalis circa idem. Sô uuîrdet tánnan ih méino fóne dero uuîderuuartigi des állelichen uuânis . samo uuîderuuartîg éin állelih sága ánderro. *Ut*
15 *ei quę est omne bonum bonum est . uel omnis homo bonus*
est . ea quę est uel quoniam nullum uel nullus. Álso dero állelichun rédo daz áller gûotelih kûot sî . dîu ré-
da uuîderuuartig ist . daz ne héin gûot kûot nesî .
alde óuh tero daz mánnolih kûot sî . tiu uuîderuuar-
20 tig ist daz ne héin mán kûot ne sî. *Contradicto-*
rię autem . aut non omnis homo . aut non omne. Ube aber
non omnis . târ stât fure nullus . sô sint sie contradictorię . nals contrarię. *Manifestum est autem quoniam et ueram*
uerę non contingit esse contrariam nec opinione nec
25 *contradictione* Nîomer ne geskîhet éinen uuân uuârin alde éina ságun uuâra . ánderen uuâren uui-
déruuartig uuérden. *Contraria enim sunt quę circa*   P588

1, 17 2mal *állero gûotelîh   1 *kûot   2/3, 6, 17, 19 5mal *dáz   3 *má-
chôn   állelichen] le *übergeschr.*   4 *nehéin   opinione] o² *auf Rasur*   6
*úbe   sô] *Akz. rad.;* *sô   6, 18, 20 3mal *îst   6 *án demo   6, 10 2mal
*únde   7, 14, 18-20, 26/27 5mal *uuîderuuártîg   9 *Ságâ *bzw.* *Ságûn   9,
22 2mal *sînt   9 óffenunga] o *aus* i *korr.;* *óffenûngâ   9/10, 13 2mal
*uuânes   11 affirmationis .] *Punkt rad.*   uniuersalis] s² *rad.*   12 *tánnân îh   12/13 *uóne déro uuîderuuártîgi   13/14 *sámo   14 *állelîh   16/
17 *állelîchûn   17 *dîu   18, 20 2mal *táz   19, 26 2mal *álde   19 *téro
*mánnolîh   *dîu   20 *gûot   21 *Úbe áber   22 *fúre   23 *náls   uerâ]
leichter, unsicherer Strich   25 *Nîomêr   éinen] en *übergeschr.*   25/26
*uuâren   26 *ságûn *bzw.* *sága   *ánderên uuârên   *Punkt gehört hinter* 1
spréchen, 2 uuân, 5 dîu, 10 est, 12 tánnan, 16 est² *und* nullum, 17 redo,
19 tero, 20 ist, 23 autem, 24 contrariam *und* opinione, 25 contradictione.

---

2 *vor* non] in T K II M-P   11 *affirmationi *nach* T K I II M-P   24 opinione *und* 25 contradictione *nach* K I; *opinionem *und* *contradictionem *nach*
T K II M-P

opposita sunt. Taz skînet târ ána uuánda álliu
contraria sint opposita. *Oppositio ist íro genus.
Circa eadem autem contingit uerum .i. duo uera dicere eundem .s. quod in oppositis impossibile est.* Sô ge-
5 skíhet éteuuen uuâr sagen . úbe er ságet éinemo
dínge zuéi ána sîn. So turpitudini ána ist ut
bona non sit . et mala sit . táz in oppositis nîo geskehen nemág. *Simul autem non contingit eidem inesse contraria.* Fone diu ne múgin ouh contraria uuésin an
10 éinemo dínge . uuanda iz iro genus nemag.
E X P L I C I T.

---

1 *Táz *álliu 2 *sínt 2, 6 2mal *íst 2-11 íro bis EXPLICIT] andere Hand und Tinte 5 *éteuuén *ságen úbe er] úber 6 *Sô 7 táz] schwacher Akz. 7/8 gek/skehen] k¹ rad.; *geskéhen 9 *Fóne díu nemúgen óuh *uuésen án 10 énemo *uuánda *íro *nemág 11 schwarzes EXPLICIT. Punkt gehört hinter 1 târ ána, 6 ist. Halbhoher Punkt steht hinter 1 sunt, 2 opposita und genus, 10 nemág. 12-27 sind leer, denn Ciceros Topica beginnen erst 247,1.

A. M. S. B. SECUNDA EDITIO IN LIBRUM PERI HERMENIAS INCIP

Ipse ñ in comentariis suis hac se inpulsu eius prius
edidisse longissime expositionis libros, quod in multis ille aliorum scriptorum sententiis dissideret, in maior prosequendi operis eius e, quod non facile quisquam transferendi et eum comentandi sumsit suscepturus seriem,
quod uetus procurus potest postremos analyticos inuertendo
aristotelem latino sermoni tradidit, si transferendo thomisti...
Quod qui utrosque legit facile intelligit, albin quoque deuide-
reb. scripsisse phibet, cui ego geometricos quidem libros editos
suo de dialectica iudicium mutuique questos repperere nullus, siue
quis ille omnino tacuit, nos praeter illa dicens siue aliquid scripsit,
nos quoque docti uiri unum studium in eadem laude uersabimur,
si quisqui muta sint aristotelis que subtilissime philosophie
arte celata sunt, hic enim ante omnes liber nimis et acumine sententiarum uerborum breuitate abstrictus e, quo circa plus hic qui
in expedientis expositione studebit;

Prius g quod uque sit definiendum e, hoc et prospicuo et manifesto omis
libri prefice intentio. **DE VOCE**

Vox est aeris plangui percussio, que pquisda gutturis partes que
arterie uocant ab animali prefere, sunt et quidam alii soni, qui eo
de pfiicuntur flatu, quos lingua n percutit, ut e tussis. Hee n
flatus sit, quod a parteriis egrediente si nulla lingue impositione
...idem quoque nec ullis sillabaceae elementis, enim et nullo sit
...A uocem uox her n de si tantum sonus, illa quoque potest e
...initio uocis, ut cum dicimus sonum e cum quiddam imaginatio
...significandi, uox niqu cum omne significationis causa sur-
...cuius causa prefere, Tussis u cum sonus sit, nullius significationis

Definitio uocis
Arteris

Differentia uocis et soni
Alia definitio uocis

Notker   latinus

zur Schrift „De interpretatione"

Zusammengestellt von James C. King

NOTKER LATINUS

Folgende Siglen kommen im *Notker latinus* vor:

A = Augustinus hipponensis, *Enarrationes in psalmos* 1-35 (C.Sg. 162; Dekkers/Fraipont 38).

Ak = Pseudoaugustinische Übersetzung der Κατηγορίαι, mit Alkuins Widmung an Karl den Großen und dem Randkommentar eines Unbekannten [C.Sg. 274; Minio-Paluello II/1/1-5, S. 129-175 (Text ohne Kommentar)].

Ald = Alcuinus, *De dialectica* (i.a. C.Sg. 64, S. 270-312; Migne 101, Sp. 949-976).

Api = Apuleius, *Perihermenias* (C.Sg. 64, S. 390-407; Helm).

Bct = Boethius, *Commentaria in Ciceronis topica* [Cc.Sg. 831, 854, S. 3-168 bzw. 1-216; Migne 64, Sp. 1039-1174 (Text mit Kommentar)].

Bis = Ders., *Introductio ad syllogismos categoricos* (C.Sg. 830, S. 376-408; Migne 64, Sp. 761-794).

Bsc = Ders., *De syllogismis categoricis* (C.Sg. 830, S. 408-444; Migne 64, Sp. 793-832).

Bvp = Ders., *Explanatio super Porphyrii isagogas secundum Victorini translationem* [C.Sg. 831, S. 184-259, 344-359; Migne 64, Sp. 9-70 (Text mit Kommentar); Minio-Paluello II/1/6-7, S. 63-68 (Text ohne Kommentar)].

Cis = Cassiodorus, *Institutiones saecularium litterarum* (Cc.Sg. 199, 855, S. 115-325 bzw. 187-346; Mynors).

Cr = Cicero, *De inventione rhetorica* (C.Sg. 820, S. 72-172; Friedrich).

Dma = Donatus, *Ars grammatica maior* (Cc.Sg. 855, 876, S. 4-131 bzw. 341-397; Keil 4, S. 367-402).

G = lateinische Ausführungen eines Unbekannten über Grammatik, Dialektik und Rhetorik (C.Bruxel. 10661-65, f. 60rb-64va, 65ra-65vb; Piper I/1, S. XIII-LXXXIX). Das Fragment mit der Überschrift *De dialectica* i.a. im C.Sg. 820, S. 51b, Z. 1 bis S. 62b, Z. 20 entspricht Piper I/1, S. LVI, Z. 3 ab *INCIPID* bis S. LXXV, Z. 1 *inueniendi*.

Gen	= *Genesis* bzw. das erste Buch Mose (im C.Sg. 75 i.a., *Biblia latina veteris novique testamenti*).
GS	= *Glossae Salomonis* (C.Sg. 905; siehe McGeachy).
Ie	= Isidorus hispalensis, *Etymologiae* (i.a. Cc.Sg. 231/232; Lindsay).
K	= Boethius' Kommentar zu den *Categoriae* [C.Sg. 817, S. 44-202; Migne 64, Sp. 159-294 (Text mit Kommentar)].
K I	= Dess. kleinerer Kommentar zur Schrift *De interpretatione* [C.Sg. 817, S. 221-339; Migne 64, Sp. 293-392 (Text mit Kommentar)].
K II	= Dess. größerer Kommentar zur Schrift *De interpretatione* [C.Sg. 830, S. 3-264; Migne 64, Sp. 393-640 (Text mit Kommentar)].
MC	= Martianus Capella, *De nuptiis Philologiae et Mercurii* (Dick).
Nb	= Notkers des Deutschen Bearbeitung von Boethius, *De consolatione Philosophiae* (C.Sg. 825, S. 4-271; Piper I/1, S. 1-363; Sehrt/Starck I/1).
Nc	= Dess. Bearbeitung von Martianus Capella, *De nuptiis Philologiae et Mercurii* (C.Sg. 872, S. 2-170; Piper I/1, S. 685-847; Sehrt/Starck I/2).
Nca	= Ders., *Canticum [H]abacuc pro ignorationibus* (C.Sg. 21, S. 551-555; Piper I/2, S. 620-624; Sehrt/Starck I/3, S. 1076-1086).
Nk	= Dess. Bearbeitung von Boethius' *Categoriae* (Cc.Sg. 818, 825, S. 3-143 bzw. 275-338; Piper I/1, S. 365-495; King).
Nl	= Ders., *De partibus logicae* (i.a. C.Turic. 121, f. 51v-54v; Piper I/1, S. 591-595).
Np	= Ders., *Psalterium* (C.Sg. 21, S. 8-540; Piper I/2, S. 1-606; Sehrt/Starck I/3, S. 1-1053).
Nr	= Ders., *De arte rhetorica* (i.a. Clm. 4621, f. 47r-75r; Piper I/1, S. 623-684).
Ns	= Ders., *De syllogismis* (C.Turic. 121, f. 28r-49r; Piper I/1, S. 596-622).
Pi	= Priscianus, *Institutiones grammaticae* (Cc.Sg. 903/904; Keil 2/3).
R	= Remigius' Kommentar zu Boethius, *De consolatione Philosophiae* (siehe Naumann).

B143 8 Zu PRĘFATIUNCULA: Proemium enim prius est narratione per ordinem. Tíu uóresága .i. pręfatio . día rehtores héizent exordium . díu íst êr in órdeno . dánne sélbíu diu sága. Nk 133,25-27. Rethores uero non sępe a narratione sed ab exordio agere causas incipiunt. Ideo quod exordia narrationibus priora sunt ordine. K Proemium est initium dicendi . . . . Hoc autem uocabulum apud nos interpretatum pręfatio nuncupatur . quasi pręlocutio. . . . Praefatio periermeniarum. Ie *Zum Titel* Periermenias *bzw.* De interpretatione: Inscribitur etenim liber grece . ΠΕΡΙ-ΕΡΜΕΝΙΑΣ . quod latine de interpretatione significat. K I Est quidem libri huius [qui] de interpretatione apud latinos . apud grecos uero perihermenias [in]scribitur . obscurationis series . obscurissimis adiecta sententiis. K II Incipit periermenias .i. de interpretatione. Cis Hanc [elocutionem] aristotiles uir in rerum expressione et faciendis sermonibus peritissimus . periermenian nominat . quam interpretationem nos appellamus. Ie K. Illius nominis primum interpretationem expone. A. Periermeniae dicuntur quasi de interpretatione. Ald

143,9-144,5 Zu ARISTOTILES *bis* logica: DE GENERE SYLLOGISMORUM. Est syllogismus qui dicitur cathegoricus .i. pręodicatiuus . et est qui dicitur hypotheticus id est conditionalis. Horum scientia dicitur apodictica et dialectica. Suntque species illius quę dicitur syllogistica. Peruenitur ergo a genere ad species ita ut in eo libro aristotiles quem prima analitica appellauit syllogisticam generaliter comprehendat . deinde in secundis analiticis apodixen . in topicis dialecticam species syllogisticę discernat et doceat. Ante hos tres libros . alios quoque duos ipse conscripsit cathegorias et periermenias . ut is ordo discentibus sit per duos ad tres peruenire. Itaque ut boetius monet ante dialecticam apodictica . ante apodicticam syllogistica . ante syllogisticam periermenię et ante has cathegorię legendę sunt atque discendę. His quinque libris porphirius unus ex aristotelicis postea sextum addidit et logicam adimpleuit. Est enim eius non mediocris utilitas ad cathegorias et ideo uocauit eum isagogas id est introductiones. . . . DE INTENTIONE LOGICĘ. Ergo logicę tota intentio spectat ad syllogismos . . . . Sex enim librorum supra scriptorum unusquisque tendit ad sequentem. . . . DE CATHEGORIIS. . . . Sciamus ergo iterum in hoc opere quid sibi uoces uelint singulę ut sciamus in sequenti opere quid et uelint compositę. . . . DE PERIERMENIIS . PRIMUM QUID SINT ELOQUIA ET PROLOQUIA. Qvę singula substantiam significant aut accidens ut in cathegoriis

declaratum est coeunt et nihil horum designant. Erit enim ex his iunctis
eloquium aut proloquium. Sunt autem eloquia composita uerba usque ad ple-
num intellectum quę uero sunt obnoxia ueritati et falsitati . . . . Eloquia autem quia ad disputationem sunt non necessaria et nullus ex eis potest confici syllogismus . ideo proiecta sunt a philosopho. Pertinent enim
ad rhetores et historicos. Proloquia autem sunt quę similiter habent ple-
num intellectum et significant uerum aut falsum. Horum principalis oratio
est quę dicitur enuntiatio cuius primę sunt species affirmatio et negatio
ut socrates disputat . socrates non disputat. . . . Sciendum est autem
propositiones et proloquia unum atque idem significare. DE PRIMIS ANALI-
TICIS. Dictum est autem quia singulę dictiones componuntur ut fiant proloquia . iterum componuntur proloquia . id est propositiones ut fiant syllogismi qui latine dicuntur ratiotinationes. . . . Hanc communem regulam
syllogismorum in primis analiticis aristotiles dedit et eam syllogisticam
uocauit. DE SECUNDIS ANALITICIS. Ergo syllogismus genus est . eius species sunt prędicatiuus et conditionalis ut prędictum est. Prędicatiuus
idem est qui et cathegoricus . . . . Et hoc prius dictum est. . . . Hęc
ergo pars apodictica .i. demonstratiua proprie dicitur. DE TOPICIS. Hypotheticus syllogismus est qui et condicionalis [dicitur] cuius modi nume-
rati sunt septem. I . . . . Si primum et secundum. Si sol est super terram dies est . . . . Ergo grece topos locus dicitur . inde dicuntur topica
hęc sedecim loca argumentorum ab aristotile inuenta. Ipsa autem argumenta
in eis inclusa . idem philosophus dialecticam uocitauit separans hanc partem argumentationum ab ea parte quam in secundis analiticis ipse apodicticam uocauit . . . . DE CONSTRVCTIONE CASVVM INTER SE ET VERBORVM CVM CA-
SIBVS. Nam ut et antea dictum est nominatiui omnivm casualivm verbis prę-
ponuntur sed aliquando absolutis ut homo uiuens spirat socrates philosopha-
tur. . . . Quę autem intransitiua sunt uerba absoluta dicuntur uel idio-
patha .i. reciproca. Et si sunt absoluta vnde sunt absoluta? .i. a copula
obliquorum casuum ut est homo uiuit . homo spirat. G

Ordo tamen est quod omnes . post porphyrium ingredientes ad logicam . huius
primum traditores libelli fuerunt . quod primus hic ad simplicitatem tenui-
tatis usque progressus . quo procedentibus uiandum sit pręparat. Aristotiles enim quoniam dialecticę atque apodicticę disciplinę uolebat posteris
ordinem scientiamque contradere . uidit apodicticam . dialecticamque uim .
uno syllogismi ordine contineri. Scribit itaque primos resolutorios . quos
greci analiticos uocant . qui legendi essent . antequam aliquid dialecticę
. uel apodicticę artis attingerent. In primis enim resolutoriis . de syl-

logismorum ordine complexione figurisque tractatur. Et quoniam syllogismus genus est apodictici et dialectici syllogismi . dialecticam uero in suis topicis exercuit. Apodixen . in secundis resolutoriis ordinauit. Horum disciplina quam ille in monstrandis syllogismis ante collegerat . prius etiam in studiis lectitatur. Itaque prius primi quidem resolutorii . quam secundi resolutorii . qui de apodictico syllogismo . uel topica . quę de dialectico syllogismo sunt accipiuntur. Traxit igitur aristotiles dialecticam atque apodicticam scientiam . aduniuitque in syllogismorum resolutoria disputatione. Sed quoniam syllogismum ex propositionibus constare necesse est . librum periermenias qui inscribitur de propositionibus annotauit. Omnes uero propositiones ex sermonibus aliquid significantibus componuntur. Itaque liber quem de decem prędicamentis scripsit . quę apud grecos categorię dicuntur . de primis rerum nominibus significantibusque est. Uidit enim aristotiles infinitam miscellamque esse rerum omnium uerborumque disparilitatem . et ut eorum ordinem repperiret . in decem primis sermonibus prima rerum genera significantibus omne quicquid illud . uel rerum . uel sermonum poterat esse collegit. Sed aristotiles hactenus. Bvp

Et sunt plurimę interpretationes . inter quas illa quoque est oratio in qua uerum falsumque inueniri potest . id est enuntiatiua . de qua hoc libro tractandum est. . . . Interpretatio namque est nomen et uerbum. Interpretatio etiam huiusmodi oratio. Omnis homo animal est. Sed in hac uerum falsumque auditor intellegit. . . . Si enim quis dicat . homo est . uel homo uiuit . fit affirmatio. . . . Interpretatio quoque est etiam huiusmodi oratio . da mihi codicem . in qua uerum falsumque nullus inueniet. . . . Nec hoc nos turbet quod sunt quędam interpretationes de quibus hoc libro non tractet. . . . Est autem intentio de simplici enuntiatiua oratione disserere. Simplex autem enuntiatiua oratio est . in qua cum uerum falsumue sit . illud tamen est . ut sine coniunctione totius orationis ordo proponatur . ut est. Homo est. Homo animal est. Homo currit. Homo pauidus currit. . . . Hæ enim propositiones sine coniunctione propositę sunt . et hę dicuntur prędicatiuę. Illę uero quę sunt huiusmodi . si sol super terram est . dies est . duplices atque ΗΥΠΟΘΕΤΙΚΕ . necnon etiam conditionales uocantur. . . . Sed de his nullus hoc libro tractatus habebitur. . . . Scripsit autem duos resolutorios libros de syllogismo . in quorum primo de propositionum ex finito nomine et infinito consequentia disseruit. K I

Atque hoc distat libri huius intentio a prędicamentorum in denariam multitudinem numerositate collecta . ut hic quidem tantum de numero significantium uocum quęratur . quantum ad ipsas attinet uoces . quibus significatiuis uocibus intellectus animi designentur . quę sunt scilicet simplicia quidem . nomina et uerba . ex his uero compositę orationes. Prędicamentorum uero hęc intentio est . de significatiuis rerum uocibus dicere . in tantum . quantum eas medius animi significet intellectus. . . . Aristotiles uero hoc libro nihil nisi de sola simplici enunciatiua oratione considerat. . . . Enunciatio uero est . in qua ueritas et falsitas inueniri potest. . . . Huius autem duę partes sunt. Est namque et simplex oratio enunciatiua . et composita. Simplex . ut dies est . lucet. Composita . ut si dies est . lux est. In hoc igitur libro aristoteles de enunciatiua simplici oratione disputat . et de eius elementis . nomine scilicet atque uerbo. . . . Omnis autem simplex propositio . totam uim in uerbo habet positam. Et quemadmodum in his quę hypotheticę . uel conditionales dicuntur . coniunctiones propositionis uim tenent . sic in simplicibus propositionibus . prędicatio uim optinet. Unde et grece quoque tales propositiones [cathegoricę .i.] prędicatiuę dicuntur . scilicet quę simplices sunt . quod in his totam propositionem optineat prędicatio. . . . Mihi quoque uidetur hoc subtiliter perpendentibus liquere . hunc librum ad analiticos esse pręparatum. Nam sicut hic de simplici propositione disputat . ita quoque in analiticis de simplicibus tantum considerat syllogismis . ut ipsa syllogismorum propositionumque simplicitas . non ad aliud . nisi ad continens opus aristotelis pertinere uideatur. K II

DE SPECIEBUS DIALECTICAE. K. Quot sunt species dialecticae? A. Principales quinque. Isagogae. Categoriae. Syllogismorum formulae et diffinitiones. Topica. Periermeniae. DE ISAGOGIS. K. Quae sunt isagogae? A. Isagoga quippe latine introductio dicitur. . . . DE CATEGORIIS. . . . A. Categoriae grecae latine praedicamenta dicuntur. . . . DE ARGUMENTIS. . . . K. Quomodo hae appellantur propositiones argumentorum? A. Hae enim sunt simplices . et appellantur categoricae . id est praedicatiuae. K. Unde dicuntur praedicatiuae? A. Quia homo substantia est . iusticia accidens . et praedicatur de homine. . . . ut homo iustus est . uel homo iniustus est. . . . A. Sunt enim alię propositiones argumentorum hypotheticae . id est conditionales. K. Quomodo conditionales? A. Quibus conditio aliqua subponitur. Et sunt duplices hoc modo. Vt omnis homo si bonus est iu-

stus est. . . . DE TOPICIS. K. Quae sunt topica? A. Argumentorum sedes .
fontes sensuum . origines dictionum. . . . DE PERIERMENIIS. . . . K. Quid
est interpretatio? A. Interpretatio est uox significatiua per se ipsam aliquid significans. . . . K. Quid est enuntiatio? A. Enuntiatio est oratio
ueri uel falsi significatiua. . . . Sed nulla harum specierum . aliquid
uerum uel falsum significare potest. Sed sola enuntiatiua . aliquid ueritatis uel falsitatis ostendit. Ald

Uuáz tiu súnderigen [uuórt] bezéichenên . dáz uuíle er án dísemo búoche ságen. Uuáz tíu zesámine gelégetin bezéichenên . dáz ságet er hára náh in
periermeniis. . . . Horum autem ad se inuicem complexione affirmatio fit.
Áber uóne ín zesámene gelégetên . uuírdet féstenunga. Uidetur enim omnis
affirmatio uel falsa esse uel uera. Álliu uéstenunga sól be nóte sîn .
lúkkiu álde uuáriu. . . . Intransitiua enim uerba sunt. Ut uiuo . spiro
. . . . Intransitiua quoque sunt eorum uerbalia . quia uita uitalis rei
est . uel uiuentis . spiritus spiritalis est . uel spirantis. Nk 9,12-16
18,2-6 92,8/9,11-13

Quocirca de ordine quoque huius libri eadem ratio est. Nam quoniam res
simplices compositis natura priores sunt. Quæ enim composita sunt ex simplicibus componuntur . hic quoniam de simplicibus vocibus res significan-
tibvs disputatur . secundum ipsius simplicitatis principalem naturam primvs hic aristotilis inchoantibus liber [categorię] addiscitur. . . . In
periermenias enim libro . de nomine et uerbo considerat . quæ secundum figuram quandam uocabuli sunt . quod illud inflecti casibus potest . illud ua-
riari per tempora. . . . Hinc est quod ad logicam tendentibus primus hic
legendus liber occurrit. Iccirco quod cum omnis logica syllogismorum sit
ratione constituta . syllogismi vero propositionibus coniungantur . propositiones vero sermonibus constent . prima est vtilitas quid quisque sermo
significet . propria scientiæ diffinitione cognoscere. . . . Annotant alii
hunc librum legendum ante topica . quod nimis absurdum est. . . . Cum primi
resolutorii ante topica pręlegantur . et ante primos resolutorios periermenias liber ad cognitionem ueniat inchoantis . cur non magis hunc librum uel
ante periermenias . uel ante resolutorios inscripserunt? K

INCIPIT DE PARTIBUS LOGICĘ. Quot sunt partes logicę? Quinque secundum
aristotilem. Sextam partem addidit aristotelicus porphirius. Quę sunt?
Isagogę .i. introductiones . cathegorię .i. prędicamenta . periermenię .i.

de interpretatione . prima analitica . secunda analitica .i. resolutoria .
topica .i. sedes argumentorum. Quid consideratur in isagogis? Quid sit
genus . quid species . quid differentia . quid proprium . quid accidens.
. . . Quid tractatur in cathegoriis? Prima rerum significatio . et quid
singulę dictiones significent. . . . Quid narratur in periermeniis? Quid
coniunctę et copulatę dictiones significent . utrum simplicia proloquia .
aut composita. Simplicia proloquia sunt homo currit . homo non currit .
cicero disputat . cicero non disputat . alexander regnat . alexander non
regnat. . . . Quid consideratur in primis analiticis? Syllogistica quę
est communis regula omnium syllogismorum . necessariorum . et probabilium .
cathegoricorum . et hypotheticorum .i. prędicatiuorvm et conditionalium.
Quid tractatur in secundis analiticis? Apodictica .i. demonstratiua quę
demonstrat ueritatem .i. necessarios syllogismos. Quid consideratur in topicis? Dialectica .i. sedecim loca argumentorum. . . . Quę? . . . . Ab
antecedentibus. . . . Et si nupsit uirgo non est. Nl

D. Quid est logica? M. Rationalis scientia. . . . D. In quot species diuiditur? M. In dialecticam . et retoricam. D. Quid est dialectica? M.
Disciplina rationalis . quęrendi . diffiniendi . et disserendi . uera a
falsis discernens . dicta autem dialectica . quod de dictione disputat.
D. In quot species diuiditur? M. In ysagogas . et cathegorias . in formu-
las syllogismorum . in diffiniciones . in topica . in periermenias. D.
Quid sunt . ysagogę? M. Introductiones . eo quod introducunt . nos per
uarias diuisiones rerum ad proprietatem cuiuslibet rei. . . . D. Quid sunt
cathegorię? M. Prędicamenta. D. Quomodo? M. Dum de aliqua re loquor .
tum de ea prędico. . . . D. Quid sunt formulę sillogismorum? M. Affirmationes rei dubię. . . . D. Ex quo sillogismi confici debent? M. Aut ex
uniuersalibus aut particularibus aut singularibus aut indiffinitis propositionibus. . . . D. Indiffinitis quomodo? M. Ut homo iustus uel non est.
D. Quomodo appellantur hę propositiones? M. Prędicatiuę et sunt simplices. D. Quomodo prędicatiuę? M. Quia homo substantia est iusticia accidens et de homine prędicatur. D. Suntne alię prędicationes? M. Etiam sunt
quę dicuntur condicionales. D. Quomodo condicionales? M. Quibus aliqua
condicio supponitur . ut omnis homo si bonus est iustus est . ita homo iustus est si bonus est. . . . D. Quę sunt topica? M. Sedes argumentorum .
fontes sensuum . origines dictionum. . . . D. Argumenta topicorum quę ali-
unde adtrahuntur quot species habent? M. Tredecim. . . . D. Ab anteceden-

tibus quomodo? M. Vt tibi pręcedit prędicatio . sequitur et factum. . . .
D. Quid sunt periermenię? M. Interpretationes specierum orationis. D. Quomodo interpretationes? M. Omnis utique res quę una est . et uno sermone
poterit significari . aut per nomen aut per uerbum . demonstratur per nomen
substantia . per uerbum actio uel passio . ut homo currit . uel homo uritur.
. . . D. An omnes [orationis species] pertinent ad dialecticos? M. Sola
enuntiatiua dialecticorum . cęterę autem grammaticorum. D. Enuntiatiua quę
est? M. Quę aliquid uerum uel falsum significat . ut homo est non est. Nr
Uulgares syllogismi tales sunt. I. Tîe die lîute ûobint. Et ex eis uidentur quidam esse qui latine dicuntur prędicatiui . alii autem qui dicuntur
conditionales. . . . Prędicatiuus est . ter gesprócheno âne îba . conditionalis . ter gesprócheno mit îbo. Est autem îba . quod dicimus ûbe . coniunctio si. Constat autem omnis syllogismus proloquiis .i. propositionibus . ut homo animal est. Álle syllogismi uuérdent ûzer proloquiis. Proloquia dicamus . crûezeda. Similiter propositiones . crûezeda. Item.
Propositiones . pîetunga. Alii dicunt . peméinunga. . . . Est et illud
sciendum . quia conditionalis propositio . componitur ex duabus prędicatiuis. Prędicatiuę et simplices propositiones sunt . quę singulis uerbis
constant ut homo est . animal est. . . . Compositę et conditionales sunt .
quando si coniunctio duas prędicatiuas in unam copulauerit. Vt si homo est
animal est. . . . Tiu coniunctiones uuúrchint éina propositionem . ûzer
zuéin. . . . Est autem enuntiatio . oratio uerum aut falsum significans.
Hæc teutonice sága dicitur . quia solemus enuntianti respondere . tû ságest
uuâr . dû ne ságest uuâr. Huius species sunt affirmatio et negatio . quę
tunc tantum propositio uel proloquium nuncupanda sunt . quando his aliquid
conficere uolumus. . . . Sô uuîr mîte îo mannen ge iîhten uuéllên sô héizent sîu . grûezeda . pîetunga . álde uérrolîh kechôse . álde ûrsûoh. . . .
Et in interpretando proprie sermo sága dicitur . sic et enuntiatio . quę
similiter philosophis tradita est . et disputantibus necessaria est . quia
inest ei semper uerum aut falsum. . . . Quęrendum autem magnopere est .
quare cicero dialecticam in ypotheticis tantum constituerit syllogismis .
dum plures sint cathegorici .i. prędicatiui syllogismi. Tés ist cnôto ze
urâgenne. Zîu échert tîe sîbin modos cicero dialecticam hîeze . âne die
érerin nîun zêne. . . . Aristotiles autem . conditionalibus syllogismis .
et argumentis probabilibus propter communes eorum sedes . quę in topicis
numerantur . hoc nomen aptauit. Tén námen gáb aristotiles . tîen sîben ge-

uuâren syllogismis ypotheticis . únde dien gelóublîchen argumentis . tíu
sámint în uúnden uuérdint in sêh zên stétin . [úmbe dîe] stéte . [dîe] ge-
némmit sínt in topicis. Prędicatiuos uero syllogismos . in quibus semper
est ueritas . placuit ei apodixen .i. demonstrationem ap[p]ellare. Áber
die geuuâren nîun zêne syllogismos . âne íba gespróchene . hîez er zéigun
.s. uæritatis. . . . Propterea boetius aristotilem in thopicis dialecticam . et in secundis analiticis apodicticam docuisse testatur. Fóne dîu
ságet boetius . aristotilem zuô sláhta syllogismorum lêrin in zuéin bûo-
chin. Ns

143,15/16 Zu Ấn bis hếizent: Sunt etiam sententiae quae, quamuis constent
ex nomine et uerbo, affirmari tamen aut negari non possunt. Quae non proloquia, sed ELOQVIA dici nonnullis placuit. MC

B144 5/6 Zu Nû bis proloquiis: His enim prius ad scientiam uenientibus
tota facillime natura orationis aperitur. De quibus autem ei in toto dicendum est libro . inchoans ipse pręponit. K I Sed nunc ad ipsius aristotelis uerba ueniamus. K II 7/8 Zur Überschrift: INCIPIT LIBER PERIERME-
NIARUM ARISTOTELIS:- Intentio libri prima est. T INCIPIT LIBER PRIMVS
EXPOSITIONIS . COMMENTARIORUM BOETII VIRI ILLUSTRIS . IN PERIERMENIAS ARI-
STOTELIS. K I A.M.S.B. SECVNDA AEDITIO IN LIBRVM PERI HERMENIAS INCIPIT.
K II 13/14 Zu ûzer bis affirmatio: Quare elementa quędam sunt quę con-
iungunt orationem uerba et nomina . et de his disputat primum. Dehinc propositionis [enuntiationis übergeschr.] duas ultimas species sumit . et dicit se de affirmatione et negatione dicturum. K I Quare . nomen et uerbum
. affirmationis et negationis elementa esse manifestum est. His enim compositis . affirmatio et negatio coniunguntur. K II 15/16 Zu uuấz bis .i.
(2mal): Enuntiationis autem oratio genus est. Enuntiatio uero affirmationis et negationis. K I Est igitur ordo . quo proposuit primum totius orationis elementum nomen scilicet et uerbum . post hęc negationem et affirmationem . quę species enunciationis sunt . quorum genus .i. enunciationem
tertiam nominauit . quartam uero orationem posuit . quę ipsius enunciationis genus est. K II 17/18 Zu .i. ipse uoces, 20 zu .i. uocum: Ergo hęc
aristotelis sententia . qua ait . ea quę sunt in uoce . nihil aliud designat . nisi eam uocem. K II 18/19 Zu .i. conceptionum: rem concipit intellectus. . . . Intellectus uero . animę quędam passio est. Nisi enim
quandam similitudinem rei quam quis intellegit . in animę ratione patiatur
. nullus est intellectus. Cum enim uideo orbem . uel quadratum figuram e-
ius mente concipio . et eius mihi similitudo in animę ratione formatur .

patiturque anima rei intellectę similitudinem. Unde fit ut intellectus et
similitudo sit rei et animę passio. K I Res enim ab intellectu concipitur .
uox uero conceptiones animi intellectusque significat. Ipsi uero intellectus . et concipiunt subiectas res . et significantur a uocibus. K II 19/20
Zu .i. literę: Pręter hęc autem tria est aliud quiddam quod significat uoces. Hę sunt litteræ. Harum enim scriptio uocum significatio est. . . .
Notę sunt litteræ quę scribuntur uerborum et nominum quę sunt in uoce. K I
Scriptę namque literę . ipsas significant uoces. . . . Horum uero .i. uerborum . et nominum . quę sunt in uoce . aliquo modo se habente . ea sunt .
scilicet significatiua quę scribuntur . ut hoc quod dictum est . quę scribuntur . de uerbis ac nominibus dictum . quę sunt in litteris intellegatur.
K II 20/21 Zu Ferním bis sínt: Uoces [sunt] quibus id quod intellectu capimus significamus. K I Vox enim uniuersale quiddam est . nomina uero et
uerba partes. K II K. Quot species sunt periermeniarum? A. In septem species prędictus philosophus eas diuidit . id est nomen . et uerbum . orationem . enuntiationem . affirmationem . negationem . contradictionem. Ald
22-25 Zu Samo so bis litere: Nunc ergo hoc dicit . quoniam uoces quidem
significant intellectum . ipsas autem uoces litterę significant. K I Velut
si diceret . ea uerba et nomina quę in uocali oratione proferuntur . animę
passiones denunciant. Illa autem rursus uerba . et nomina quę scribuntur .
eorum uerborum nominumque signification[i] pręsunt . quę uoce proferuntur.
K II 144,25-145,1 Zu Tíe bis animę: Intellectus ipsi non sine quibusdam
passionibus sunt . quę in animam ex subiectis ueniunt rebus. Passus enim
quilibet eius rei proprietatem . quam intellectu conplectitur . ad eius e-
nunciationem . designationemque contendit. K II Similiter autem et alię.
Sô tûont óuh úns tôlunga ándere qualitates . tísên gelîche. Únde fóne díu
súlen uuír héizen díse passibiles qualitates . únde díse passiones . tôle-
máchîge qualitates. Nk 99,17-21 Quocirca calor et frigus . amaritudo atque
dulcedo idcirco passibiles qualitates dicuntur . quod secundum sensuum qualitatem . aliquam in nobis efficiant passionem. K Vgl. auch NL zu 144,18/
19.

B145 3 Zu líuto, 4 zu sprâcha: Uoces namque et litteræ secundum positionem sunt. Intellectus autem et res naturaliter. Hoc illo approbatur .
quod apud diuersas gentes diuersis uocibus utuntur et litteris. Idcirco
quoniam sibi uoces quibus uterentur . et litteras quibus scriberent compo-
suerunt. . . . Et quemadmodum litterę eędem apud omnes homines non inueniuntur . ita quoque nec uoces. K I Nam si idcirco probantur litterę non esse

naturaliter significantes . quod apud alios alię sint . ac diuersę . eodem
quoque modo probabile erit . uoces quoque non naturaliter significare .
quoniam singulę hominum gentes . non eisdem inter se uocibus colloquantur.
K II 6-9 Zu Quorum bis sunt: Sunt autem intellectus animę passiones. . . .
Quod autem ita posuit. Quorum autem hę primorum notę . hoc sentit. De uocibus enim dicit . quoniam quorum uoces primorum notę sunt apud omnes eędem
sunt animę passiones. . . . Sed intellectus et res easdem apud omnes quamlibet diuersissimas gentes inuenies. K I Ergo huiusmodi sententia est qua
dicit . ea quę uoces significent . apud omnes hominum gentes non mutari .
ut ipsę quidem uoces . . . . Atque hoc est quod ait. Quorum autem hę primorum notę .i. uoces . eędem omnibus passiones animę sunt. Ut demonstraret
uoces quidem esse diuersas . quorum autem ipsę uoces significatiuę essent .
quę sunt scilicet animę passiones . easdem apud omnes esse . nec ulla ratione quoniam sunt constitutę naturaliter permutari. K II 10 Zu tie uóre gedáncha: Quoniam his id est uocibus omnis significatur intellegentia mentis-
que conceptio. . . . Ergo naturalis apud omnes homines est animi conceptio
. atque animę passio. K I Sensus enim atque imaginatio . quędam primę figu-
rę sunt . supra quas uelut fundamento quodam superueniens intellegentia ni-
t[i]tur. K II 12/13 Zu .i. bis sunt, 14/15 zu in bis îo: Hoc est enim quod
ait. Et quorum hę similitudines . scilicet animę passiones . quę sunt similitudines rerum . res etiam eędem. Ac si diceret . quorum intellectus sunt
similitudines . qui intellectus animę passiones sunt .i. res apud omnes eędem sunt. K I Quare . quoniam passiones animę quas intellectus uocauit .
rerum quędam similitudines sunt . idcirco aristoteles . cum paulo post de
passionibus animę loqueretur . continenti ordine ad similitudines transitum
fecit . quoniam nihil differt . utrum passiones diceret . an similitudines.
. . . Vt uero demonstraret intellectus et res esse naturaliter . ait. Apud
omnes eosdem esse intellectus . quorum essent uoces significatiuę . et rursus apud omnes easdem esse res . quarum similitudines essent animę passiones. K II 15-17 Zu Sô bis creaturę: Cum dico homo . lignum . lapis . equus
. anima . plumbum . sta[n]num . argentum . aurum. Hæc et alia huiusmodi .
quæ nimirum infinita sunt . hæc omnia ad unum substantiæ vocabulum deducun-
tur. K Uox enim et intellectum rei significat . et ipsam rem . ut cum dico
lapis . et intellectum lapidis . et ipsum lapidem id est ipsam substantiam
designat. . . . Alioquin si naturaliter essent quemadmodum ea quę dulcia
sunt apud romanos . non eadem apud scyt[h]as amara nec acida . sed apud ip-

sos quoque sunt dulcia . et apud omnes gentes eodem modo. K I *Vgl. auch*
K I *zu 147,15/16.* Neque enim fieri potest . ut quod apud romanos homo intellegitur . lapis apud barbaros intellegatur. . . . Dulcedo enim et amaritudo . album . et nigrum . et quęque alia sensibus quinque sentimus . eadem apud omnes sunt. Neque enim quod italis dulce est in sensu . idem persis uidetur amarum. K II 17/18 *Zu* Tíu *bis* dénchit: Úbe der man chimęram ér dâhtâ . dâr míte uuíssa er sîa óuh. Uuîo máhtâ er sîa áber uuízen . sîd sî neuuás. Nk 77,27-78,2 Quasdam namque res animus sibi ipse confingit . vt chimęram . uel centaurum . uel alia huiusmodi quę tunc sciuntur . cvm ea sibi animus finxerit. . . . Namque antequam chimęra fingeretur . sicut ipsa in nulla opinione fuerat . ita quoque eius scientia non erat. Postquam uero ipsa in animi imagine constituta est . eius quoque cvm ipsa imaginatione scientia consecuta est. K *Vgl. auch* NL *zu 144,18/19.* 20-22 *Zu* Íz *bis* est: De his quidem dictum est . uidelicet satis in his quę sunt dicta de anima. . . . Etenim aliud est principaliter de intellectibus animę disputare. K I Quare prius paululum de intellectibus perspiciendum est . ei qui recte aliquid de uocibus disputauit. Ergo quod supra passiones animę . et similitudines uocauit . idem nunc apertius intellectum uocat. K II 24/25 *Zu* fóne *bis* ságenne: Quare alterius est negotii . principaliter de animę passionibus disputare. K I De quibus animę passionibus . in libris se de anima commemorat diligentius disputasse. K II

B146 1/2 *Zu* Tíu *bis* gedáncho: Similitudo est inquit quędam inter se intellectuum atque uocum. K I Quod si notę sunt . sicut literę uocum in se similitudinem gerunt . ita uoces intellectuum. K II 5 *Zu* tíu ín uólgent: Sed omnis uox animi sensa significat. Quare ex animi intellectibus quicquid euenerit . uocibus indicatur. K I Quoniam nomen et uerbum . atque omnis oratio significatiua sunt animę passionum . ex ipsis sine dubio quę designant . in eisdem uocibus proprietas significationis innascitur. K II 6/7 *Zu* Substantiam . únde accidens, 8-13 *zu* Lége *bis* lúgi: Sed quando cursum et hominem iunxero . et ex his aliquid intellegentia mea fecero . idque si uoce proferam huiusmodi erit . homo currit. Tunc ex hac substantię et accidentis compositione et coniunctione huiusmodi intellectus fit . in quo falsitas possit esse . uel ueritas. . . . Quotiens enim substantiam cum accidenti coniungimus atque componimus . uel intellectum intellectui copulamus . ut fieri propositio possit in cogitatione tunc fit idem in uoce . et est nunc affirmatio

ut homo currit. Hominem quippe cursumque composuit atque coniunxit . et
inde affirmatio nata est ueritatem continens uel mendatium. Nunc uero negatio si huic aduerbium negatiuum iunxero . et substantiam ab accidente di-
uisero atque disiunxero . ut est . homo non currit. Non . quod est aduerbium negatiuum hominem a cursu diuisit atque disiunxit . factaque est inde
negatio . rursus ueritatem falsitatemue significans. K I illam nunc compositionem designare uult . quę alicuius uel substantiam constituit . uel aliquid secundum esse coniungit. . . . Igitur quoniam id quod in affirmatione
secundum esse uel constitutum uel coniunctum fuerit . ad id addita negatio .
separat . uel ipsam substantię constitutionem . uel etiam factam per id quod
dictum est esse aliquid coniunctionem . diuisio uocatur. K II 15-19 Zu .i.
bis uuâr: Recte igitur dictum est . circa compositionem quod est affirmatio
. uel diuisionem quod est negatio . ueritatis falsitatisque constare naturam. . . . Ea enim inquit quę simpliciter dicuntur . similia sunt simplicibus intellectibus qui sine ulla compositione uel diuisione animi puro capi-
untur intellectu. . . . Omne enim simplex nomen uel uerbum a ueritate et
falsitate secluditur. K I Sin uero ad hominis intellectum adiciam . quiddam
. ut ita sit . homo est uel non est . uel albus est . aut aliquid tale .
tunc in ipsa cogitatione ueritas . aut falsitas nascitur. Ergo inquit .
quemadmodum aliquotiens quidam simplices intellectus sunt . qui uero falsoque careant . quidam uero in quibus horum alterum reperiatur . sic etiam et
in uoce. K II 22 Zu ûbe bis chît: Nisi enim aliquid addatur ut id quod
simplex intellegis . uel per se constituas esse . uel ei aliquid secundum
esse coniungas . in his ueritas et falsitas non erit. Cum enim simpliciter
dico homo si non aliquid addidero ut uerbum . est . et fiat huiusmodi compositio . homo est . uel huiusmodi aliquid ut homo uiuit. K I Nam si quis
hoc solum dicat . homo uel album. K II 24/25 Zu Îh bis compositum: Hoc
autem conuenienti monstrat exemplo. . . . Ipsum enim quamquam sit compositum tamen simpliciter dictum ueritati et falsitati proximum non est. K I
Maximam uero uim habet . exempli nouitas et exquisita subtilitas. Ad de-
monstrandum enim quod unum solum nomen neque uerum sit neque falsum . posuit huiusmodi nomen . quod compositum quidem esset . nulla tamen eius substantia repperiretur. K II 146,27-147,1 Zu tâz bis nomen: Hircoceruus enim
compositum nomen est . significans hircum et ceruum. K I

B147 2/3 Zu Îz bis nebezéichenet: Quod si nihil annuntiat preter uerita-

tem falsitatemque quiddam compositum designans nomen auditor intellegit.
K I   sed etiam composita quoque nomina . si non habeant aliquam secundum
esse . uel non esse sicut superius dictum est compositionem . uerum uel
falsum significare non posse. K II   5 *Zu* âne tempus, 6-8 *zu* Dáz *bis* sínt:
Etenim quod pręsens dicimus tempus non est . sed confinium temporum. Tempus autem futurum uel pręteritum. K I   Pręsens autem quod dicitur . tempus
non est . sed confinium temporum. Finis namque pręteriti . futurique principium. . . . Tempora namque ut dictum est . duo ponuntur . pręteritum atque futurum. K II   Est autem talium . et tempus . et locus. Sólih íst óuh
zît . únde stát .i. continua sunt. Pręsens enim tempus copulatur . et ad
pręteritum . et ad futurum. Taz kágenuuérta zît . háftét zû demo feruárenên . únde demo chúmftîgin. Únde íst kemêin mérche íro zuéio . íst ûz lâz
pręteriti . ána uáng futuri. . . . Quid autem tempus? Tempus est protractum spacium ab initio mundi . usque ad finem . quod quia continuum est . non
potest species dici . sed quoddam indiuiduum . cuius partes sunt pręteritum
. et futurum. Pręsens autem . ut aristotiles docuit . in modum puncti .
terminus quidam est pręteriti et futuri . et non pars. Partes autem pręteriti et futuri sunt . sęcula . et ętates . et anni . et menses . dies et
noctes. Quę sicut in pręterito fuerunt . ita et in futuro erunt. Et si
pręsens in eis requiris . pręsentem annum et pręsentem diem reperies . ipsum
pręsens in eis minime comprehendis. Nk 46,15-21 62,25-63,8 Tempus quoque et
locum continuę quantitatis esse pronuntiat. . . . Nam cum sint partes pręteritum et futurum . quorum pręsens tempus communis est terminus . huius
namque finis est illius initium. K DE DIFFINITIONE TEMPORIS. . . . Pars
quędam est ęternitatis cum alicuius annui . menstrui . diurni . uespertini
nocturniue spatii certa significatione. Cr TEMPORA AUTEM MOMENTIS . horis .
diebus . mensibus . annis . lustris . saeculi aetatibus diuiduntur. Ie Nam
sic est pręsens inter pręteritum et futurum . ut nescias cui parti terminum
debeas tribuere et ideo instans dicitur. Ak Zîte lóufent per tria tempora .
pręsens . pręteritum . et futurum . êuuighéit stât îo ze stéte in pręsenti.
Únde álso der ríng gágen démo stúpfe . dér in míttemen stât. Ter ríng hábet
sînen gáng úmbe . únde sîna mâza . únde sîna uuîti . der stúpf nehábet mícheli nehêina . pe díu íst er âne mâza . únde âne partes. Indiuidua rés íst
er. Nb 216,17-21 9/10 *Zu* Tû *bis* lûgi: cum ei pręsens tempus adicitur . ut
cum dicimus . hircoceruus est. Hircoceruus non est . in his iam ueritas est
aut falsitas. Sed non solum si pręsens tempus designet propositio . sed et-

iam si preteritum . ut si qui dicat . hircoceruus fuit . uel futurum ut
si quis dicat hircoceruus erit . enuntiationem facit. K I Quod si quis
cum presens nominat . simpliciter dicit . cum utrumlibet preteriti uel futuri dixerit . secundum tempus utitur enunciatione. Est quoque huiusmodi
expositio . quod aliquotiens ita tempore utimur . ut indefinite dicamus .
ut si qui dicat . est hircoceruus . fuit hircoceruus . erit hircoceruus.
K II 11 Zur Überschrift: Quid sit nomen. T DE NOMINE. K I 13/14 Zu únde
bis íst: Nomen autem significat id cuius nomen est. K I nomen quod uox
est . et alicuius designationis semper causa profertur. K II 15/16 Zu Áfter bis fúnden: Secundum positionem uero sunt quas ipsi sibi homines posu-
erunt. Ut cum dixit aliquis primus qui rebus nomina condidit . hec substantia dicatur aurum . hec lapis . hec aqua . et alia similia. K I sed hominum
genus . quod et ratione et oratione uigeret . nomina posuit . eaque quibus
literis libuit sillabisque coniungens . singulis subiectarum rerum substantiis dedit. . . . Quod enim placuit ei qui primus nomina indidit rebus .
hoc illis uocabulis designatur. K II 16/17 Zu Âne bis íst: Secundum placitum autem positionemque significantium uocum . alie tempus secum ad significationem trahunt . alie preter tempora predicantur. Tempus secum trahunt .
ut est curro et lego . uel cucurri . uel legi . et quecumque sunt uerba.
Omne uerbum cum tempore est. K I Sed addita differentia que est . sine tempore . nomen a uerbo distinxit. Neque enim nomen ullum consignificat tempus. Uerbi namque est . cum aut passio significatur . aut actio . aliquam
quoque secum trahere uim temporis . qua illud cum uel facere uel pati dicitur . proferatur. . . . Vnde non dicimus quod nomen non significet tempus .
sed quod nomen significatio temporis non sequatur. K II 17-19 Zu Kuíssa bis
bezéichenníssida: Omne enim nomen unam rem significat definitam. K I Omnis
namque hec compositio . unius intellectus designificatiua est. . . . Omne
enim nomen ut dictum est . definite id significat quod nominatur. K II 20
Zu syllaba, litera: Ipsius autem nominis quod est socrates . quod disiunc-
tum a tota conexione significat . partes nihil extra designant. Neque enim
so . neque cra . neque tes . neque aliquid preter totum nomen extra designat. K I Sunt quoque quedam uoces literis sillabisque composite . que
nullam habeant significationem . ut est blitiri. K II 24 Zu sîn pars ferus: Quod si unum significat tota permixtio . pars inde separata nihil
extra designat. In toto enim nomine quod est equiferus . consignificat
quidem ferus . per se uero nihil significat. K I Sed fortasse ferus cum

ea parte qua iunctum est . simul quidem consignific[a]t . separatum uero nihil. K II 26/27 Zu uuánda bis nomen: SI enim sit oratio quę dicat equus ferus . duas res significat equum et ferum. . . . Quod si per se id quod dicimus ferus aliquid significare arbitremur . non iam erit pars nominis . sed ipsum erit nomen integrum . et habebit partes . fe et rus. K I Etenim equus ferus oratio . duos retinet intellectus. K II

B148 5/6 Zu .i. bis significationis: Compositorum uero nolunt quidem partes aliquid significare . et dant significationis imaginationem . et significare aliquid putantur . sed nullius separati retinent significationem. K I Simplex enim nomen . nec imaginationem aliquam partium significationis habet. K II 7 Zu tés kelîh: Ergo non est similis in simplicibus nominibus compositisque partium significatio. K I 8/9 Zu únde bis pezéichenne: In his uero quę composita sunt . . . uult quidem significare aliquid pars . sed nihil separatum designat. K I Compositum uero . tales habet partes . ut quasi conentur quidem aliquid significare . sed consignificent potius . quam quicquam extra significent. K II 9/10 Zu .i. bis est vgl. 147,19. 13/14 Zu Sîn bis nehábit: In eo enim quid est equiferus . dat quidem imaginationem aliquam significationis . et putatur significare ferus. Hoc est autem quod dixit. Vult quidem . sed nihil extra separatumque significat. K I ut in eo quod dicimus equiferus . ferus quidem uult aliquid significare . sed si a tota compositione separatur . nihil omnino designat . in eo scilicet nomine in quo cum equi particula iunctum . equiferum consignificabat. K II 16 Zu .s. bis est, 18/19 zu so bis tûot: Quod secundum placitum . ab naturaliter significantibus uocibus . nominis natura diuisa est. K I Amplius quoque omnium [uocum] . alię secundum placitum designant . alię uero naturaliter. K II 16/17 Zu Íh bis bezéichenlíh, 20 zu Táz bis díu: Dixerat superius in diffinitione . nomen esse secundum placitum non natura. K I nec uero dicitur quod nulla uox naturaliter aliquid designet . sed quod nomina non naturaliter . sed positione significent. K II Vgl. auch 147,12-16. 21/22 Zu hábent natûrlîcha bezéichennîssida: Ferarum quoque mutorumque animalium uoces . interdum aliqua significatione pręditas esse perspicimus. K I [Soni mutorum animalium ferarumque] habent enim significationem . sed ut dictum est naturalem. K II 23/24 Zu Pe bis tîero: Sed hęc naturaliter significant . atque ideo nomina non sunt. Quod igitur naturaliter significat nomen non est. K I Ergo quoniam nomina secundum placitum significatiua sunt . ferarum uero inliterati

soni secundum naturam . idcirco h[a]rum uoces . esse nomina non dicuntur.
K II

B149   5 Zu sine uerbo: Hoc autem quod dicimus non homo . duabus quidem
partibus constat . sed unum in se retinet nomen . verbum uero non habet. K I
Uerbum enim in eo nullum est. K II 6 Zu sine uero et falso: Omnis enim negatio uerum falsumue significat. Non homo uero quod dicimus . neque uerum
est . neque falsum. K I Illud quoque quod omnis negatio aut uera est . aut
falsa. Non homo uero neque uerum est . neque falsum est. K II 7-10 Zu tâz
bis nemêinet: Qui uero dicit non homo . hominem quidem tollit. Quid autem
illa significatione uelit ostendere non definit. Potest enim quod homo non
est . et equus esse . et canis et lapis . et cetera quecumque homo non fuerint. Quare quoniam id quod diffinite significare potest aufert in eo negatiua particula. Quid uero significare debeat diffinite non dicit . sed multa
atque infinita unusquisque auditor intellegit . dicatur inquit nomen infinitum. Hoc enim quod dicimus non homo tam multa significat . quam multa sunt
que a diffinitione hominis disiunguntur. K I Cum uero dico non homo . signi-
fico quidem quiddam . id . quod homo non est . sed hoc infinitum est. Potest enim et canis significari . et equus . et lapis . et quicumque homo non
fuerit. Et equaliter dicitur . uel in eo quod est . uel in eo quod non est.
. . . Sed hic huic sermoni uocabulum posuit . dicens . sed sit nomen infinitum. Non simpliciter nomen . quoniam nulla circumscriptione designat . sed
infinitum nomen . quoniam plura et ea infinita significat. K II 11 Zu Obliqui: questio est . quomodo obliqui et nomina non sint sicut nominatiuus cum
eandem habeant diffinitionem. [am Rand bemerkt] K I sed sunt quedam alie .
que omnia quidem [accidentia] nominis habeant . . . nomina simpliciter dici
non possint . ut sunt . obliqui casus. K II 12/13 Zu uuânda bis catoni:
Quod autem inflectitur . ab eo quod ipsa inflexione fit . prius est. Quare
cum id quod dicimus cato nomen sit . et sit primum distat inflexionibus suis.
. . . Primum uero alias rectum . quasi a nullo inflexum . alias nominis ipsius uocabulum nominatiuum dixerunt. K I Vnde etiam discrepare uidentur.
Hec enim nomina non uocantur. Illa enim rectius dicuntur nomina . que prima
posita sunt .i. que aliquid monstrant. . . . Rectus uero qui est primus .
rem monstrat . ut si qui dicat . socrates. Atque ideo hic nominatiuus dicitur . quod nominis . quodammodo solus teneat uim . nomenque sit. Et uerisi-
mile est . eum qui primus nomina rebus inposuit . ita dixisse . uocetur hic

homo . et rursus uocetur hic lapis. Posteriore uero usu factum est . ut
in alios casus primitus positum nomen deriuaretur. K II 14-17 *Zu* Casus *bis*
uuêhsela: Omnis inquit casus alterius casus est. Itaque fit ut quicumque
casus sit . alterius inflexio uideatur. K I Casus autem omnis . inflexio
est. K II Motus autem sunt species sex. Sếhs species sînt tero uuágo álde
des uuêhsales. . . . Alteratio. Ánderlîchi. . . . Est autem alteratio mo-
tatio secundum qualitatem. Nû íst rêhto ánderlîchi uuêhsal uuîolichî. Nk
138,1/2,4 141,8-10 17 *Zu* id est nominis, 18 *zu* .s. uocibus casuum, 18/19
zu diffinitionem, 20/21 *zu* Álso *bis* catoni: Ratio inquit . id est diffinitio nominis et casus nominis eadem est. Nam sicut nomen uox significatiua
est . secundum placitum sine tempore . ut eius pars nihil extra significet .
sic etiam casus. K I ratio et definitio obliqui casus et nominis . eadem est
in omnibus aliis. Nam et uoces sunt . et significatiuę . et secundum placitum . et sine tempore . et circumscriptę designant. K II 23 *Zu* .i. adiunctus
casus, 24/25 *zu* Uuánda *bis* áber, 27 *zu* Tû *bis* zû: Sed his una additur differentia . quod omne nomen cum eo quod dicitur . est . aut non est . coniunctum
. aut affirmatiuam enuntiationem facit aut negatiuam . ut socrates est . socrates non est. . . . In casibus uero quamuis addas est . aut non est . nulla inde affirmatio neque negatio fit. . . . Etenim nullo alio addito . trun-
ca atque imperfecta sententia est. K I ut si quis dicat . socrates est. . . .
Quare . affirmatio est. Si quis autem dicat . socrates non est . rursus faciet negationem . et in ea quoque ueritas et falsitas inuenitur. Ergo omne
rectum nomen iunctum cum est . uel non est . enunciationem conficit. . . .
Quod autem dictum est . obliquos casus cum est uero iunctos orationem per-
fectam non facere . non dicimus . quoniam cum nullo uerbo obliqui casus iunguntur . ita . ut nihil indigentem perficiant orationem. K II

B150 1 *Zur Überschrift:* DE UERBO. Quit sit uerbum. T DE VERBO. K I II
3/4 *Zu* sáment[1] *bis* futurum: Uerbum autem consignificat tempus. Principaliter enim aut passionem designat aut actum. . . . Sed cum ipsa actus passio-
nisque significatione . uim quoque secum temporis trahit . ut ille actus uel
passio pręter pręsens aut futurum . aut pręteritum . aut quod inter hęc est
esse non possit. K I Uerbum autem cum principaliter actus . passionesque
significet . cum ipsis actibus . et passionibus . temporis quoque uim trahit. K II *Vgl. auch 147,3-8.* 9-11 *Zu* sô *bis* subiecto: Sensus huiusmodi
est. Omne inquit uerbum significat aliquod accidens. Quod accidens semper

de altero prędicatur. Nam si omne uerbum aut actionem aut passionem designat. Actio uero et passio in accidentibus numerantur . omne uerbum uim significat accidentis. Sed accidens semper de eo prędicatur quod sibi subiectum est. K I Dicit autem esse uerbum semper eorum quę de altero prędicantur notam . quod huiusmodi est . ac si diceret. Nihil aliud . nisi accidentia uerba significare. K II Áber dáz fóne ándermo úngeskéiden íst . táz mág îo héizen sîn accidens. Mán chît óuh in grammatica . dáz persona sî accidens uerbi . uuánda sî fóne îmo úngeskéiden íst. Áfter uuârhéite . sô íst actio . únde passio . dero personę accidens . pe dîu íst óuh uerbum accidens personę. Nk 54,1-7 Personae uerbis accidunt tres . prima . secunda . tertia. . . . . Genera uerborum quae ab aliis significationes dicuntur sunt quinque actiua . passiua . neutra . communia . deponentia. Dma Sicut autem nomen significat personam . ita uerbum factum dictumque personae. In persona uerbi agentis et patientis significatio est. Ie 13/14 Zu mít ánderro bezéichennîssedo, 15-19 zu .i. bis méinet, 19/20 zu .i. bis actu: Uerbum distat a nomine hoc solum quod nomen sine tempore est ut supra iam dictum est. Uerbum uim temporis in significationibus trahit. . . . Cursus enim simpliciter dictus . ut nomen et ut res propria sine tempore est. Sin uero in actionem quę uerbi semper est inducatur . mox proprietatem uerbi ac temporis in se suscipit significationem. Currit enim uerbum est . et significat actionem . et cum eadem tempus ostendit. Monstrat enim nunc esse . id est pręsens tempus. Consignificat autem iccirco dictum est . quoniam quod dicimus currit . actum quidem quendam significat . cum eo uero actu in ipsa significatione uerbi . pręsens tempus inducitur. K I Neque enim principaliter uerbum tempus designat. Hoc enim nominis est . sed cum aliis quę principaliter significat . uim quoque temporis inducit et inserit. . . . Etenim quoniam cursus accidens est . et nominatum est . ita ut sit nomen . non significat tempus. Currit uero id est accidens in uerbo positum . pręsens tempus designat. K II 23 Zu táz bis bezéichennîssida, 24/25 zu táz sînt accidentia: Semper inquit uerbum ea significat . quę de altero prędicantur. . . . Est enim consuetudo aristotelis ea quę accidentia sunt in subiecto esse dicere. Necnon etiam ipsa accidentia de subiecto prędicari. K I Hoc scilicet dicens . ita uerbum significat aliquid . ut id quod significat . de altero prędicetur . sed ita ut accidens. Omne namque accidens . et in subiecto est . et de subiecta sibi substantia prędicatur. K II 25 Zu Fóne bis nâh: Quę sint autem hęc . quamquam breuissime ipse tamen ostendit. K I Sed postquam uerbum consignificare tempus ostendit . id quod supra iam dixerat uerbum semper de altero prędicari . id nunc memoriter . quemadmodum prędicatur ostendit. K II

B151 1-6 Zu Tấz bis specialia: Nunc ergo dicit . tale quiddam significat uerbum quod semper accidens sit . quod accidens . uel in subiecto semper . uel de subiecto prędicatur. . . . De subiecto dicitur genus semper ac species. Ergo eorum quę sunt accidentia alia sunt indiuidua . alia generalia. Et illa quidem quę sunt indiuidua . in subiecto tantum sunt ut quodlibet particulari corpori accidens. Alia uero sunt generalia accidentia quę de aliis accidentibus prędicantur ut de subiectis . ut est color. K I Sed ne hoc fortasse cuipiam uideatur obscurius . hoc dico esse de subiecto quod est esse in subiecto. Vel melior hęc expositio est . si similiter eum dixisse arbitremur . tamquam si diceret . omne uerbum significat quidem accidens . sed ita . ut id quod significat aut particulare sit . aut uniuersale . ut id quod ait de subiecto . ad uniuersalitatem referamus . quod ait in subiecto . ad solam particularitatem. . . . Cum enim dico mouetur . uerbum quidem est et accidens . sed uniuersale. Motus enim plures species sunt . ut cursus sub motu ponitur. Ergo cursus si definiendus est . motum de cursu prędicamus. Quocirca . motus genus quidem est cursus. Atque ideo motus de cursu . ut de subiecto prędicabitur. Cursus uero ipse . quoniam species alias non habet . in subiecto tantum est .i. in currente. Motus autem quamquam et ipse sit in subiecto . tamen de subiecto prędicatur. K II Vgl. auch 150,9-11. 8/9 Zu Nelóufit bis íst: Nunc uero sicut fecit in nomine . ita quoque in uerbo ad integram diffinitionem uerbi proprietatemque contendit. K I Quemadmodum dixit in nomine . non homo . nomen non esse . . . quoque etiam in uerbo . quod est non currit uel non laborat . infinitum quoque ipsum. K II 10-12 Zu Síu bis uerba: Hactenus diffinitionem uerbi distribuit . nunc uero sicut fecit in nomine . ea quę in uerbum incidere poterant et uerba non essent . a uerbi ratione et proprietate disiungit. K I Vgl. auch 149,17-22 und 150,2-9. 13/14 Zu Currit bis currit: Hęc enim differentia quę est non currit et non laborat . quę a uerbo puro et simplici distat . nullo apud antiquiores uocabulo nuncupata est differentia. K I 15/16 Zu .i. bis skếidet: Differentiam autem uocauit id quod dicitur non currit et non laborat . ab eo quod est currit et laborat. K I 17/18 Zu nû bis iz: Sed quoniam his ab antiquis nullum est nomen impositum . aristoteles nomen ipse constituit dicens. Sit uerbum infinitum. K I 18/19 Zu .i. bis uerbum: Ait

enim. Non currit non esse uerbum . et iccirco quod uerbum omne finitum aliquid designat. . . . Nec solum hoc . sed illud etiam . quod qui dicit currit . rem quam quisque facit diffinite significat. K I   *Vgl. auch 24-26.*
19 *Zu* Zíu *bis* héizen: Cur autem infinitum sit continua ratione persequitur.
K I   21/22 *Zu* Uuánda *bis* uuírdet, 22/23 *zu* ut *bis* currit: Infinitum inquit uerbum est . quoniam cum de altero semper prędicetur . non currit enim de altero dicitur . tamen ęque . uel de subsistente re . uel de non subsistente prędicari potest . ut in eo quod est homo non currit . homo res est subsistens. K I   Possum namque dicere . homo non currit. Et id quod aio . non currit . de ea re quę est . prędico .i. de homine. . . . Igitur hoc quod dico non currit et de ea re quę est ualet . et de ea quę nihil est . prędicari. K II   23/24 *Zu* ut *bis* currit: Rursus dicimus chimęra non currit. Chimęra uero non est . nec omnino subsistit. K I   Possum rursus dicere . scilla non currit . sed scilla non est. K II   24-26 *Zu* Únde *bis* níeht: Cum uero dicit non currit . ipsum quidem cursum uidetur auferre . sed utrum sedeat . an iaceat . an ambulet . an quid aliud faciat non relinquit. K I

B152   1-3 *Zu* táz *bis* pręterito: Curret enim quod futurum est . uel currebat . quod pręteriti retinet partem . uel cucurrit quod est integrum perfectumque pręteritum non sunt uerba . sed uerborum casus. K I   6/7 *Zu* daz *bis* uerbum: Unde fit ut principaliter contineat uerbum id quod est pręsens . ut sit uerbum integre quod pręsens designat. K I   7-13 *Zu* áber *bis* hánden: Pręsens enim aut futurum expectat . aut pręteritum relinquit . atque ideo futurum tempus ad pręsens tendit . pręteritum a pręsenti inchoat. . . . Casus uero uerborum illud tempus significat . quod circa ipsum pręsens est . idque complectitur. Complectuntur autem id quod est pręsens . circaque ipsum sunt . futurum et pręteritum tempus. Inter utraque enim tempora pręsens locatur. K I   [Et quod complectitur de futuro] et pręterito [dixit] . quod futurum quidem ante pręsens tempus est . pręteritum uero retro relinquitur. . . . Futurum autem et pręteritum extrinsecus est . et pręter pręsens tempus. Illud enim ueniet . illud recessit. K II   Nihil enim permanet ex partibus temporis. Táz íst fóne díu . uuánda síniu téil nío stíllo negestánt . síu rínnent hína sámoso uuázer. Táz nú pręsens íst . táz uuírdit sár pręteritum . únde dáz futurum nú íst . táz uuírdit sár pręsens. Nk 50,21-25 Semper enim ueloci agitatione torquetur . et cvrrentis aquę more in nulla vmquam statione consistit. . . . Prius enim futuro pręteritum . pręsensque preterito. K Præsens tempus proprie dicitur . cuius pars preteriit . pars futura est. Cum enim tempus fluuii more instabili uoluatur cursu . uix punctum habere potest in presenti . hoc est instanti. Pi 16-20 Zu Fóne bis dînes: Unde greci quoque his per se dictis uerbis aliquotiens addunt articularia prepositiua . TO TPEXEIN . TOY TPEXEIN. . . . Ita cum dicimus uelocius est id quod est currere eo quod est ambulare hoc quod dicimus id quod est currere ita ponimus . tamquam si dicamus hoc currere. Et rursus eo quod est ambulare . tamquam si diceremus ablatiuo modo ab hoc ambulare . quasi translatum ad nomen sit . dictumque hac ambulatione. K I Vnde fit . ut apud grecos quoque articularibus prepositiuis . sola uerba dicta proferantur . ut TO ΠΕΡΙΠΑΤΕΙΝ ΤΟΥ ΠΕΡΙΠΑΤΕΙΝ . ΤΩ ΠΕΡΙΠΑΤΕΙΝ. K II 22/23 Zu Tánnân bis nomina: Quare per se dicta uerba nomina sunt. K I nisi sola dicta sint . quoniam significant rem . et ita . ut quamuis eam significent . que alicui insit . tamen secundum se . et per suam sententiam dicantur . idcirco sunt nomina. K II 24/25 Zu Únde bis nomina: Omne inquit uerbum per se et sine alterius coniunctione prolatum . nominis quodammodo speciem tenet . et uere nomen est. . . . Ergo uerbum per se dictum . nomini simile est . et est quodammodo nomen. K I sed quod omne uerbum per se dictum . neque addito . de quo illud predicatur . tale est . ut nomini sit affine. . . . Uel certe erit melior expositio si ita dicamus . uerba secundum se dicta . nomina esse . idcirco quoniam cuiusdam rei habeant significationem. K II

B153 152,26-153,2 Zu .s. bis sprâche: Cum enim simplex dicimus nomen . auditoris inchoat intellectus cum nostra prolatione . et dum proferimus dicentis sequitur uocem . et tunc quiescit cum illud nomen fuerit expletum. . . . Sicut enim in nomine is qui dicit intellectum audientis ultime sillabe prolatione et totius nominis perfectione constituit . et is qui audit quiescit . et ultra eius intellegentia non progreditur . ita quoque et uerbum si per se dicatur . audientis constituit intellectum. . . . At si simpliciter predicetur uerbum . nomen est. Iccirco quod sicut nomen dictum . ita quoque uerbum audientis constituit intellectum. K I Omne nomen auditum . quoniam per sillabas progrediens uox aliquantulum temporis spacium decerpit . in ipsa progressione temporis . qua dicitur nomen . audientis quoque animus progreditur . . . . Nam cum totum nomen audit . totam significationem capit . et animus audientis . qui dicentis syllabas sequebatur . uolens

quid ille diceret intellegere . cum significationem cęperit . consistit .
et eius animus perfecto demum nomine constituitur. . . . Sed hoc uerbo no-
minique commune est . sed si uerbum solum dicatur. K II 6/7 Zu ûbe bis zû:
Sed quamquam nomen sit inquit uerbum . et aliquid diffinite significet per
se dictum solum . tamen non faciet enuntiationem . neque uerum aliquid falsumue constituet. K I Quare sine compositione intellectuum uerborumque .
ueritas et falsitas non uidetur existere. K II Vgl. auch K II zu 15. 7-
10 Zu Quasi bis esse, 11-13 zu Táz bis negationis: Nihil enim horum significat per se uerbi predicata prolatio. . . . Dicitur enim solum et
est intellectus quidam . sed neque affirmationem significat neque negationem. . . . Id est neque enim quodlibet uerbum ita prędicatur . ut signum
sit rei illius de qua prędicatur . quoniam est . uel quoniam non est. K I
Significatur quidem quiddam a uerbis . uelut a nominibus . sed nulla inde
tamen negatio . affirmatioue perficitur. . . . Verba igitur per se dicta
significant quidem quiddam . et sunt rei nomina . sed nondum ita significant . ut uel esse aliquid . uel non esse constituant .i. aut affirmationem faciant . aut negationem. . . . Atque hic est melior intellectus . ut
non sit signum uerbum eius rei . de qua dicitur . esse uel non esse . subsistendi scilicet uel non subsistendi . quod illud quidem affirmationis est
. illud uero negationis. K II 15 Zu mít bis uuérdent: Ipsum autem est purum si dictum inquit fuerit . neque uerum est neque falsum . a quo omnes
pęne enuntiationes fiunt . quę sunt simplices. K I Nisi enim cui insit uerbum illud fuerit additum . non fit enunciatio. K II 16 Zu proloquium vgl.
143,12-14. 22 Zur Überschrift: QUID SIT ORATIO. T EXPLICIT LIBER .I. IN-
CIPIT SECVNDVS. K II 25-27 Zu álso bis táz: Quare quoniam oratio constat
uerbis et nominibus quę significatiua sunt . recte oratio quoque significatiua esse diffinitur. Sed distat oratio his ex quibus ipsa effecta est . id
est nominibus atque uerbis . quod eorum partes nihil extra designant . orationis uero pars aliquid separata significat. K I Ait enim orationem esse
uocem significatiuam . cuius partes significarent aliquid separatim. Significarent inquit non consignificarent . ut in nomine atque uerbo. K II

B154 1/2 Zu Álso bis éteuuáz, 3-5 zu Nî bis tûont, 7 zu íst bis dóh: Nam
si nomen et uerbum partes orationis sunt . hęc autem per se significant .
non est dubium separatas partes orationum significare. . . . Docet autem
illa res nomen hoc affirmationem non esse . quod in affirmatione semper ue-

ritas aut falsitas inuenitur. Nomen uero simpliciter dictum neque uerum
neque falsum est. Quare nomen hoc .i. homo ut affirmatio non significat .
sed design[a]t aliquid simplex. Significat igitur ut dictio. K I   Sed cum
dicit orationis partes ita significare ut dictiones . non omnino ut affirmationes . et simplices et compositas . hac definitione conclusit. Simplices quidem idcirco . quod quęlibet simplex paruissimaque oratio . nomine et
uerbo coniungitur . quę sunt simplices dictiones. K II   4/5 Zu sô proloquia
tûont und 13 zu proloquium vgl. 143,12-14.   12 Zu .s. bis uerbum: Hęc autem dictio si ei aliquid addatur . ut est uerbum . aut quodlibet uerbum a-
liud quod enuntiationem possit efficere erit affirmatio. . . .   Si enim a-
liquid ita apponatur . uel appositum ita negetur . ut enuntiatio possit
constitui . affirmatio negatioue perficitur. K I   Hoc huiusmodi est . tamquam si diceret. Nomen quidem simplex affirmationem . aut negationem non
facit . nisi aut est uerbum addatur . quę est affirmatio . aut non [est] .
quę est negatio. K II   13 Zu Vt homo currit: Si enim quis dicat . homo est
. uel homo uiuit . fit affirmatio. K I   Est autem enunciatio simplex . ut
si quis dicat . socrates ambulat. Et hęc dicitur affirmatio. K II   Vgl.
auch 146,8-10.   14-16 Zu Aber bis sîh: Vna enim hominis sillaba dictio non
est. Iccirco quod nihil per se separata significat . ut ho . et mo . et in
cęteris ut supra ostendimus. K I   Neque enim si una hominis sillaba . quę
significatiua per se non est . dictioni eidem ipsi addatur . iam nulla inde
procreatur oratio. K II   19 Zu sunderîga: id est in eo quod est sorex .
rex per se nihil significat. K I   Rex uero in eo quod est sorex . quoniam
pars est nominis . nihil ipsa significat. K II   20 Zu tôh bis dúnche, 22/23
zu Sámint bis syllaba: In eo inquit quod est sorex . rex quidem uidetur a-
liquid significare . sed cum toto nomine consignificat potius . quam quicquam per se ipsum designat. . . .   Cum . et so . sillaba et rex . iuncta in
unum . id quod est sorex in tota sillabarum coniunctione design[e]t. K I Uel
si [syllaba] uideatur quidem significare . pars tamen sit nominis . et con-
significet in nomine . in tota oratione nihil significat. . . .   In duplicibus uero . uult quidem pars significare . sed nullius separati significatio
est . idcirco quoniam solum consignificat . id quod totum compositi nominis
corpus designat. K II   25-27 Zu tô bis uerbi: Docuit enim supra partes nominis nihil omnino significare separatas. K I   ipsum uero separatum . ut sę-
pius dictum est . nihil extra significat. K II   Vgl. auch 147,19-21 und 150,
5/6.

B155   3/4 Zu .s. bis docuit: Plato nomina naturalia esse constituit. Et hoc hinc probare contendit. Quod quędam suppellex . et quodammodo instrumentum sit inuicem sensa pro[d]endi. K I   Plato autem in eo libro qui inscribitur cratylus . aliter esse constituit . eamque [orationem] dicit suppellectilem quandam . atque instrumentum esse significandi res eas quę naturaliter intellectibus concipiuntur . e[a]rumque intellectum uocabulis [discernendi] . quod omne instrumentum . quoniam naturalium rerum secundum naturam est . ut uidendi oculus . nomina quoque secundum naturam esse arbitratur. K II   4/5 Zu sed bis placitvm vgl. 147,14/15.   6 Zu natûrlicho: Oratio igitur ipsa secundum placitum positionemque est . sed non est naturaliter constituta. K I   Tamquam si diceret . est quidem omnis oratio significatiua . non tamen naturaliter. K II   7/8 Zu unde bis uuíllen: Consilio vero ea sunt . quæcumque hominum uoluntate posita sunt. K   Nunc autem ipsum hominem . alio uocabulo latini . alio greci . diuersis quoque uocabulis barbarę gentes appellant. Quę in ponendis nominibus dissensio . signum est non naturaliter . sed ad ponentium placitum uoluntatemque rebus nomina fuisse composita . idem quoque monstrat . quod sępe singulorum hominum sunt permutata uocabula. K II   9-11 Zu Táz bis gesíhet: Naturalium uero suppellectiles sunt naturales. Vt oculi instrumenta quidem sunt uidendi. Quoniam uisus res naturalis est. Quare oculos quoque naturales esse necesse est. K I   Omnis inquit naturali[um] actuum suppellex . ipsa quoque naturalis est . ut uisus . quoniam natura datur . eius quoque suppellex est naturalis . ut oculi. K II   11-14 Zu Sô bis sîn: Ita etiam oratio rerum naturalium suppellex est atque instrumentum .i. sententiarum. Quare ipsa quoque est naturalis. K I   Naturalium enim rerum . naturalia sunt instrumenta. Idcirco autem instrumentum pro natura posuit . quod ut dictum est . plato omnium artium instrumenta . secundum naturam ipsarum artium consistere proponebat. K II   15-18 Zu Áber bis uuîs: Aristoteles autem dicit . non secundum naturam esse orationem sed secundum placitum. . . . Sed orationis partes nomen et uerbum [sunt]. Hęc autem sunt ad placitum non natura. K I   Sed hoc aristoteles negat . . . . Quare . quoniam oratio ad placitum . non naturaliter est. Partes enim manifestum est orationis ad placitum positas . quę sunt scilicet uerba et nomina . sicut monstrat apud omnes gentes diuersitas uocabulorum. Quoniam ergo per hęc secundum placitum omnis oratio esse monstratur. K II   Vgl. auch 145,1-4.   19/20 Zu Táz bis crison: Nam res e[ae]dem omnibus gentibus sunt . nomina uero diuersa . et secundum placitum imponentium composita. Vt auri eadem natura est apu[d] grecos et latinos . dum illi hoc krison nominant . isti aurum. Ald *Vgl. auch K zu 145,15-17 und K I zu 147,15/16.* 20/21 *Zu Uuâre bis uuêhsal:* Ita quoque omnia nomina si naturaliter essent . hisdem omnes homines uterentur. K I Si ergo et nomina naturalia esse uiderentur . eadem essent apud omnes gentes . nec ullam susciperent mutationem. K II *Vgl. auch NL zu 145,3/4.* 21-24 *Zu Táz bis sô:* Igitur quoniam ista sunt naturaliter . apud omnes gentes eadem manent. K II *Vgl. auch NL zu 145,15-17.* 24-26 *Zu Uuîo bis sînt:* Cuius enim rei partes ad placitum sunt . ipsa quoque est ad placitum. K I Secundum placitum esse orationes . illa res approbat . quod earum partes secundum placitum sunt .i. uerba et nomina. K II *Vgl. auch 15-18.* 155,26-156,1 *Zu Fóne bis instrumentum:* Quocirca nec esse orationem suppellectilem naturalem. Quod enim dicit . non sicut instrumentum . non dicit non per hoc instrumentum sensa proferri . sed tamen rem esse orationem . secundum positionem . per quam proprias sententias demonstremus. K I Non est ergo oratio suppellex. . . . Ita quoque possibilitas quidem ipsa significandi et uox . naturalis est . significatio uero per uocem . positionis est . non naturę. K II 27 *Zu nota vgl. 144,19 und 145,5.*

B156 1/2 *Zu uuánda bis zúngûn:* Vt igitur sit locutio . uoce opus est .i. eo sono quem percutit lingua . ut et uox ipsa sit per linguam determinata in eum sonum . qui inscribi litteris possit. K II 2/3 *Zu álso bis óugen:* Omnes enim gentes non aliis nisi solis oculis intuentur. K II *Vgl. auch 155,9-11.* 5/6 *Zu Instrumentum bis sól:* Instrumentum quod instruit uel unde aliquid construimus. Ie GS 8/9 *Zu .I. bis est:* Uolens autem aristoteles ostendere multas orationes . et non omnem orationem esse enuntiatiuam . hoc addidit. K I Ergo hoc dicit . non omnis oratio enunciatiua est. K II 11-13 *Zu Uuîr bis lúgi:* Íro béidero [prędicatiui syllogismi conditionalisque] membra . héizent communiter prędicationes . álde proloquia . álde propositiones . álde enuntiationes. Tíu fîer uuórt . múgen uuír gelícho . únde geméinlícho díuten sága. Sîd enuntiatio íst . sô aristotiles chît in periermeniis . oratio uera uel falsa . únde prędicatio dáz sélba íst . únde propositio . únde proloquium . uuáz sínt tánne lúgi . únde uuârhéite . âne ságâ? Nb 154,28-155,3 *Vgl. auch Ns zu 143,9-144,5.* 14 *Zu .s. bis falsum, 16/17 zu neuîndest bis éin uuéder:* Sed in hac sola specie orationis ueritas et falsitas inest. In illis uero ceteris minime. K I In hac sola . que est enunciatiua . ueri falsiue natura perspicitur. In ceteris enim neque ueritas . neque falsitas inuenitur. K II 20/21 Zu .i. bis deprecatiua: Orationis ut supra iam diximus multe sunt species. Est enim oratio prima optatiua . . . . Secunda uocatiua . . . . Tertia imperatiua . . . . Quarta deprecatiua . . . . Quinta enunciatiua. K I Perfecte autem orationis . alia est deprecatiua . . . alia imperatiua . . . alia interrogatiua . . . alia uocatiua . . . alia enunciatiua. K II 8-21 Zu Enuntiatiua bis deprecatiua: K. Quid est enuntiatio? A. Enuntiatio est oratio ueri uel falsi significatiua. . . . Est enim quaedam orationis species interrogatiua. . . . Est quoque quaedam species orationis imperatiua. . . . Est enim quaedam species orationis deprecatiua. . . . Est etiam et species quaedam orationis uocatiua. . . . Sed nulla harum specierum . aliquid uerum uel falsum significare potest. Sed sola enuntiatiua . aliquid ueritatis uel falsitatis ostendit. Ald Sciendum quod .v.^{que} principales sunt orationes . ut boetius in commentariis periermeniarum docet. Enunciatiua . imperatiua . optatiua . interrogatiua . inuitatiua. Quarum enunciatiua sola affirmationem . et negationem . uerum aut falsum . significat. G Oratio non minus subalternum genus dicenda est. Eius sunt principales species .v. Enuntiatiua oratio. Deprecatiua. Imperatiua. Optatiua. Vocatiua. Item earum sunt plurime species . ut in periermeniis legitur . ut enunciatiue sunt . affirmatio et negatio. Nk 63,14-19 D. Quid est enuntiatio? M. Oratio ueri falsique significatiua. D. Quomodo? M. Nam sunt principales orationis species quinque uidelicet enuntiatiua . interrogatiua . imperatiua . deprecatiua . uocatiua. Nr 23/24 Zu íro bis philosophis, 26 zu éiniu: Deprecatiuam inquit et optatiuam et uocatiuam atque imperatiuam poetis atque oratoribus relinquamus. . . . Nos uero philosophi quibus ueritatis et falsitatis discretio cure est . de illa sola oratione tractemus . in qua utrumlibet horum possit agnosci [de enuntiatiua]. K I Cuncte enim species orationis . aut oratoribus accommodate sunt . aut poetis . sola enunciatiua philosophis. . . . Quocirca . quoniam ista in qua ueritas et falsitas inuenitur . dialecticis philosophisque est querere . cetere autem aut poetis . aut oratoribus accommodate sunt . iure de hac sola tractabitur .i. de enunciatiua oratione. K II Dignior est namque sermo et grauior . ut sapientes decet. Dictio humilior est et plus communis . data rhetoribus. Uerbum autem omnium est. . . . Sermo enuntiat quid uerum quid falsum. Hoc possunt soli philosophi. Dictio uero suadet .

ueris et uerisimilibus. Hoc est officium rhetorum. Ns *Vgl. auch G Nr Ns zu 143,9-144,5.*

B157   2/3 *Zu .s. bis* orationes: Enuntiatiuarum igitur orationum earum quę sunt per se unę . prima est affirmatio deinde negatio. K I   Naturaliter autem unius orationis duę partes sunt . affirmatio et negatio. K II   3-5 *Zu* Táz *bis* numero: Atque hęc quidem dixit de orationibus . quę uel coniunctione unę essent uel significatione. K II *Vgl. auch 159,11/12 und NL zu 159, 22-24.* 5 *Zu* Sámo so er cháde: Quod ergo ait . . . ita intellegendum est . quod . . . . K II   7-10 *Zu* Síu *bis* est: Enuntiatiuarum uero orationum alię sunt per se unę . ut est. Homo animal est. . . . Si quis enim dicat . homo animal est . homo animal non est . uniuersalem rem . id est hominem animal aut esse . aut non esse proposuit. K I   ita quoque in orationibus . simplices . et per se naturaliter unas orationes dicimus . quę uerbo tantum et nomine iunguntur. . . . Alia [differentia] uero est . quę neque in pluritate[m] proposition[is] tendit . neque in particularitatem redigit . ut ea . quę sine ulla determinatione proponitur . ut est homo animal est . homo animal non est. K II   10-12 *Zu* Fóne *bis* syllogismi *vgl. 143,11-23.* 13-17 *Zu* Tíe *bis* nemáchōtî: Alię coniunctione unę . ut est. Si homo est animal est. Homo est enim et animal est . duę sunt. Sed addita coniunctione quę est . si . una redditur. . . . Alię uero sunt non per se unę . sed cum plures sint naturaliter fiunt coniunctione unę. K I   Quę autem positione sunt unę . in alias orationes dissoluuntur . ut est . si homo est . animal est. . . . Multiplex enim est propositio . uel si fuerit incomposita . . . uel si composita sit ex propositionibus per coniunctionem . quemadmodum est . si homo est . animal est. K II   17-19 *Zu* Fóne *bis* syllogismos *vgl. 143,17-24 und 144,2-5.* 23/24 *Zu* éin uuéder *bis* futuri *vgl. 152,3-13.* 157,27-158,2 *Zu* Sámo so *bis* hominis: Eorumque ponit exempl[um]. In quo cum plura sint nomina nisi tamen addito uerbo in enuntiationis proprietatem et significantiam non uenit . ut est diffinitio hominis. K I   hoc scilicet quęrens . tamquam si ita ipse ex persona sua diceret. . . . et ad hanc rem probandam exemplum sumpsi definitionem hominis. K II

B158   2-5 *Zu* Uuíle *bis* proloquio: Sed cum de simplicibus enunciationibus loqueretur . ait . hominis rationem .i. definitionem . non esse enunciationem . nisi ei aut est . aut erit . aut huiusmodi aliquid apponatur. . . .

Cum enim dico . homo est . est uerbum in prędicatione proposui. K II Vgl.
auch K I zu 157,27-158,2. 2/3 Zu proloquium .i. propositionem vgl. Nb zu
156,11-13. 6 Zu homo animal est vgl. NL zu 157,7-10. 7-10 Zu Uuîle bis
proloquium: Nam si quis dicat animal rationale mortale . nulla in eo adhuc falsitas aut ueritas intellegitur. Si uero addatur est . ut sit animal rationale mortale est . enuntiatio sine ulla dubitatione perficitur.
K I Vgl. auch K I zu 157,27-158,2. Si enim dicam tantum . animal gressibile bipes . nulla me ueritas mendaciumue consequitur. Sin autem dixero .
animal gressibile bipes est . uel non est . affirmatio mox negatioque conficitur . quas enunciationes esse quis dubitet? . . . Neque enim ex solis
duobus terminis constat . id quod dicimus . animal gressibile bipes . et
quę nomina plura sunt. K II 10/11 Zu Mít bis uuérden: Ex duobus enim nominibus solis enuntiatio non fit. K I Ergo non posse sine uerbo affirmationem negationemue constitui . docuit per id quod ait. K II Sine uerbo
enim nulla propositio. Ns 11-13 Zu Íz bis est: Fit [enuntiatio] quoque
ex solis uerbis . ut est ambulare moueri est. K I [Subiectus terminus]
potest etiam uerbum [habere] . ut cum dico . ambulare moueri est. Ergo
ut arbitror plene monstratum est . non semper subiectum . nomen esse .
semper autem prędicatum . in solo uerbo consistere. K II 13/14 Zu Únde
bis currit: Subiectus uero terminus non semper consistit in nomine. Potest enim . et infinitum nomen habere . ut cum dico . non homo ambulat. K
II Vgl. auch 194,13/14. 16-19 Zu Fóne bis bipes: Ita quidem interposita
est diffinitio hominis . tamquam si una esset oratio. K I Sin uero dixero
. animal gressibile bipes continue . et propinque . unum est . quod tria
ista iuncta significant .i. homo. K II 17 Zu terminos vgl. NL zu 160,22-
25. 19 Zu sámo so bis zuêne vgl. NL zu 160,22-25. Zu homo currit vgl.
154,13. 21/22 Zu átaháfto . únde gesIágo: Neque enim iccirco una esse
putanda est quia continuo dicitur . et sibimet propinque . animal gressibile bipes. Posset enim uideri horum continua et sub una prolatione [dic-
ta] . unam facere enuntiationem . sed hoc aristoteles negat. Nam non iccirco una oratio est . quia propinque et continue dicitur. K I Nam non
idcirco una est oratio . quia continue dicitur . et coniuncte sibimet .
animal gressibile bipes. K II 24-26 Zu Táz bis iz[1]: Cur autem una sit .
alterius est hoc tractare negotii. Et de eo disputat in his libris quos
metaphisica inscripsit . quod est opus philosophi primi. K I Quę autem
causa sit . ut una sit . ipse dicere distulit . sed in libris eius operis

quod metaphysica inscribitur . expediet. K II 26/27 Zu Áber bis editione:
Nobis autem hoc in secunda editione monstrandum est. K I Vgl. auch K II
zu 158,27-159,4.

B159 158,27-159,4 Zu Ér bis nehéinemo: Theophrastus autem in libro de
affirmatione et negatione . sic docuit . definitionem . unam semper esse
orationem . eamque oportere continuatim proferre. Illa enim una oratio
esse dicitur . quę unius substantię designatiua est. Diffinitio autem .
ut uerbi gratia hominis . animal gressibile bipes . una est oratio . per
hoc quoniam unum subiectum .i. hominem monstrat. Si ergo continue proferatur et non diuise . una est oratio . et quia continue dicitur . et quia
unius rei substantiam monstrat. K II Vgl. auch K II zu 14/15. Ut animal de
homine prędicatur. Ergo et de aliquo homine prędicatur. . . . Bipes enim
et gressibile de subiecto quidem dicitur homine . . . . Fóne homine uuîr-
dit kesprôchen îouuederiu differentia . bipes iôh gressibile. Nk 21,14/15a
28,4-7 4/5 Zu Pe bis úmbe: Quare . si assignetur conuenienter . et conuertitur. Fóne díu . úbe iz rêhto gesprôchen uuîrdet . sô gât iz óuh úmbe.
. . . Naturaliter autem simul sunt . quęcumque conuertuntur quidem . secundum id quod est esse consequentiam. Tíu sînt áber natûrlicho úngeskéiden . tíu uóne éin ánderên îro uuésen hábint. Sed nequaquam causa est alterum alteri . ut sit. Únde doh neuuéderiz máchunga neîst . tes ánderis.
Ut in duplo et medio. Conuertuntur etenim hęc. Álso zuíuált unde hálblîh.
Tíu gânt úmbe. . . . Dicuntur simul naturaliter . et quę ex eodem genere e
diuerso diuiduntur ab inuicem. Tíu sînt óuh sáment natûrlîcho . díu ûzer
éinemo genere dîezent. Nk 71,23-25 136,1-9,13-16 Est autem certa regula
ea posse conuerti quę ęqua sunt ut species cum proprio suo uel cum differentiis suis. G 5-7 Zu Uuáz bis Homo: Vt si dicas quid est homo? Animal
rationale mortale . uerum est. Quid animal rationale mortale? Homo . hoc
quoque uerum est. K 7-9 Zu Áber bis gesprochen: Cum autem dico . socrates
atheniensis philosophus . et singula plura sunt . et omnia simul plura nihilominus sunt. Hęc enim accidentia sunt . et nullam substantiam informant.
K II 9 Zu uuánda bis nemág: Quę enim non conuertuntur . simul non sunt .
ut nos prędicamentorum liber edocuit. K II Genera namque de speciebus prędicantur . species autem de generibus non conuertuntur. Animal sprîchit man
uóne homine. Homo neuuîrdit kesprôchen uóne animali. . . . A prima namque
substantia nulla prędicatio est. De nullo enim subiecto dicitur. Cato ne-

hábit únder îmo nehéin subiectum . fóne démo ér múge gespróchen uuérdin.
. . . Si peccet is qui assignat. Úbe dér mîsse grîfet . tér iz hîna ságet
. ze démo únscúldîgen . sô negât iz úmbe nîeht. . . . Genera uero semper
priora sunt. Genera uerskîzent îo diu species. Neque enim conuertuntur secundum quod est esse consequentiam. Nóh úmbe negânt siu áfter mîteuuîste.
Nk 23,13-16 29,14-17 71,4-7 137,10-13 Quoniam nihil indiuidua possunt habere subiectum . ab indiuiduis nulla prædicatio est. . . . Si enim peccet
is qui assignat vt non conuenientem prędicationem faciat . conuersio non
procedit. K quę autem disparia sunt ut species cum genere aut accidente
aut proprio non possunt conuerti. G 13 Zu natûrlîcho vgl. 157,2/3,7/8. 14/
15 Zu Nû bis est: Est namque una oratio . uel cum unam rem significat .
uel cum coniunctione una est . ut est ea quę dicit. Animal rationale mortale homo est. K I Ut est . animal rationale mortale . mentis et disciplinę capax. Hęc quidem plura sunt . sed his una subiecta substantia est
.i. homo. K II 16 Zu Tîu bis est²: Alia uero oratio est una . quę per
coniunctionem una est. Vt si dies est . lux est. K I Est autem pręter
has alia composita propositio ex propositionibus . coniunctione coniunc-
t[is] . unam significans orationem . ut cum dico . si dies est . lux est.
K II 18 Zu .s. significant, 19-21 zu ut bis latrabili: Plures autem sunt
quę plura significant ut est canis mouetur. Hanc enim potest et ad latrabilem et ad marinum . et ad cęlestem auditor aduertere. K I Est ergo una
oratio . quę unum significat . multiplex autem . quę non unum . sed plura.
K II Vgl. auch 201,15-21 und 203,27-204,2. 22-24 Zu álso bis significatione: Sunt quoque orationes per se plures . et numero et significatione .
quę nulla coniunctione copulantur . ut si quis dicat. Sol est . pax erit .
nox est . cęlum uoluitur. Hęc cum plura significent . nulla tamen coniunctione iunguntur. Atque ideo plures orationes uocantur. K I 23 Zu cęlum
uoluitur: Aristotiles per cęli quoque culmina endelichiam scrupulosius re-
quirebat. Aristotiles sûohta gnôto án demo hîmele absolutam perfectionem .
uuánda dîa chád er uuésen animam mundi . dîu den hîmel túrnet. Nc 166,18-22
Vgl. auch 215,25/26 und 235,12-14.

B160 1-5 Zu Nû bis lóugenen: Dicit enim uerbum nomenque dictiones uideri
solum . non etiam affirmationes. . . . Et sensus quidem huiusmodi est. Ordo autem uerborum talis est. Nomen ergo et uerbum dictio sit sola . quoniam
sic aliqu[id] significantem uocem . id est nomen aut uerbum simpliciter pro-

ferentem . non est dicere enuntiare. K I Quocirca . sensus huiusmodi est.
Ordo autem uerborum sese sic habet. Nomen ergo et uerbum . dictio sit sola
. quoniam non possumus dicere significantem aliquid .i. uerbo aut nomine .
enunciare. . . . Enunciare autem est . orationem dicere . quę uerum falsumque designat. K II 6-11 Zu Mán bis ságeta: Iccirco enim uerba et nomina
dictiones solum sunt . quoniam cum dicta fuerint simplicia . siue aliquo
proferente . uel sponte dicente . siue ad alterius interrogationem aliquo
respondente . neque uerum ex his . neque falsum ualet intellegi. Si quis
enim per se dicat . socrates . uel rursus per se solum simplexque ambulat .
neque uerum efficit neque falsum. Sin uero alio interrogante . socratesne
ambulat ille respondeat ambulat . si huic ipsi uerbo per se quisquam uelit
aduertere quod dixit ambulat . enuntiatio nulla est. Quod si cum superiore
interrogatione coniungat . tunc ex interrogationis et responsionis coniunctione enuntiatio nascitur. K I cum aliquis per suam sententiam enunciat .
atque profert . ut si quis dicat hoc ipsum ex propria uoluntate . . . . aut
in spontanea prolatione . . . . Dictiones inquit uel alio interrogante .
uel quolibet proferente . et sponte dicente . uerum falsumue non continent.
Si enim quis dicat interrogans . socratesne disputat . alius respondeat disputat . hoc quod respondit disputat . si cum tota interrogatione iungatur .
potest habere intellectum uerum . falsumue significantis orationis. Sin
uero per se intellegatur . disputat . quamquam alio interrogante responde-
ret . uero tamen falsoque relinquitur. K II 14 Zu .s. predicare, 14/15 zu
.s. segregare: Hoc autem pertinet ad affirmationem ut aliquid de aliquo
prędices. Ad negationem uero ut unum aliquid . ab uno aliquo prędicando
disiungas . ut in eo quod est socrates non disputat . disputare unum terminum . a socrate ab alio termino prędicando disiunxi. K I Quod autem dicit . aliquid de aliquo . uel aliquid ab aliquo . tale est. Aliquid enim
de aliquo . affirmationem significat. Ut cum dico . socrates disputat . de
aliquo socrate . aliquid .i. disputat prędicaui . et fit affirmatio. Si
autem dicam . socrates non disputat . a socrate disputationem seiunxi . et
ab eo abstuli . et hoc est negatio. K II Atque ideo . quotiens ea prędicantur quę et conuenire subiecto . et ab eo ualeant segregari. Bis Segregat . secat . diuidit . distribuit . partitur . separat . discernit . distinguit . secernit . dissociat . dissegregat . seiugat. GS Vgl. auch NL
zu 160,26-161,1 und K II zu 164,3-6. 15-19 Zu Tero bis uiuit: Nunc quid
sit oratio simplex . compositaque declarat. . . . Harum autem id est enun-

tiatiuarum simplex est enuntiatio ut aliquid de aliquo. Ut unum prędicatum quod est aliquid . de uno subiecto quod est de aliquo prędicetur. . . .
Siue enim aliquis sic dicat . socrates uiuit . socrates non uiuit. K I   Quod
uero ait . harum autem . enunciatiuarum scilicet orationum . . . . et unam
quidem opposuit . quę aut coniunctione una esset secundum prolationem aut
significatione secundum propriam naturam . . . . si aliquid unum de uno aliquo prędicemus . ut si dicam . plato disputat . de aliquo platone aliquid
.i. disputat prędicaui . et hęc simplex est enunciatio . . . . Si quis etiam id quod est esse enunciatione constituat . ut si uiuente socrate dicat .
socrates uiuit . uera erit affirmatio. Sin uero quod non est esse negauerit . est negatio uera . ut si quis non uiuente socrate dicat . socrates
non uiuit. K II   21/22 Zu ûzer bis est[2]: Alię uero sunt orationes enuntiatiuę quę compositę nominantur . quę ex simplicibus orationibus componuntur .
ut est . si dies est . lux est . dies est et lux est . duę sunt simplices
enuntiatiuę orationes. K I   Et est enunciatio composita . huiusmodi . si
dies est . lux est. Dies est enim et lux est . duę sunt simplices enunciationes . quę coniunctę . unam compositam perfecerunt. Atque hoc est quod
ait. Hęc autem .i. alia oratio ex his coniuncta .i. ex simplicibus enunciationibus . uelut oratio quędam iam composita est. K II   22-25 Zu Tîu bis uiuit[2]: Est enim simplex oratio quę duobus terminis constat. Termini autem
sunt nomina et uerba quę in simplici propositione prędicamus ut in eo quod
est socrates disputat . socrates et disputat termini sunt. K I   Et est simplex quidem oratio enunciatiua . quę ex solis duobus terminis constat . ut
est . homo uiuit. K II   Vgl. auch NL zu 15-19.   160,26-161,1 Zu Tîe bis separare: Amplius . negatio omnis inquit [alexander] diuisio est . affirmatio . compositio . atque coniunctio. Cum enim dico . socrates uiuit . uitam cum socrate coniunxi. Cum dico . non uiuit socrates . uitam a socrate
disiunxi. . . . Affirmatio enim . de alia re aliam rem prędicat . eique
coniungit. Negatio uero . a qualibet re . quamlibet rem prędicando tollit.
K II   At si tale sit quod a subiecto abstrahi separarique non possit . uel
quod numquam possit euenire subiecto. Bis   Separat. Diuidit. Partitur.
Segregat. Distribuit. Credit uel discernit. Distinguit. Secernit. Dissociat. Dissegregat. Seiungit. Dimouet. Distendit. GS   Vgl. auch NL zu
160,14-19 und K II zu 164,3-6.

B161   1-4 Zu Éin bis geségzet: Vnde factum est . ut singillatim omnia prosecutus hominis animvs . singulis uocabula rebus aptaret. . . . Adeo non de rebus sed de uocibus tractaturus est . ut diceret dicuntur. Res enim proprie non dicuntur . sed uoces. Et quod addidit singulum aut substantiam significat . late patet . eum de uocibus disputare. Non enim res sed uoces significant. Res autem significantur. K Res sunt quas animi ratione percipimus . intellectuque discernimus. Intellectus uero quibus res ipsas addiscimus. Uoces quibus id quod intellectu capimus significamus. K I Si enim unam significat rem . una est . si multas . multiplex. Simplices autem et compositę orationes . non ad significationem . sed ad terminos ipsos . dictionesque . quę in propositionibus sumuntur . referendę sunt. K II Vgl. auch K II zu 144,18/19, K II zu 158,16-19 und K I II zu 160,22-25. 9/10 Zu nû bis uuânne: Enuntiatio est uox significans affirmationem uel negationem . uel in pręteritum . uel in pręsens . uel in futurum tempus. K I Diuisa enim sunt tempora in tribus. Omne enim tempus aut futurum est aut pręsens . aut pręteritum . aut ex his mixtum. K II 14 Zu ána sága, 15 zu uersága . ûnde ábe sága: Affirmatio namque in duobus terminis constans . aliquid alicui inesse significat . tot[a] autem ui[s] ipsius [est] aliquid annuere. Negatio quoque aliquid alicui non [in]esse significat . sed tota uis ipsius est [aliquid] abnuere atque disiungere. K II Vgl. auch NL zu 160,14/15 und 160,26-161,1. 22 Zu liegendo, 23/24 zu uuâr sâgendo: Nunc diuidit enuntiationes . uel quę de his fieri possunt rebus quę sunt . uel quę de his quę non sunt . siue in affirmatione . siue in negatione. Dicit enim . quoniam est enuntiare quod est non esse . ut si quis dicat . nullus homo animal est. Hoc enim quod est . non esse proposuit . hęc est falsa negatio. Et quod non est esse ut si quis dicat . omnis lapis animal est. Quod enim non est esse constituit. Et hęc est falsa affirmatio. Et quod est esse . ut si quis dicat . omnis homo animal est. Quod enim est . esse confirmat . et hęc est affirmatio uera. Et quod non est . non esse . ut si quis dicat . nullus lapis animal est. Quod enim non est . non esse proposuit . et hęc est uera negatio. K I Quare . si et quod est . uere potest dici esse . et idem quod est . falso potest pręedicari non esse . et id quod non est . uere potest enunciari non esse . et id quod non est falso esse poterit affirmari . manifestum est omnem affirmationem . habere aliquam contradictionem negationis oppositam . et omnem rursus negationem . affirmationis opposition[e] . facere contradictionem. K II 25/26 Zu álde bis chûmftîgên: Hoc non modo in pręsenti tempore ita enuntiari potest . ut sit uera et falsa negatio . et rursus uera falsaque affirmatio . sed etiam in pręteritum et futurum . quę extra pręsens tempus sunt. K I Sicut affirmatio . et negatio in pręsenti tempore fieri potest . ita etiam uel in pręterito uel in futuro. K II 161,27-162,2 Zu ánderen *(2mal):* Similiter enim omne contingit quod affirmatur negare . et quod negatur ab alio . alium rursus affirmare. K I Quando enim quis aliquid esse dixerit . idem alius nega[ue]rit . unum ipsorum uerum dicere . mentiri alium suspicamur. K II

B162 8-10 Zu Únde *bis* ríngent: Cum enim quis affirmat quod alius negat . ipsa utrarumque propositionum pugna . contradictio nominatur. K I 10/11 Zu .i. oppositionem fieri, 11 zu .s. pręedicati *und* .s. subiecto: Fieri tunc oppositionem in affirmationibus negationibusque demonstrat . cum idem subiectum idemque pręedicatum in negatione fit . quod quilibet in affirmatione proposuit. K I itaque nulla fit oppositio. . . . Quod enim ait eiusdem . ad pręedicatum retulit . quod de eodem . ad subiectum. Et subaudiendum est. Dico autem opponi negationem eiusdem pręedicati de eodem subiecto. K II 14-20 Zu Álso *bis* oppositvm: Si quis enim dicat . alexander helenam rapuit . et hoc negetur . alexander non rapuit . quoniam alexandri nomen ęquiuocum est . potest utrumque esse uerum . et negatio si de alexandro magno loquatur . et affirmatio si de alexandro troiano proponat. Quare non sunt oppositę. Illas autem esse dicit oppositas . quęcumque eiusdem pręedicati habent oppositionem de eodem subiecto . ut ibi nulla ęquiuocatio diuersitatis causa sit. K I Vnde fit . ut nec illa quoque quę plura significant . si subiecta aut pręedicata sint . contradictoriam negationem ualeant custodire. Si quis enim nomen ęquiuocum subiciat . et aliud pręedicet . et si quis contra huiusmodi affirmationem . constituat negationem . non faciet oppositionem. Vt cum dico . cato se uticę occidit . nomen hoc quod dicitur cato . ęquiuocum est. Potest enim et orator intellegi . et hic qui exercitum duxit in africam. Si quis igitur dicat . cato se uticę occidit . potest fortasse intellegi de catone marcię. Si quis respondeat . cato se uticę non occidit . potest de catone censorio constituisse negationem. . . . Quod si pręedicatum fuerit ęquiuocum . eodem modo contradictio non fit. K II 16/17 Zu alexander[1] *bis* regnat *vgl.* N1 *zu* 143,9-144,5. 21/22 Zu .s. *bis* elecheon: Sed diligentius hęc in libro quem sophisticωn ele[n]ch[ω]n inscripsit edisserit. K I Hoc et quęcumque alia sunt . quę in sophisticis elenchis determinata sunt . contra argumentatorum inportunitates. K II 23-26 Zu Únde *bis* argumentatorum: Illic enim sophistarum . quos fallaces argumentatores latine possumus dicere . qui per huiusmodi propositiones quę uerum inter se falsumque non diuidunt . mendaces colligunt sillogismos . argumenta distinxit . quibus capere respondentem . atque innectere consue[ue]runt. K I Multa enim sunt . quę in sophisticis elenchis contra eos . qui argumentis fallacibus uerę rationis uiam conantur euertere determinauit . quemadmodum faciendę essent . propositiones . et quemadmodum inuenienda argumentorum fallacia. . . . Nos autem quid in sophisticis elenchis determinauerit ad constituendam oppositionis contradictionem . quantum breuitas patitur . non grauamur apponere. K II Quarum [propositionum] diligenti discretione stoici se muniebant . et peripathetici contra sophisticas conclusiones quę fiunt dum mendaciter colliguntur syllogismi . ut capiantur incauti. Sophistę uero possunt latine dici falsi argumentatores. Inde est quod aristotiles dum earum uim ex profundo sensu eructuat calamum in corde tinxisse perhibetur. G

B163 15 Zu zîhen, fersâgen: Quoniam ergo sunt quędam rerum uniuersalia . alia uero singularia . manifestum est . quoniam omnis affirmatio aut negatio per hęc constituitvr. . . . Omnis namque propositio . aut singulare habet . aut uniuersale subiectum . siue affirmatione annuat . siue abnuat negatione. K I Atque ideo cum aliquid affirmare cupimus uel negare . hoc ad intellectus . et conceptionis animi qualitatem refertur. K II 24-26 Zu Uuânda bis nullus: Cum sit enim uniuersale subiectum homo . de multis enim aliis prędicari potest . uniuersaliter prędicatum est. . . . Nec solum hominem quod est uniuersale posuimus . sed etiam omnem . et uniuersale . id est omnem adiecimus uniuersali . id est homini . et hęc est affirmatio uniuersalis. Sin uero dicat aliquis . nullus homo animal est . rursus homini uniuersali rei . determinationem uniuersalem . id quod dicitur nullus adiecit. . . . Affirmatio uniuersalis est . in qua uniuersale uniuersaliter prędicatur affirmatiue. Et negatio uniuersalis in qua rursus uniuersale uniuersaliter prędicatur negatiue. K I Nam cum uniuersalis sit homo . in uniuersali homine uniuersalis est enunciatio . per quam dicitur . omnis homo. Res ergo uniuersalis .i. homo . per omnis . quę est determinatio uniuersaliter prędicata est . et hoc . affirmatiue. Negatiue uero uniuersaliter ita dicetur . nullus homo albus est. Nullus enim . uniuersalitas . uniuersalitati quę est homo adiecta est. K II

B164 3-6 Zu .s. bis sâgâ: Quotiens autem inquit indefinitę sunt propo-

sitiones . et uniuersale uniuersaliter non proponitur . contrarię non sunt.
. . . Si quis enim dicat . homo albus est . et alivs neget . homo albus
non est. Ipsę contrarię non sunt. K I   Idcirco autem ab indefinitis uniuersalitatem solam . et non particularitatem quoque seiunxit . quod indefinitas propositiones a contrariis solum . non etiam a particularibus se-
gregabat. . . . Idcirco uero non adiecit . particularitatem eas non habere
. quoniam a solis contrariis separare indefinitas uolebat . non etiam a sub-
contrariis. K II   4/5 Zu ze ságenne vgl. NL zu 9-11.   8 Zu Fóne bis uuérdent: de multis enim aliis prędicari potest. K I   9-11 Zu Uuánda bis uuíder uuártîg: Quod autem dicitur . homo albus non est . potest quiddam significare contrarium. . . . Potest igitur quod non est album esse nigrum.
K I   Rursus cum dicimus . homo albus est . si contra hanc negemus per eam
quę dicit . homo albus non est . significare poterit . quoniam homo niger
est. Nam qui niger est . albus non est. Sed nigrum esse . et album esse .
contrarium est. K II   13/14 Zu Uuíle bis nullus: Cum enim sit homo res uniuersalis . nulla adiecti[o] uniuersalitatis quę est nullvs aut omnis . affirmationem uel negationem fecit. K I   quamquam illic nulla determinatio neque particularitatis neque uniuersalitatis addatur. K II   Vgl. auch NL zu
163,24-26.   23 Zu sáment temo állelîchen: Nam cum sit uniuersale homo .
huic uniuersali uniuersalitatem consignificat . id quod dicitur omnis . et
res uniuersalis vniuersaliter prędicatur. K I

B165   1/2a Zu ut bis est, 2a-c zu Sprêche bis uuâr: Docet enim istam uniuersalitatem . quam determinationem uniuersalem uocamus . semper ad subiectum poni debere terminum . numquam ad prędicatum. Si quis enim sic dicat .
omnis homo animal est . recte dixerit . omnis ad subiectum .i. ad hominem
ponens. Quod si sic dicat . omnis homo omne animal est . falsum dixerit.
K I   In hac enim propositione . quę est homo animal est . quęritur . sub-
iectumne debeat cum determinatione dici . ut sit . omnis homo animal est .
an prędicatum . ut sit . homo omne animal est . an utrumque ut sit . omnis
homo omne animal est. Sed neutrum eorum . quę posterius dicta sunt fieri
oportet. Namque ad prędicatum numquam determinatio iungitur . sed tantum
ad subiectum. K II   4/5 Zu .i. bis prędicato vgl. K I zu 1-2c und K II zu
8-13.   8-13 Zu Táz bis est: Hoc autem cur eueniat paucis ostendam . prędicatum semper subiecto maius est . uel ęquum. . . . Siue ergo maius sit
prędicatum . falsum est uniuersale adicere prędicato . ut in eo quod ipse

posuit exemplo. Omnis homo . omne animal est. Siue ęquale sit . superfluum est . si quis dicat . omnis homo . omne risibile est. K I Idcirco . quoniam omnis prędicatio aut maior est subiecto . aut ęqualis. . . . Ergo in his prędicatis . quę subiecto maiora sunt . ut in eo quod est animal . perspicue falsa propositio est . si determinatio uniuersalitatis ad prędicatum terminum ponitur. . . . Eiusque rei notionem . exemplo aperit dicens. Ut omnis homo omne animal [est]. . . . Rursus in his quę ęqualia sunt . idem euenit. Nam si dico . omnis homo omne risibile est . primum si ad humanitatem ipsam referam . superfluum est adicere determinationem. K II 18 Zu .i. illi: Cum enim dicitur omnis homo albus est . illa negatio quę dicit non omnis homo albus est . de eodem homine . non uniuersaliter tollit . quod uniuersaliter affirmatio constituerat. K I Vt hęc quę est . omnis homo iustus est . rem uniuersalem uniuersaliter significauit. Illa quę est . non omnis homo iustus est . eidem affirmationi opposita . de uniuersali homine . non uniuersaliter negauit . dicens . non omnis homo iustus est. K II 21/22 Zu Ál bis si: Negatiua enim et affirmatiua uniuersalis . plurimum quidem a se distant. Nam quod illa ponit omnibus . illa omnibus tollit . et totum negat. K II

B166 3/4 Zu Íh bis begágenen: Hic uero nunc easdem contrarie demonstrat opponi. K I Sicut enim supra dixit . eas quę uniuersaliter uniuersale significarent . uel in affirmatione . uel in negatione esse contrarias . ita nunc quoque idem repetit . contrarias esse dicens . uniuersalem affirmationem . uniuersalemque negationem. K II 9/10 Zu .i. íro uuíderchétigûn: Quod autem adiecit. His uero oppositas contingit in eodem . particularem affirmationem et particularem negationem designat. Particularis namque affirmatio . uniuersali negationi opposita est contradictorie. Particularis uero negatio uniuersali affirmationi. K I Opposita autem dico contradictorie . non contrarie . neque ullo alio modo. K II 11 Zu Íh méino: ut est . . . . K I Ut . . . . K II 20 Zu gespróchenero: Hoc enim dicit. Contradictiones inquit eorum quę sunt uniuersalium uniuersaliter prędicatorum . una semper uera est . altera falsa. K I In illis enim quę contra[dictorię] sunt uniuersalibus uniuersaliter prędicatis . in his uerum semper falsumque diuiditur. K II 21-27 Zu Álso bis est: Contradictorię autem sunt uniuersalis affirmationis . particularis negatio . et uniuersalis negationis . particularis affirmatio. K II Vgl. auch 165,22-24 166,11/12 167,8-22 sowie K II zu 167,5-7 und K I zu *167,13-15.* 26 *Zu* Nonnullus: In uniuersali . particulari et indefinita . de omnium uel nullorum uel nonnullorum quantitate monstratur. Bsc

B167   1-3 *Zu* Tíu *bis* spríchet: De contradictorie oppositis loquitur . et de singularibus propositionibus quod unam semper ueram . falsam semper alteram necesse sit inueniri. K I Secundo autem modo in his quę sunt singularia si nullę argumen[torum] nebulę sint . ueritas falsitasque diuiditur. K II 5-7 *Zu* Lírne *bis* sin: Sit autem h[a]rum talis descriptio. . . . Et hoc in quibuslibet terminis si dispexeris . oratio [nostra] non discrepabit. Sit autem plenissima descriptio hoc modo. K I Disponatur igitur affirmatio uniuersalis quę est omnis homo iustus est . et contra hanc negatio uniuersalis . quę est nullus homo iustus est. Sub his autem sub affirmatione quidem uniuersali . particularis affirmatio . quę est quidam homo iustus est. Sub uniuersali negatione . particularis negatio . quę est quidam homo iustus non est. Hoc autem monstrat subiecta descriptio. . . . Superioris autem disputationis integrum descriptionis subdidimus exemplar . quatenus quod animo cogitationeque conceptum est . oculis expositum . memorię tenatius infigatur. K II Hę quatuor differentię sibi oppositę fiunt aliquando contrarię . aliquando contradictorię. Sunt enim contrarię quę delentur ab inuicem . ut omnis homo iustus est . nullus homo iustus est. Sunt autem contradictorię quę se non ex toto destruunt . ut omnis homo iustus est . non omnis homo iustus est. Propterea hęc ordinanda sunt in quadrata figura. . . . Ex multis huiusmodi descriptionibus in primo ac secundo boetii in periermenias commento quales sint ad inuicem propositiones agnoscitur. G 8-22 *Dieses Schema steht schon in* K I II Bis Bsc G, *in denen* iustus *aber Notkers* albus *ausnahmslos vertritt; zu* albus *vgl. nun u.a. 165,22-24 und 166,11/12,22-27. Einrahmung und Aufteilung des Raums durch Striche geschehen in* K II Bis Bsc G. *Der Bezeichnung* UNIUERSALES CONTRARIAE B *entspricht* AFFIRMATIO VNIUERSALIS CONTRARIAE NEGATIO VNIVERSALIS K I Bis Bsc, Affirmatio uniuersalis. Vniuersale uniuersaliter. Contrarię Negatio uniuersalis Vniuersale uniuersaliter K II, CONTRARIA G; LATERALES *(2mal)* B, SVBALTERNAE *(2mal)* K I II Bis Bsc; OPPOSITĘ CONTRADICTORIE *(2mal)* B, OPPOSITAE *(4mal)* K I, Contradictoriae *(2mal)* K II Bis, Contraiacentes *(2mal)* Bsc, CONTRADICTORIA *(2mal)* G; PARTICULARES SUBCONTRARIAE B, AFFIRMATIO PARTICVLARIS SVBCONTRARIAE NEGATIO PARTICVLARIS K I Bis Bsc, Affirmatio particularis. Vniuersale particulariter. Svbcontrarię Negatio particularis Vniuersale particulariter K II, SVBCONTRARIA G.

10-12 Zu Uniuersales bis VERAE: Fieri enim non potest ut ubi uera sit affirmatio uniuersalis . illic uniuersalis negatio uera sit. Sed e contrario fieri tamen potest . ut utręque inueniri falsę possint. . . . Et ut una quidem uera . falsa altera repperiatur. [im Text] K I Sic ergo uniuersalis affirmatio . et uniuersalis negatio . utręque falsę esse possunt. Ut uero una sit uera . altera falsa . id quoque conceditur. Ut utręque sint uerę . fieri non potest. [im Text] K II Hę aliquando utręque falsę . aliquando una uera altera falsa. Numquam simul uerę. [im Schema] Bis Contrarię uero. . simul uerę esse numquam possunt. Potest autem fieri . ut aliâs utręque falsę sint . aliâs una uera . alia falsa. [im Text] Bsc Duo uniuersalia simul possunt esse falsa . non possunt simul esse uera. [im Schema] G 13-18 Zu Lateralium bis uniuersales: In quibus illud est considerandum . quod ubi est affirmatio uniuersalis uera . affirmatio quoque particularis uera est . et ubi negatio uniuersalis uera est . particularis quoque uera est. . . . At si falsa sit particularis affirmatio . . . falsa est uniuersalis affirmatio . . . idem in negatione. [im Text] K II Quo fit . ut pręcedentibus quidem uniuersalibus ueris . particulares ueras esse necesse sit . pręcedentibus uero in falsitate particularibus . uniuersalium falsitas subsequatur . mentientibus uero uniuersalibus particulares mendacium dicere non sit necesse . sicut nec uera quidem particularibus proponentibus . ueram uniuersalium necesse est esse sententiam. [im Text] Bis Repetentes igitur a capite dicant . quod in subalternis . si uniuersales uerę fuerint . uerę etiam particulares. Sed non conuertitur. Item si particulares falsę fuerint . falsę erunt etiam uniuersales . sed non conuertitur. [im Text] Bsc Lateralium . si uniuersale uerum est . uerum est et particulare. Et si falsum est uniuersale non necessario falsum est et particulare. Item si particulare uerum est non necessario uerum est et uniuersale. Et si particulare falsum est falsum est et uniuersale. [im Schema] G 13-15 Zu Si bis particulare: Sunt autem oppositę contradictorie ut ipse ait . si quis aspiciat angulares . ut affirmationem uniuersalem particulari comparet negationi . ut est. Omnis homo iustus est. Quidam homo iustus non est. Hę enim simul neque uerę possunt inueniri neque falsę . sed semper in omnibus una uera est . altera falsa. Et rursus si uniuersalis negatio particulari affirmationi comparetur . repperiuntur oppositę . ut est. Nullus homo iustus est. Quidam homo iustus est. Semper enim una uera est . altera falsa. [im Text] K I Hę autem uniuersalis affirmatio . et particularis negatio . quę sunt

angulares . et uniuersalis negatio . et particularis affirmatio . quę ipsę
quoque sunt angulares . contradictorię nominantur. Et hęc illa est . quam
quęrit contradictio . in qua una semper uera sit . altera semper falsa. *[im
Text]* K II Angulares autem neque in ueritate umquam neque in mendacio con-
sonare . sed uni semper ueram . alteri semper falsam inesse sententiam [in-
tellegi potest]. *[im Text]* Bis Restat igitur ut de contraiacentibus dicamus . quę neque falsę simul aliquando esse possunt neque uerę . sed semper
una uera . una falsa est. *[im Text]* Bsc Obliqua duo neque simul sunt uera
neque simul sunt falsa. *[im Schema]* G Úbe iz nîehtes túrftîg neîst . uuîo
mág iz tánne éines tînges túrftîg sîn? Táz íst in periermeniis keskrîben .
úbe uniuersalis abdicatiua uuârîu sî . dáz particularis dedicatiua lúkke sî.
Nb 143,2-5 18-20 Zu Particulares *bis* FALSAE: Particulares uero propositiones sunt huiusmodi. . . . Sed hę aut utręque uerę sunt aut una uera alia
falsa fieri potest . vt utręque falsę sint non potest inueniri. *[im Text]*
K I Particulares uero . ut utręque uerę sint . euenire potest. Ut utręque
falsę sint fieri non potest. . . . Ita quoque et particulares . una uera
potest esse . altera falsa. *[im Text]* K II Hę aliquando utręque uerę . aliquando una uera altera falsa. Numquam simul falsę. *[im Schema]* Bis Subcontrarię uero . contraria[s] partiuntur. Nam falsę numquam reperiri queunt .
sed aliâs uerę utręque sunt. . . . Aliâs una uera est . altera falsa. *[im
Text]* Bsc Duo particularia simul possunt esse uera . non possunt simul esse
falsa. *[im Schema]* G

B168 167,26-168,1 Zu Indefinita *bis* éin uuéder, 3/4 zu Uuâr *bis* béidîu:
Quę uero sunt inquit indefinitę . ut neque uniuersalem habeant neque particularem determinationem quod tacuit . non semper una uera est . altera falsa
. sed utręque interdum inueniuntur uerę. . . . Docet autem huiusmodi propositiones non inter se diuidere ueritatem atque mendacium hoc modo. K I Ea
enim propositio . . . et huius negatio . . . hoc modo ostenduntur . uerum et
falsum inter se interdum non posse diuidere. Nam si uerum est . ut hę duę
affirmationes . . . utręque uno tempore uerę sint . uerum est quoque affirmationem indefinitam . et indefinitam negationem utrasque ueras aliquotiens inueniri. . . . Quocirca constat indefinitas per id quod in exemplis supra
proposuit . simul aliquotiens ueras uideri . et non semper inter se uerum .
falsumque partiri. K II 4 zu súmelîchêr, 5 zu súmelîh ánderêr, 6 zu ánderêr,
20-22 zu Pe *bis* éinemo: Nihil enim prohibet uno tempore contraria aliis at-

que aliis inesse subiectis. K II 8-10 Zu Sámoso bis zîte, 16-20 zu Tér bis zîte: Nam si uerum est dicere . est homo niger . et est homo albus . simul uno eodemque tempore. Qui autem niger est . albus non est . uerum est dicere uno eodemque tempore . quoniam est homo albus et non est homo albus. . . . Sed qui fit albus nondum albus est. Verum est dicere igitur quoniam est homo albus et non est homo albus. K I Nam si uerum est . quoniam est homo albus . uerum itidem . quoniam homo est niger. Nam cum gallus sit candidus . ęthiops nigerrimus inuenitur. Simul ergo uerum est dicere . quoniam est homo albus . et est homo niger . sed qui niger est . albus non est. . . . Sed quod fit . nondum est adhuc . cum fit. K II

B169 2-4 Zu Súmelîchên bis bezéichenen: Tacitę hominum dubitationi respondet. Qu[o]d enim dicimus . est albus homo . et non est albus homo . vtrumque uerum esse uidetur aliquotiens inconueniens esse. . . . Hoc autem uidetur iccirco quoniam apparet quibusdam id quod dicimus non est albus homo . hoc significare . tamquam si dicamus. Nullus homo albus est . sed hoc uerum non est. . . . Cum uero indefinita dicitur prius . non simul est negatio uniuersalis . negationi indefinitę. K I Videtur inquit aliquotiens inconueniens esse . et incongruum dicere . eam quę dicit . est homo albus . et eam quę est non est homo albus . simul ueras esse posse . idcirco . quod ea quę est . non est homo albus . emittit imaginationem quandam . quod significet . quoniam nullus homo albus est. . . . Ut si quis dixerit . non est homo albus . hoc eum dixisse putandum sit . quoniam nullus homo albus sit. . . . Quod in his propositionibus . quę indefinitę sunt . nihil colligi dixit . quia particularium uim propositiones indefinitas arbitratus est optinere. K II 6-9 Zu Non bis albus: Nam aliquotiens simul est . scilicet cum prius dicitur uniuersalis negatio. Cum uero indefinita dicitur prius . non simul est negatio uniuersalis . negationi indefinitę. Nam si dicam nullus homo albus est . simul dixi . quoniam homo albus non est. [Quod] si dicam homo albus non est . non est simul data negatio uniuersalis quę est. Nullus homo albus est. K I Nam qui dicit . nullus homo albus est . uniuersalitatem determinans . negationem de uniuersalitate proponit. Qui uero dicit non est homo albus . non omnino de tota uniuersalitate negat . sed ei tantum sufficit de particularitate negasse. . . . Vniuersalis enim . intra se continet indefinitam. . . . Indefinita enim non intra se continet uniuersalem. K II 19 Zu Sô indiuidua sînt: Simpliciter autem quę sunt indiuidua . et numero singularia . de nullo subiecto dicuntur. Tíu éinluzziu sínt . sô aristarchus íst . unde sîn grammatica . tíu neuuérdent kesprôchen uóne demo únderen . táz íst ín geméine . síu sínt sélben diu únderôsten. Nk 13,6-12 Indiuidua autem sunt quæ neque in alias species diuidi possunt . neque in alia indiuidua. . . . Ergo indiuidua sunt quæcumque numero singularia sunt . et in nullas alias multitudines . secundum species uel secundum indiuidua diuiduntur. K 20 Zu Sô appellatiua sínt: Tíu [ęquiuoca] múgen sîn béidíu propria iôh appellatiua. Hic homo uerus et hic homo pictus sínt propria. Homo uerus et homo pictus . specialiter et communiter . sínt appellatiua. Nk 6,14-17 Sciendum est a grammaticis propria dici . quę a dialecticis indiuidua dicuntur . et ab eis appellatiua dici . quę a dialecticis genera et species dicuntur. G 21/22 Zu Táz bis nullus und 23 zu Álde âne síu vgl. 163,22-27 und 164,11-16. 24/25 Zu Álso bis sínt: In hac enim propositione . idem subiectum est . idem est prędicatum . et in medio exemplorum subiecit. K I et quod illa prędicatum subiecto iungit . hoc illa diuidit . atque disiungit. Quare . si idem prędicatum . idem subiectum in negatione est . quod affirmatio ante posuerat . non est dubium . quin unius affirmationis una negatio uideatur. K II 169, 26 Zu .s. prędicauerit negatio, 27 zu .s. subiecto und .s. prędicauerit, 170,2/3 zu dánne bis ságetî: Sensus huiusmodi est. Si autem aliud aliquid prędicauerit negatio quam affirmatio prędicauit . uel de alio subiecto idem negatio prędicauerit quod in affirmatione fuerat prędicatum non sunt sibi opposite . sed a se tantum diuersę sunt. K I Sensus enim huiusmodi est. Si negatio aliud aliquid prędicando neget . quam in affirmatione fuit . ut si sit affirmatio . est homo albus . negatio dicat . non est homo iustus . aliud prędicauit in negatione . quam in affirmatione fuerit constitutum. . . . Si ergo uel aliud quiddam prędicet in enunciatione propositio . uel de alio subiecto idem prędicet . quod affirmatio ante posuerat . non er[un]t illa affirmatio . negatioque oppositę . sed tantum a se diuersę. Neque enim se perimunt. K II

B170 4 Zu sô bis íro: Nihil enim per se ipsum magnum dicitur . sed ad aliquid refertur. Nehéin díng nehéizet túrh síh míchel . îz síhet îo ze éinemo ándermo. . . . quoniam ad aliud spectat magnum et paruum. . . . Táz íst fóne díu óffen . uuánda síu séhint án ándir. Nk 55,7-9 56,7/8,13/14 6 Zu .s. opposita est, 8 und 15 zu opposita est (2mal): Et illa quidem . quę indefinita est affirmatio . habebit indefinitam negationem . ut ea quę dicit est homo albus . huic opponitur . non est homo albus. Ea uero quę dicit . est quidam homo albus . negationem habebit oppositam . eam quę dicit . nullus homo albus est. . . . Siue in uniuersalibus uniuersaliter prędicatis . cum his particulares in oppositione contradictorie constituuntur . ut in uniuersali uniuersaliter affirmatiua . omnis homo albus est . in uniuersali particulariter negatiua prędicetur . non omnis homo albus est. K II 9-14 Zu Sîh bis ôuh: Quibus positis . ad proposita rursus exempla contendit . et uni affirmationi . unam enuntiationem negationis opponit . angularibus angulares . et affirmatiuas negatiuis . particularibus uniuersales . indefinitis indefinitas opponens et comparans. K I Dixisse etiam commemorat quę essent hę . quas contradictorias nominaret. Dixit autem esse angulares . affirmatiuam uniuersalem . et negatiuam particularem. Rursus affirmatiuam particularem . et negatiuam uniuersalem. . . . Superius namque monstrauimus . quod indefinitę . uim particularium optinerent. K II Vgl. auch 167,8-22. 17 Zu .s. in oppositis: Et post hęc concludit sententiam dicens . manifestum esse uni affirmationi unam oppositam esse negationem. K I Hinc igitur omnia rursus breuissime repetit dicens . iam sese dixisse . quoniam uni negationi . una affirmatio esset opposita. K II 25 Zu Nû bis keságet: Reuoluit quoque breuiter . quoniam alię sunt contrarię . alię contradictorię . dicitque se quę sint hę in superiori disputatione diligentius monstrasse. K I Disserui quoque inquit . et quoniam alię sunt contrarię. Non enim eędem sunt contrarię . quę sunt contradictorię. K II 25/26 Zu propositiones: et sunt a se diuersę propositiones et non oppositę. K I idcirco quoniam et quantitate a se propositiones et qualitate diuersę sunt. K II

B171 170,27-171,3 Zu Únde bis sîn: et quando non sint uerę uel falsę . uel cur . se exposuisse commemorat. . . . Cum enim de his propositionibus loqueretur . quę uerum inter se falsumque diuiderent . hoc addidit. Quod etiam hę quę habent uel prędicatum ęquiuocum uel subiectum . uerum falsumque non diuidunt. K I Hę namque non semper uerum inter se falsumque diuidebant . ut una semper esset uera . alia falsa. . . . De his autem . quę proprie contradictorię sunt . de his sequitur . et se iam exposuisse commemorat . et quare una uera uel falsa est . uel quando. . . . Atque hoc est quod ait . et quare . et quando uera uel falsa . dictum esset. K II 8-10 Zu sô bis nebezéichenet, 14/15 zu An bis geságet, 16/17 zu ih bis neist:

Quid sit una affirmatio et supra diximus . et nunc quoque idem docere non
piget . cum idem aristoteles reuoluerit. Una enim affirmatio est . quę u-
nam rem de una significat . id est quę huiusmodi habet prędicatum et huiusmodi subiectum . ut utrumque singula significet. K I   Diximus namque unam
propositionem esse . quę unam quamlibet rem significaret et non plurimas .
ita . ut nec ęquiuocum subiectum haberet . nec ęquiuocum prędicatum. K II
Vgl. auch 162,3-20 und 169,11-23.   23 Zu nemág: Quare si quid tale sit inquit . aut subiectum aut prędicatum quod plura significet . ex quibus unum
aliquid esse non possit . non est illa una affirmatio . neque una negatio.
K I   Sensus huiusmodi est. Si una res plura significet . ex quibus multis
unum effici non possit . illa affirmatio . in qua illud nomen uere prędicatur . uel subicitur . multa significat. K II   27 Zu gelîh: Neque enim ex
homine . et equo quiddam unum fit . ut hęc propositio unum aliquid designet.
. . .   Nihil enim est homo et equus ut simul dicatur atque intellegatur. K I
Sed hę duę sunt propositiones . et non similes. In his enim subiecta diuersa sunt. K II

B172   6 Zu Táz bis chéde, 9/10 zu Únde bis chéde: Si quis enim dicat est
tunica alba . quoniam tunica equum . atque hominem designat uidetur dicere
quoniam est equus et homo albus. Sed hoc tale est . tamquam sic dicat. Est
equus albus et est homo albus. K I   Quod enim dicit . tunica alba est . huiusmodi est . quasi dicam . homo et equus albus est. . . .   Quod uero dicit
. homo atque equus albus est . nihil differt . tamquam si dicat . equus albus est . homo albus est. K II   13-21 Zu Úbe bis pezéichenen: Nihil autem
iccirco quoniam si non multa designet propositio cuius quilibet terminus ę-
quiuocus est . cum illa quę nomine ęquiuoco significantur iuncta fuerint .
neque in unam substantiam conuenerint tales iuncturę . quę res sibimet in-
conexas copulant . non erit ullus intellectus . ut in ea quę est. Tunica
alba est . aliter esse una non potest . si tunica equum hominemque signific-
c[e]t . nisi equus atque homo iuncti unum aliquid efficiant. K I   Quod si
inquit est equus albus . et est homo albus . multa significant . illa quoque prima propositio quę est . est tunica alba . unde h[ę] fluxerunt . multa
designat. K II   Vgl. auch NL zu 171,27.   22/23 Zu Uuanda bis sî: Neque enim
fieri potest . ut aliqui[s] homo equus fiat. K II   26/27 Zu ęquiuocationibus
. sô getâna: Quod si plura designet . et sit ęquiuocum . non erit in huiusmodi propositionibus una semper uera . altera falsa. . . .   Vtręque enim non

erunt simul in talibus . id est utrȩque enunciationes non erunt uerȩ in e-
nunciationibus contradictoriis. K II   Vgl. auch K I zu 170,27-171,3.

B173   1-3 Zur Überschrift: De prȩsenti et prȩterito definitas fieri contradictiones. T EXPLICIT LIBER .II. INCIPIT TERCIVS. K II   5-7 Zu In bis
falsam vgl. 166,16-18.   7/8 Zu Et bis est vgl. 167,1.   8-12 Zu Án bis lúgî:
In prȩsentibus rebus et prȩteritis factas contradictorie enuntiationes . dicit diffinite unam semper ueram . alteram diffinite semper esse mendacem.
K I nunc autem determinat hȩc quȩ de propositionibus supra iam dixerat .
non de omni tempore . sed de solis tantum prȩterito et prȩsenti . quemadmodum se in ueritate . et in falsitate habeant disseruisse. . . . quia uel
[cum] contigit . uel cum est . definita ueritas et falsitas in propositionibus inuenitur. K II   12/13 Zu Án bis spréchendo vgl. 163,2-16 und Nk zu
169,20.   13-16 Zu ut bis lúgî: Ut si quis dicat. Omnes fabii perierunt qui
ad pugnam contra uenientes priuata conspiratione progressi sunt. Hoc si negetur sic non omnes fabii perierunt qui ad pugnam contra uenientes priuata
conspiratione progressi sunt . necesse est quidem unam ueram . unam esse
falsam. Sed diffinite uera affirmatio est . diffinite falsa negatio. K I
sed illud quoque habeat . ut in una qualibet definite ueritas . aut falsitas
repperiatur. K II 13-15 Zu ut bis periit, 17/18 zu Ut bis periit2, 24/25 zu
Ut bis periit, 26 zu noe bis periit2: Cumque transissent septem dies aquae
diluuii inundauerunt super terram. . . . Et facta est pluuia super terram
quadraginta diebus et quadraginta noctibus. . . . Et deleuit omnem substantiam quae erat super terram ab homine usque ad pecus . tam reptile quam uo-
lucres caeli . et deleta sunt de terra. Remansit autem solus noe et qui cum
eo erant in arca. Gen 7.10,12,23   16-19 Zu Sosámo bis sî, 27 zu Nû bis preterita: Siue ergo in uniuersalibus uniuersaliter prȩdicatis contradictio
per oppositionem particularitatis fiat . siue in singularibus ut in socrate
et in cȩteris indiuiduis . in his quȩ sunt prȩterita . semper una uera est .
altera falsa. Ut in eo quod est. Socrates ueneno peremptus est . socrates
ueneno peremptus non est . uera est affirmatio diffinite . et ita rursus falsa negatio. K I Ut cum dico brutus consulatum primus instituit sub rege tar-
quinio . dicat alius brutus consulatum non primus instituit sub rege tarqui-
nio . hic una uera est . una falsa . etiam affirmatio definite uera est . definite falsa negatio. K II   19-22 Zu In bis his vgl. 167,24-168,1. 22/23 zu
Án bis sîn: Non est enim necesse in his unam ueram alteram falsam proponi .

potest enim fieri ut utręque sint uerę . quę fuerint indefinitę. K I   In
his autem quę essent indefinitę . non necesse erat unam ueram esse alteram
falsam. K II   26 Zu Matusalam periit: Matusalam . interpretatur mortuus
est. Euidens ethimologia nominis . quidam enim eum cum patre translatum
fuisse et diluuium pręterisse putauerunt. Ob hoc signantes transfertur
mortuus est . ut ostenderetur . non uixisse eum post diluuium . sed in eodem cataclismo fuisse defunctum. Ie

B174   173,27-174,4 Zu Sāmolīh bis sapiens: In pręsentibus quoque idem esse
necesse est. Si enim disputante socrate dicat aliquis . socrates disputat .
et hoc alius neget . sicut disputare socratem pręsentis temporis ratione diffinitum est . ita quoque diffinite affirmatio retinet ueritatem . negatio
diffinite mendacium. Et in uniuersalibus quidem uel affirmatiuis . uel negatiuis . in quibus uel affirmatio particularis . uel negatio particularis
opponitur . idem est. . . .   In his autem quę indefinitę sunt . non necesse
est semper hanc quidem ueram . illam uero esse mendacem. K I   Rursus in pręsenti cum dicimus . uernum tempus est . uernum tempus non est. K II   1/2 Zu
Ut bis est[1] vgl. 196,20,22/23.   2/3 Zu Socrates bis sapiens[1] vgl. 196,10/11.
3/4 Zu Homo bis sapiens vgl. 168,1-3,10/11.   7-9 Zu Hoc bis reperitur: Id
est in singularibus propositionibus de quibus primum tractat . et futuris .i.
contingentibus non idem modus est uerarum falsarumque propositionum qui est
in pręteritis atque pręsentibus. . . .   In his enim quę sunt futura uel contigentia . non esse affirmationes et negationes ueras uel falsas diffinite
probare contendit. K I   10/11 Zu ut bis est[2]: Vt si quis dicat . hodie alexander pransurus est . hodie alexander pransurus non est. K I   In singularibus autem talis est. Cras socrates in palęstra disputaturus est . cras socrates in palęstra disputaturus non est. K II   12-15 Zu Éin uuéder bis uuîzen: Necesse enim est ut aut affirmatio uera sit aut negatio . sed non ut
diffinite quęlibet earum uera sit . altera falsa. K I   In futuro uero non eodem modo sese habent . ut cum dicimus . gothos franci superabunt . si quis
neg[e]t gothos franci non superabunt . una quidem uera est . una falsa . sed
quę uera quę falsa . ante exitum nullus agnoscit. . . .   Et [hoc] posito .
[monstrat aristoteles] unam ueram . alteram definite falsam esse . omnia ex
necessitate contingere. K II   15-20 Zu Fóne bis uuîs: Ut autem diffinite una
uera sit . altera falsa diffinite . sicut in his quę sunt pręterita . quęque
pręsentia . nulla rerum ratione possibile est. Sed hoc prius aristoteles in

singularium predicamentorum propositionibus probat . post autem idem debere in uniuersalibus docet intellegi. . . . Quibus id argumentationibus ex[s]equatur . manifestum erit hoc modo. K I   Sed ea quę dicentur . de futuris et contingentibus . melius intellegentur . si de his contingentibus loquatur . quę in singulari contradictione proueniunt. Est enim uniuersalium angularis contradictio in contingentibus huiusmodi. Cras omnes athenienses bello nauali pugnaturi sunt . cras non omnes athenienses bello nauali pugnaturi sunt. . . . Ex consensu rerum propositionem demonstrat . hoc modo. K II   22 Zu .s. definite: Hoc est enim quod dicit. Nam si omnis affirmatio uel negatio uera uel falsa est diffinite. K I   Nam si omnis affirmatio uel negatio uera uel falsa est . subaudiendum est definite. K II

B175   6 Zu nemúgen: Neque enim fieri potest ut affirmatio negatioque consentiant in talibus .i. in contradictionis [pro]positionibus. K I   In his namque id est in singularibus contradictionibus . uerum dicere uterque non potest. Contradictorię enim erant . quę simul esse non poss[u]nt . sed nec utręque negationes atque affirmationes . falsę esse in contradictoriis possunt. K II   7/8 Zu .S. IN PRĘsenti: Quod de futuro possit esse iudicium a presentibus trahit exemplum. K I   Huius autem rei exempla ex presentibus sumit. Nam sicut se habent secundum necessitatem in presenti tempore enunciationes . ita se habebunt etiam in futuro. K II   9-11 Zu Úbe bis is, 12-14 zu Únde bis lóugenenne: Quod si hoc est . in omnibus rebus et quicquid dicitur cum ueritate uel falsitate ad rem quę est . uel non est conuertitur . siue negatio sit siue affirmatio . et unam ueram semper . alteram falsam esse necesse est. . . . quoniam ueritatem propositionis rei necessitas sequitur. . . . In falsitate quoque similis causa est. K I   Speculemur igitur in presenti quę sit rerum propositionumque necessitas. Si qua enim propositio de qualibet re dicta uera est . illam rem quam dixit . esse necesse est. . . . Si enim est aliqua res . uerum est de ea dicere quoniam est . et si non est aliqua res . uerum est de ea dicere . quoniam non est. . . . quoniam propositionum ueritatem uel falsitatem rerum necessitas secundum esse uel non esse consequitur . esse quidem secundum ueritatem ut dictum est . non esse secundum falsitatem. K II   18/19 Zu .s. bis íst[1]: Quare si in omni affirmatione et negatione . aut affirmatio aut negatio in futurum diffinite uera uel falsa est . necesse est . uel quod ab affirmatione uera diffinite . uel quod a negatione dicitur euenire. K I   Quod si hęc ita sunt . [positum] est

autem omnem affirmationem et negationem ueram esse definite. K II   175,25-
176,3 Zu Sôl bis uuâne: Nihil etiam in liberi arbitrii moderamine relin-
quetur . sed totum erit ex necessitate quicquid euenerit. . . . et ut non
fiat non potest euenire. K I   Quę enim euenerunt . non euenisse non possunt
. et quę nunc fiunt . ut nunc non fiant cum fiunt . fieri non potest. . . .
Nihil fit casu . neque libera uoluntate . nec aliqua possibilitate. Hęc
enim quę utrumlibet uocamus . talia sunt . quę cum nondum sunt facta . et
fieri possunt . et non fieri . Si autem facta sunt . non fieri potuerunt.
. . . Restat ut una quidem uera sit . altera falsa . non tamen definite .
sed utrumlibet . et instabili modo. K II   Vgl. auch NL zu 176,7-9.

B176   3/4 Zu Sô bis sélbuuáltîgî: Itaque et casus et possibilitas . et liberum perit arbitrium. K I   Nihil ergo nec casu . nec liberum arbitrium .
nec possibilitas ulla in rebus est. K II   De arbitrii libertate. Fóne dero
sélb uuálo. Hîer íst ze uuízenne . dáz uuír dúrh sémfti ánt fristoên liberum arbitrium . sélb uuala . sámo so liberam electionem. Áber boetius léret
únsih in tertio libro secundę editionis . periermeniarum . dáz uuír liberum
arbitrium spréchen súlen mít subauditione uoluntatis . álso liberum uoluntatis arbitrium. Uuánda únsih kót hábet ketân arbitros . únde iudices uolun-
tatum nostrarum . uuéder sie sîn bonę álde malę . be díu chît liberum uoluntatis arbitrium . sélb uualtîg chíesunga des uuíllen. Áber úbe uuír chéden
. dáz libervm arbitrium héize libera uoluntas . sô rámeên uuír dés sélben .
únde éigen dánne drív uuórt feruángen mít zuéin. Díu zuéi sóltôn uuír díuten uuílleuualtigi . âne dáz iz mít úns tîa significationem hábet . tîa apud
latinos hábet liberalitas. Álso terentius chît . seruiebas liberaliter. Dáz
chéden uuír. Tû díenotôst uuílleuualtigo. Nb 212,11-22 Vgl. auch Nb 32,4
237,6-8,10-13,23-26 237,30-238,8 239,15/16,27-30 240,28/29 241,22-24 243,20-
22 245,11-13,17/18,25-28 247,2-6,11-13 247,29-248,6 248,10-12,24-26 249,9/10,
12-15,22-24 266,14/15 267,16-20 268,11-14,19/20,22-24 271,3-6. So uuiêo ih
liberum arbitrium [selb uuála übergeschr.] hábe . ih ne mag doh nîo uuóla ge
tûon âne dîna hélfa. Np 81,14/15 (= Ps 26,9)   liberum arbitrium tibi dedi,
uoluntatis tuae es; . . . . Voluntatem quidem liberam mihi dedisti. A Vgl.
auch Np 84,2-4 (= Ps 27,7) 129,15-18 (= Ps 37,20) 289,13/14 (= Ps 78,9) 371,
22-25 (= Ps 101,11).   5-7 Zu Íz bis lóugenento: Si ergo ueritas rerum necessitati conuertitur . et aut qui negat uerus est . aut qui affirmat . omnia
fieri ex necessitate necesse est. K I   et omne necesse est esse uel non esse

. si hic quidem dicat . futurum aliquid . ille uero non dicat . hoc idem ipsum manifestum est uerum dicere alterum ipsorum. K II Vgl. auch 175,17-20. 7-9 Zu Uuâre bis kelîcho: Et hanc eueniendi . uel non eueniendi possibilitatem utrumlibet uocamus. . . . Utrumlibet est cuius indiscretus euentus est .i. quod ęqualiter esse uel non esse contingit. . . . Et est utrumlibet quod ęqualem cursus . et ad euenire retinet . et ad non euenire. K I Contingens autem secundum aristotelicam sententiam est . quodcumque aut casus fert . aut ex libero cuiuslibet arbitrio . et propria uoluntate uenit . aut facilitate naturę in utramque partem redire possibile est . ut fiat scilicet . et non fiat. . . . Ingreditur autem ex his tribus . quę supra iam dicta sunt . ex casu . ex libero arbitrio . ex possibilitate . quę omnia uno nomine utrumlibet uocauit . fingens scilicet ad hoc nomen . quod non unius . et certi euent[us] ista sunt . sed utriuslibet . et quomodo contingit. . . . Nos autem liberum uoluntatis arbitrium . non id dicimus . quod quisque uoluerit . sed quod quisque iudicio et examinatione collegerit. K II 10/11a Zu Îh bis neuuúrte: ut tamen una res quęlibet . quasi necessarie et definite proueniat . aut non proueniat . fieri non possit. K II   11bc Zu Tiz bis ne uuérdinne: Nihil enim magis se uel sic habet . uel sic non habet . id est ęqualiter se habet et ad esse . et ad non esse. Nihil enim magis sese habet ut fiat quam ut non fiat. K I Est enim utrumlibet quod uel ad esse uel non ad esse ęqualiter sese habeat. K II 13/14 Zu PESÛOCHÊN bis futura: VAlidissimam sibi ipsi uim argumentationis opponit . qua possit ostendere affirmationes negationesque ueras uel falsas esse diffinite. K I Ad astruendum non esse omnes enunciationes ueras definite in futuro uel falsas . ex eadem quidem argumentationis uirtute . ex eodem possibilitatis euentu . diuersam tamen ingreditur actionis uiam. K II 16, 19 Zu máhta (2mal), 16 zu uóre, 20 zu fóre: Et ait prouidendum esse ne forte necesse sit suspicari id quod iam factum est uere dici potuisse antequam fieret esse faciendum. . . . Quare diffinite quoque fuit quodlibet eorum quę facta sunt uere prędicere. K I quod omnia quęcumque facta sunt . inquiunt . potuerunt prędici quoniam fient. K II 22-24 Zu Îst bis sîn: Quod uero diffinite uere prędictum erat . non euenire non poterat. K I Oportet enim in contingentibus ita aliquid prędicere si uera erit enunciatio . ut dicat quidem futurum esse aliquid . sed ita . ut rursus relinquat esse possibile . ut futurum non sit. K II

B177   6-8 Zu Nîeht bis keuálle: Si potest non fieri . non potest uere diffinite prędici. Quod enim uere diffinitum prędicitur . ex necessitate futurum est. Quod autem casu est ex necessitate non euenit. K I   Vgl. auch NL zu 175,25-176,3.   9/10 Zu Uuánda bis éinen: Nam si a casu esse poterit . non ex necessitate futurum est. K I   Stoici autem omnia necessitatibus dantes . conuerso quodam ordine liberum uoluntatis arbitrium custodire conantur. Dicunt enim naturaliter quidem animam habere quandam uoluntatem . ad quam propria natura ipsius uoluntatis inpellitur. K II   Vgl. auch NL zu 176,7-9.   15-17 Zu Nû bis neuuirdet: Nunc autem monstrat . quoniam ne hoc quidem fieri potest . ut utręque sint falsę. . . . Si quis ergo hoc dicat. Primum inquit illud inconueniens atque impossibile est. K I   Hoc autem nihil differt dicere . cum si quis dicat utrasque esse falsas. Hoc enim inpossibile est. K II   20/21 Zu Uuánda bis iáh: Contingeret autem utramque falsam esse affirmationem scilicet et negationem. K I   In contradictionibus namque utręque falsę inueniri non possunt. . . . Habent ergo propriam naturam . ut neque falsę simul sint . neque uerę. K II

B178   1 Zu in presenti: Si quis enim dicat in pręsenti tempore . hoc animal quodlibet album est uel magni corporis et hoc uere pronunciet . album et magnum illud animal esse necesse est. K I   Vgl. auch NL zu 175,7/8.   2 Zu in futuro: Ita etiam in futur[o] . si quis uere dicat . quoniam hoc animal cras album fiet . et corporis uastioris . necesse est cras utrasque contingere . et ut album fiat . et corporis uastioris. K I   Nec illud inquit dici poterit . quod contingentium propositionum neutra uera s[i]t in futuro. K II   3 Zu in guîs, 7 zu quîsso: Sin uero utraque falsa sunt . nec erit ex necessitate quod dicitur . quia diffinite affirmatio falsa est . nec non erit quod dicitur ex necessitate . quia diffinite est falsa negatio. K I   Neque enim idem est dicere . neutra uera est . quod dicere neutra uera est definite. K II   4 Zu gelîcho: Non est igitur uerum utrasque simul .i. affirmationem negationemque mentiri. K I   Vgl. auch NL zu 176,7-9,11bc.   6-8 Zu Álso bis neuuérden: Nam si quis dicat cras futurum nauale bellum . aliusque neget et pronuntiet non futurum. K I   Futurum esse enim cras bellum nauale et non futurum . non dicitur . quoniam utr[ę]que omnino fals[ę] sint . sed quoniam neutra s[i]t uera [definite] . ut quęlibet ipsarum definite sit falsa . sed hęc quidem uera . illa falsa . non tamen ipsarum una definit[e] . sed quęlibet illa[rum] continge[nter]. K II

B179   1 Zu guísso: unam necessario diffinite esse ueram . definite alteram falsam. K I Tunc enim inconuenientia illa contingunt . si omnis affirmatio et negatio definite uera uel falsa est . siue in his contradictionibus quę in uniuersalibus angulariter fiunt . siue in singularibus. K II 2 Zu únde bis si: Si quis enim proponat unam esse ueram definite . alteram falsam . tollit ut supra dictum est id quod est utrumlibet in rebus . et omnia esse uel fieri ex necessitate constituit . nil a casu . nil a propria uoluntate. K I Nihil enim neque ex libero uoluntatis arbitrio . neque ex aliqua possibilitate . neque ex casu quicquam fieri potest . si omnia necessitati subiecta sunt . . . . Itaque omnium rerum . et casus . et uoluntas . et necessitas dominatur . nec una harum res in omnibus ponenda est . sed trium mixta potentia. . . . Inter hęc propria quorundam natura est . quę utrorumque sit media . quę et esse scilicet possit . et non esse. . . . Nam eorum quę sunt utrumlibet . alia sunt quę ęqualiter se ad affirmationem et negationem habent. K II Vgl. auch NL zu 176,7-9. 3/4 Zu so bis aba: Vnde fit ut neque negotiari sit utile . . . . Ipsum enim consilium superuacuum est . . . . Ad tollendum enim perimendumque consilium est . quod nihil omnino homines oporteat consiliari. K I Euertitur enim consilatio . si frustra est. K II 4-6 Zu uuánda bis tána mêr: Neque enim inquiunt [quidam quorum sunt stoici] uoluntas nostra in nobis est . sed idem uolumus . idemque nolumus . quicquid fati necessitas imperauit . ut uoluntas quoque nostra ex fato pendere uideatur. Ita quoniam per uoluntatem nostram quędam ex nobis fiunt . et ea quę fiunt . in nobis fiunt . quoniamque uoluntas ipsa ex necessitate fati est . etiam quę nos uoluntate nostra facimus . quod necessitas imperauit . ea ipsa inpulsi facimus necessitate. . . . Quod si necessitas in rebus esset . siue hoc quis faceret . siue non faceret . quod necesse esset . eueniret. . . . Multa secum rerum ipsarum necessitas trahit . ut ea quę cum facere uelimus . non tamen facere ualeamus. K II Vgl. auch NL zu 14-19. 11 Zu líehto: atque idcirco frequenter ita diuinatur quod facillime in ueterum libris agnoscitur. K II 14-19 Zu Uuáz bis fóre ságun: Quid enim unusquisque dicat . si hoc faciam illud mihi eueniet atque continget . si uero hoc . illa res eueniet[?] Etenim nihil prohibet quemuis illum affirmare aliquid esse faciendum . alium uero negare . cum omnia ui necessitatis eueniant. Nam si omnia quę fiunt nunc . ante aliquis uere prędiceret . quis dubitat quin illa quę facta sunt . immutabili uiolentia necessitatis euenerint[?] . . . Siue enim prędicatur siue non prędicatur .

quicquid uere prędici potest . hoc ex necessitate futurum est. . . . Euentus enim necessitatem . necessitas sequitur ueritatem. K I Tunc enim nihil est utrumlibet . sed ex necessitate omnia . quoniam ueritatem et falsitatem propositionum . rerum euentus ex necessitate consequitur. . . . Si omnia inquit necessitas agit . non oportet consiliari . quoniam si hoc facimus . proueniet nobis hoc . si uero hoc facimus . non proueniet. Nihil enim prohibet frustra unum dicere . alterum negare dicentem . si hoc facimus . erit hoc . aut non erit. . . . Nam quod in uera prędicatione est . idem est [in] scientia . et sicut cum quis uerum prędicit . quod uere prędicitur . esse necesse est . ita quod quis futurum nouit . illud futurum esse necesse est. . . . Harum enim [enuntiationum] ueritatem et falsitatem . necessitas consequitur . quę et casum de rebus et liberum subripiat arbitrium. K II 24 Zu uóre ságeti: parum ualet aliquid ante prędici. Siue enim dicatur aliquid siue non . quicquid uere prędici potuisset . illud etiam si non prędicatur euenire necesse est. K I Quod si ita est . eueniendi rei . uel non eueniendi non est causa is . qui prędicit [rem] futuram esse uel negat. K II

B180 4/5 Zu netûot iz neuuéder: si euentura est illic nil negatio officit . si euentura non est nihil affirmatio prodest. K I Non enim [propter] affirmationem et negationem esse necesse est. Sed idcirco ea esse necesse est . quę futura sunt. K II 7 Zu überlang, über churz: nihil quoque interest . an iuxta prędicetur . an longius. K II 21-23 Zu Nôh bis gebureda: Veritas namque propositionibus ex rerum necessariis uenit euentibvs. K I Euentu[m] necessariarum rerum aristoteles non ex prędicentium ueritate . sed ex ipsarum rerum natura considerans . [ait] quod licet necesse sit quisquis de re aliqua uera prędixerit . rem quam ante pronunciauerit euenire . non tamen idcirco rerum necessitas ex prędictionis ueritate pendet . sed diuinandi ueritas ex rerum potius necessitate perpenditur. K II Dés uuéhseles uuânent sîe . dáz tîu geskíht máchoe dia fóre sîht . náls táz tiu fóre sîht máchoe dia geskíht. Nb 240,19/20 illi enim dicebant esse futuras res causam propter quam esset providentia, propter providentiam non esse res futuras. R Est autem quidem uera oratio . nequaquam causa . quod sit res. Nû neîst tiu uuârra réda nehéin machúnga des tíngis. Uerum tamen uidetur quodammodo res causa . ut sit oratio uera. Áber daz díng . máchôt tia réda uuârra. Nk 135,7-12 *Vgl. auch 184,11-13,21-24 und 185,2-5.* 25/26 Zu .S. bis fiant: Unde fit ut manifestum sit quoniam non omnia ex necessitate . uel sunt . uel fiunt. K I Quod si non hęc sunt possibilia .i. ut omnia necessitas administret. . . . Sed si omnia ex necessitate fiunt. K II

B181   2/3 Zu .i. bis principium: sumus enim aliquibus ipsi principium. K I
Sumus enim quarundam rerum nos ipsi quoque principia. K II   3/4 Zu ána génne . únde réccheda: uidemus enim quasdam res ex principio liberi arbitrii
. et ex nostrorum actuum fonte descendere. K II   4/5 Zu náls tiu uóre sága
vgl. 180,21-23.   8 Zu únseren muot uuíllen: Multa autem dat liberum uoluntatis arbitrium . quę nobis uolentibus fiunt . ut fierent si uelimus. K II
Vgl. auch K II zu 176,7-9.   9 Zu quędam: Sed quędam sunt quę ęquali modo
uel fiunt . uel non fiunt. K I   Quocirca uidemus in his quę non semper actu
sunt . esse quędam possibilia . et non. K II   12/13 Zu núbe in uuáne: Sunt
enim quędam quę actu non sunt sed potestate. K I   In his ergo facturis . alia quidem potestate sunt . alia actu. K II   13/14 Zu únde[1] bis netûon vgl.
NL zu 179,4-6,14-19.   15 Zu in futuro vgl. 178,2.   23 Zu uerskáfen, 25 zu
únuerscrótenez: Ergo potest quidem incidi sed forte non incidetur . sed antequam incidi possit exteritur.   Rursus potest fieri ut non diuidatur. K I
ut uestem quam possibile quidem est secari . sed fortasse ita contingit . ut
non ante ferro diuidatur . quam eam exterat uetustas. Et hoc fieri potest .
ut quęlibet uestis non ferro potius minutatim [per]eat . quam usu ipso exteratur. K II

B182   3/4 Zu ólangiz bis álgánzez: Si autem fit adiectiuum . dicimus solidum . erháueniz . dícchiz . ólangiz . dáz chît ále gánziz . únhóliz . féstiz.
Nk 61,24-26. Vgl. auch NL zu 181,23,25.   9/10 Zu íh bis stânt: Liquet enim
aliquarum rerum nos esse principium . ut actuum nostrorum. K I   Videmus enim
a nobis quiddam esse principium futurorum . et a nostris actibus atque consiliis. K II   Vgl. auch NL zu 181,12/13.   13 Zu ze béidên gelîcho: Nam eorum
quę sunt utrumlibet . alia sunt quę ęqualiter se ad affirmationem et negationem habent . . . . Utroque enim modo utrumque est. K II   Vgl. auch 176,7-9
und K I zu 181,9.   15 Zu guíssera vgl. 174,21/22.   17-20 Zu Súmelíchíu bis
áltên: Quędam uero frequentius fiunt quam non fiunt . ut sexagenarium canescere . frequentius fit quam non fit. . . . Alia uero magis quidem in pluribus alterum . ut canescere in pluribus sexagenariis quam non canescere. K
I   Alia uero sunt . quę non se ęqualiter habeant . sed quamquam in una re
frequentius eueniat . non tamen prohibitum est in altera prouenire. Ut in
eo quod est hominem in senecta canescere . in pluribus quidem hoc contingit.
K II   21-24 Zu Tóh bis áltemo: Sed contingit fieri alterum scilicet ut non
canescat . alterum uero minime ut canescat. K I   sed contingit fieri et alterum .i. ut non canescat . alterum uero minime .i. ut canescat. K II   Zu
17-24 vgl. auch 185,14-18.

B183   3-5 Zu Uuánda bis nesizzet: Quando enim sedeo non potest fieri ut
non sedeam . et necesse est mihi tunc sedere cum sedeo. . . . Rursus cum
non sedeo . tunc mihi necesse est non sedere. K I   Ergo tunc quando quis sedet . cum sedet . eum sedere necesse est. Fieri enim non potest . ut cum
sedet . non sedeat. Rursus quando quis non sedet . tunc cum non sedet . eum
non sedere [necesse] est. K II   9/10 Zu .s. bis neíst: Non tamen omnia quęcumque sunt aut non sunt . aut ex necessitate sunt pręter temporis nuncupa-
tionem pręsentis . aut ex necessitate non sunt . nulla mentione pręsentis
temporis facta. K I   Hoc igitur dicit aristotel[e]s . omne quod est . quando
est . et omne quod non est . quando non est . esse cum conditione . et non
esse necesse est . sed non sine conditione aut esse . aut non esse simpliciter. . . . et hanc conditionem temporis . si a propositione diuidamus . de
tota propositione ueritas perit. K II   10/11 Zu Sô bis iz: Sed ipsum sedere
mihi ex necessitate non inest . possum enim surgere. . . . sed ipsum non sedere mihi ex necessitate non inest . possum enim sedere. K I   Non enim possumus dicere . quoniam socrates ex necessitate sedet . potest enim et non
sedere . Habet enim quandam conuenientiam et cognationem socratis potestas .
sicut ad sedendum . sic etiam ad non sedendum. . . . Alioquin simpliciter
non ex necessitate sedet . sed contingenter . potest enim surgere. K II   13-
17 Zu Táz bis esse: Quare inquit non est idem . temporaliter necessarium
esse . ut est mihi cum sedeo . et simpliciter ex necessitate esse ut homini
mortalitas. K I   Duplex modus necessitatis ostenditur . unus qui cum alicuius accidentis necessitate proponitur . alter qui simplici prędicatione profertur. Et simplici quidem prędicatione profertur . cum dicimus solem moueri necesse est. . . . Altera uero quę cum conditione dicitur . talis est .
ut cum dicimus socratem sedere . necesse est cum sedet . et non sedere necesse est cum non sedet. K II   EXPLANATIO EIUSDEM SENTENTIĘ . EX HOC QUOD
DUĘ NECESSITATES SUNT . UT IN PERIERMENIIS ARISTOTELIS LEGITUR. Duę sunt
etenim necessitates. Zuô nôte sínt. Una simplex. Éiniu íst éinualte .
únde âne íba. Veluti quod necesse est omnes homines mortales esse. Álso
díu íst . táz álle ménnisken nôte tôdig sínt. Altera conditionis. Ánderíu
íst mít íbo . únde mít kedíngun. Ut si scias aliquem ambulare . eum necesse
est ambulare. Álso díu íst. Úbe du uuéist éinen mán gân . dáz tánne nôt
íst . táz er gánge. Nb 267,22-30   18-20 Zu Not bis esse: Nec idem est cum
non est necessario non esse . ut mihi cum non sedeo non inest sedere . et
quod simpliciter ex necessitate non habeo . ut tres oculos uel immortalita-

tem. K I 24/25 Zu dero oppositorum: Ea uero quę in generatione et corruptione sunt . non ita sunt. Habent enim hoc ipso quod et gignuntur et corrumpuntur . ad opposita cognationem. K II   25-27 Zu dáz bis simpliciter: Nunc quid sit necessarium temporale ostendit [uel describit übergeschr.]. SImilis est inquit ratio in contradictionibus contingentibus et in his quę cum sunt secundum tempus necessaria sunt . simpliciter autem necessaria non sunt. Nam in futuris et contingentibus contradictionibus totam quidem contradictionem necesse est unam ueram habere partem . alteram falsam. . . . In quo igitur similitudo est contingentis contradictionis et temporalis . neque simplicis necessitatis? K I   Planissime quę sententia haberet[ur] de contingentibus propositionibus et futuris . exposuit . dicens . in his totam quidem contradictionem dictam . unam quamlibet partem habere ueram . alteram falsam. K II

B184   1-3 Zu .s. bis uóre ságet: Atque ideo in his non est unam partem contradictionis assumere . et eam necessario esse prędicare . et rursus aliam necessario non esse proponere . quamuis totius contradictionis una quęlibet pars uera sit . altera falsa. K II   Vgl. auch 174,21-175,6 und NL zu 183,25-27.   2 Zu presagiis vgl. 179,19.   6-8 Zu Tû bis stérchenten: In tota quidem contradictione una uera est altera falsa . sed nullus potest diuidere ut dicat . aut affirmationem constitute et diffinite ueram esse aut negationem. K I   in his quamquam totius contradictionis in qualibet eius parte ueritas inueniatur aut falsitas . non tamen ut aliquis diuidat . et dicat . hanc quidem ueram esse . illam uero falsam. K II   12/13 Zu Turh táz fóre chéden, 23/24 zu uuánda bis gebureda: Quę autem essent huiusmodi res . quarum euentus uarius indefinitusque constaret . planissime demonstrauit . . . . Hęc enim sunt quę habent ad opposita cognationem . sicut in ipsa propria substantia rerum ipsarum euentus docet. K II Vgl. auch 176,13-20 180,18-23 185,2-5 sowie K I zu 185, 12.   16-19 Zu Uuéder bis ío dóh: ita in contradictione contingenti . affirmationem quidem uel negationem ueram esse necesse est . non tamen uel affirmationem simpliciter ac definite ueram . uel negationem . sed utramlibet . et quam certę ueritatis constituerit euentvs. K I   Sed incognite et indefinite . et non nobis . . . . sed tantum indefinite . quęcumque una pars contradictionis uera est . altera falsa. Sed quę euenerit. Euentus autem ipsorum indiscretus est. K II   Vgl. auch K II zu 174,12-15.   25/26 Zu .s. bis rebus: Ergo in quibus rebus possibile est . non modo esse . sed etiam non esse contingere

. in his affirmatio et negatio utrumlibet sese habet. K I   manifestum est .
quoniam quęcumque res ita sunt . ut utrumlibet sint . et contraria ipsorum
contingere possint. K II

B185   184,27-185,2 Zu Táz bis mûgen: Ita quoque et contradictionem et ueram et falsam esse indefinite proueniet. . . . ut sicut ipse status rerum
mutabilis est . ita quoque ueritas aut falsitas propositionum dubitabilis
sit. K I   Quod si res sint dubitabiles . et indefinito . uariabilique prouentu . contradictio quoque quę de his rebus fit . uariabili indefinitoque
prouentu sit. K II   3-5 Zu Kelîcha bis gebûredon vgl. 184,22-24. 7 Zu uuîlon (2mal): Supra namque monstrauit esse quasdam res . quę frequentius quidem contingant . non tamen interclusum sit . ut ei opposita aliquando contingant. K II   10 Zu strîte und 22 zu strîten vgl. 162,8-10 und 218,16-18.
10 Zu fîndest tu vgl. K I zu 14-17. 12 Zu quísso: Etenim sicut ipsa natura
rerum euentu est uaria. Ita quoque altera pars contradictionis habet uaria-
bilem ueritatem . et semper quidem uera uel falsa est . non tamen una definite . ut hoc uerum sit determinate aut illud sed utrumlibet. K I   Docuit
supra nos in his quę utrumlibet sunt rebus . contradictionis unam partem non
esse definite ueram . falsam uero alteram definite. K II   14-17 Zu Unde bis
zîtelîh: eueni[e]t quidem ut in aliquibus frequentius inueniatur una uera .
non tamen semper . et ut una rarius uera . non tamen eam falsam esse necesse
sit. K I   Si in his ergo non est definite una uera altera falsa . in quibus
una res frequentius euenit . rarius altera . multo minus in his in quibus oppositorum euentus ęqualis est . et uerum est quidem dicere . quoniam hoc contingit frequentius . non tamen omnino quoniam contingit . idcirco quod licet
rarius . tamen contingit oppositum. K II   17/18 Zu Álso bis neíst: Ergo si
in his quęcumque in pluribus eueniunt . non necesse est unam ueram esse alteram falsam . idcirco quod quicumque dixerit hominem in senecta canescere .
et hoc ex necessitate esse protulerit . mentietur. Potest enim et non canescere. K II   Vgl. auch 182,17-24. 21 Zu .ś. definite: Concludit igitur
totam de futuris et contingentibus propositionibus quęstionem et ait . manifestum esse non necesse esse omnes affirmationes et negationes definite
ueras esse . sed deest definite . atque ideo subaudiendum est. K I   Vgl. auch
NL zu 12.

B186   1-5 Zu Nôh bis únguis: Illarum enim quę contingentes sunt et futurę .

numquam definite una uera est . altera falsa. . . . Illa etenim quę sunt
presentis temporis . sicut ipsorum esse definitum est . ita quoque de his
definita est propositionum ueritas falsitasque. K I Neque enim quemadmodum in his quę sunt .i. in his quę presentia sunt . quod uero ait . in his
quę non sunt . possibilibus tamen esse . de futuris loquitur . quę cum non
sint . tamen esse possunt. . . . In illis enim .i. preteritis et presentibus . definite una uera est altera falsa. In his .i. futuris et contingentibus . ueritas et falsitas propositionum nulla definitione constringitur.
K II *Vgl. auch 173,1-19 und 174,4-20.* 6-8 *Zur Überschrift:* HIC THEMA IN-
COAT. Incipit iterum ostendere uim simplicis et predicatiuę propositionis.
T ANICII MANLII SEVERINI BOETII . IN PERIERMENIAS ARISTOTELIS A SE TRANSLA-
TAS . PRIMAE EDITIONIS LIBER PRIMVS EXPLICIT. INCIPIT SECVNDVS. K I EXPLI-
CIT LIBER .III. INCIPIT .IIII. K II 6 *Zu* EXPLICIT *bis* TEMPORVM*:* Postquam de
preteriti ac presentis futuri etiam temporis ueritate et falsitate disseruit. K I Ad diuisionem temporum in principio factam . totam reuocat quęstionem. K II 10/11 *Zu* Hic suspensio uocis, 13 *und* 17 *zu* Et hic *(2mal),* 23/24
zu Hic *bis* est[1]*: Solche rhetorischen Anweisungen kommen öfters bei Notker
vor.* Hîer îst suspensio uocis. . . . Sô îst óuh hîer. . . . Et hic. . . .
Nû chúmet interposita ratio. . . . Únz hára gât interposita ratio. Nb 53,6,
13 73,16 258,18/19,26 Suspensio uocis. . . . Et hic. . . . Interposita ratio. . . . Et hic interposita. Nc 7,1,5 134,2,8 Hic suspende uocem. . . .
Et hic suspende. . . . hic suspende uocem . quia pendet sensus. . . . táz îst
interposita ratio. Nk 83,8,11 84,22/23,26 Hic quia uerbvm occurrit uisvm est
et tamen pendet intellectus comma fit et suspendenda est uox. . . . Hic suspensio. . . . Et hic. . . . Hic quia interposita ratio est et quasi extra
hanc sententiam suscipienda est et quia potius colon est quam comma non suspendenda sed quodammodo mutanda est uox. G 13-15 *Zu* Ûnde *bis* ûnnamig*:* nunc
uim simplicis et predicatiuę propositionis informat dicens . quoniam simplex
affirmatio unam rem de una significatione .i. de uno subiecto unum predicat.
Subiectum autem illud aut nomen est . aut quod apud ueteres quidem fuit innominatum . ab aristotele uero infinitum nomen uocatum est. K I Est autem ca-
thegorica propositio . quę aliquid de aliquo predicat uel negat . et de quo
predicat quidem nomen est. . . . aut illud quod dicitur [nomen] infinitum.
. . . Innominatum autem est . quod propositum subruit nomen . ut est non homo. Nomen enim quod est homo . autem differt nominis infiniti priuatione .
quod est non homo . atque ideo et innominatum uocauit. K II 19-21 *Zu* Ûnde

bis innominabile, 24/25 *zu* .s. *bis* innominabile: Prius enim dictum est quod homo nomen esset . non homo uero innominatum quidem apud antiquos . sed nunc infinitum nomen. K I Commemorat quoque quid sit innominatum se supra dixisse . quoniam quod diceremus non homo . non quidem nomen aristotel[e]s diceret. K II *Vgl. auch 147,11-149,10.*

B187 1/2 *Zu* Et hic remissa *vgl.* NL *zu 186,23/24.* 5 *Zu* Hic clausula: Clausula. Nc 134,22-135,1 Sequitur clausula cum demissione uocis. G 11 *Zu* propositio: Nam si pręter uerbum fieri simplex propositio non potest . constat omnem uim simplicis propositionis uerba complecti. K I Recte igitur dictum est pręter uerba . prędicatiuam propositionem non posse constitui. K II 11/12 *Zu* Hoc est . preter, 12 *zu* preter, 14/15 *zu* Ih *bis* propositio: Si ergo omnis propositio aut esse . aut fuisse . aut futurum esse . aut aliquid huiusmodi [propter diuisionem quinque temporum *übergeschr.*] ut sit enuntiatio retinebit . manifestum est quod pręter uerbum esse non possit. Hęc enim . id est fuit . uel est . aut erit . uerba sunt. K I Sed pręter hęc [uerba] aut pręter idem ualentia . propositio nulla est. K II 14 *Zu* substantiua uerba: Maxima igitur pars eius [pręsentis temporis] sicut dictum est . uel pręteriit uel futura est. Excepto . sum . uerbo quod ΥΠΑΡΚΤΙΚΟΝ greci uocant . quod nos possumus substantiuum nominare. Id enim omnium semper est . perfectissimum . cui nihil deest. Pi 15/16 *zu* álde *bis* gezéigotiu: ut ex his cognosci possit . quę sunt superius posita atque confessa. K I Est enim inquit uel erit . uel fuit . uel quęcumque alia significant tempus . uerba sunt . sicut ex his doceri possumus . quę ante posita sunt atque concessa . cum definitio uerborum daretur . uerba essent . quę consignificarent tempus. K II *Vgl. auch 150,1-5.* 16 *Zu* currit *vgl. 150,14-16, zu* uiuit *160,6-9.* 17 *Zu* disputat *vgl.* NL *zu 160,14/15, zu* regnat *162, 16-18.* 18/19 *Zu* sámint *bis* passione *vgl. 150,3/4 und 151,3.* 23 *Zu* uzer finito nomine, 24/25 *zu* Tíu *bis* nomine: et prius illas ponit quę ex finito nomine sunt. Secundo uero loco eas quę ex infinito nomine proponuntur. K I Propositionum . alię sunt ex finito nomine . alię ex infinito. K II 26 *Zu* Tíu *bis* uniuersaliter, 187,27-188,1 *zu* Tíu *bis* infinito: Et post hęc uniuersalitatem iungens . easdem rursus iterat propositiones. K I Earum [enuntiationum] quę simplex habent subiectum . alię sunt . quę uniuersale simplex subiciunt . alię quę singulare. . . . Contra has diuisę ex infinito nomine uniuersales. K II

B188 2-6 Zu Mít bis fuit: Eodem modo dicit . eademque ratione in extrinsecvs temporibus simplices fieri propositiones . ut est . fuit homo . non fuit homo . et in aliis quoque temporibus idem modvs est. Extrinsecus autem tempora uocat . quę sunt pręter pręsens .i. pręteritum et futurum. K I Sed aristotel[e]s non solum in pręsenti tempore easdem propositionum dicit esse differentias . quas proposuit . sed etiam in aliis quoque temporibus quę sunt extrinsecus. Extrinsecus autem tempora uocat . quę pręter pręsens sunt . pręteritum scilicet et futurum. K II 6 Zu erit und fuit vgl. 187,11/12. 6-11 Zu Ferním bis propositio: vnde fit ut illud intellegere necesse sit illas quantitates quę uniuersale et particulare determinant in terminis non haberi. Nam cum duorum terminorum propositio sola simplex sit . inter simplices huiusmodi numerat propositionem quę dicit . est omnis homo . cum tres sint partes orationis. Quare determinationes non numerantur in terminis. [determinationes . quę uniuersale et particulare determinantia sunt omnis et nullus et quidam . qui in simplici enuntiatione non numerantur. am Rand nachgetr.] K I Posterius autem monstrabitur . hoc etiam in his esse . quę determinationem habent uniuersalitatis uel particularitatis. . . . Huius autem hęc causa est . quod omnis . determinatio . in terminorum numero non ascribitur . sed potius ad uim suam .i. ad determinationem. K II 15-18 Zu Sô bis fîere: Si enim hoc modo sit . ut dicamus . est iustus homo . est et iustus prędicantur . homo uero subiectu[m] est. . . . Ex his igitur duplicem oppositionem fieri dicit . et quattuor propositiones quarum subter exempla subiecit. K I Postquam de his propositionibus expediuit . quę duobus constiterint terminis . . . . ut in eo quod dicimus . homo iustus est . . . . Quocirca recte dup oppositiones quattuor propositionum sunt. K II 19/20 Zu Taz bis est, 21/22 zu daz bis ist: Nam si uerbum est in hac propositione quę dicit . est iustus homo . ad iustum posuimus . . . . Tertium inquit dico . id est adiacere uerbum est. Homo enim et iustus duo sunt quibus adicitur uerbum est. K I Etenim in ea propositione quę dicit . homo iustus est . est tertium adiacet . prędicatur autem iam non tertium . sed secundum. . . . Est autem non prędicatur . sed tertium adiacens prędicatur .i. secundo loco . et adiacens iusto. K II Vgl. auch 189,19-22. 20 Zu so^1 bis sî^2: Iccirco autem dixit . nomen uel uerbum quia superius quoque iam docuit . ipsa uerba nomina esse . hoc eo scilicet loco ubi ait. Ipsa quidem uerba secundum se dicta nomina sunt. K I Idcirco autem ait nomen uel uerbum . quoniam uerba quoque nomina sunt. Hoc autem prius dixit . dicens ipsa quidem per se dicta uerba . nomina sunt. K II 22-24 Zu Tóh bis declaratiua: Iccirco est atque iustus quamquam primo dicantur in eo quod est . est iustus homo . tamen quoniam uniuersaliora sunt . non de his homo . sed hęc de homine pręsdicantur . et his homo subiectus est. K I Nec hoc turbet . quod aristotel[e]s . est . primum dixit . nos uero postremum. . . . ut in eo quod dicimus . homo iustus est . homo subiectum est . et iustus . et est . utraque pręsdicantur. K II 23/24 Zu zu bis declaratiua: Porro ex duabus pręsdictis partibus altera subiectiua nominatur uelut subdita ut apuleius . altera declaratiua ut disserit . non disserit. Api Harum vii^{em} principales partes sunt enunciatiuę orationis . quis et quid hoc est subiectiuum et declaratiuum. Subicitur enim quis fecerit et declaratur quid fecerit. Et subiectiua pars nominatiuum habet declaratiua verbum indicatiuum. G Subiectiuum íst táz án demo proloquio . fóne démo íeht kespróchen uuírdet . dáz áber fóne ímo gespróchen uuírdet . táz íst declaratiuum. Nb 155,21-24 Ipsius autem proloquii partes . sunt subiectiuum et declaratiuum .i. táz fúndament . unde dáz úber zímber. Homo subiectiuum est . animal est declaratiuum. Ns Vgl. auch 209,22-24 und 219,7. 188,24-189,2 Zu Híer bis homo²: cum sint inquit .iíii^{or}. propositiones . quę duæ ex finitis nominibus sint . ut est iustus homo . non est iustus homo . duę ex infinitis nominibus sint . ut est non iustus homo . non est non iustus homo. K I Quocirca simplicis nominis affirmatio . et simplicis nominis negatio . una est oppositio . et duę propositiones. . . . hoc autem [finitum] nomen erit . aut infinitum nomen. Fiunt ergo ex his [finitis] duę [propositiones] . homo iustus est . non est homo iustus. . . . Ex infinitis autem . in quibus nomen infinitum principaliter pręsdicatur . ut est . homo non iustus est . homo non iustus non est. . . . .iiii. solas propositiones fecit . duplicem uero oppositionem. K II

B189 2/3 Zu Fóne bis fólget: Ergo nunc hoc dicit. K I Postquam igitur dixit quid uellet ostendere . . . subter exposuit . quot fierent propositiones. K II 4, 23 Zu propositionum (2mal) vgl. NL zu 188,15-18. 7-10 Zu .i. bis priuatorię: .i. eandem uim [uel formam übergeschr.] retinent affirmationis et negationis . et similes sunt ad affirmandum aliquid uel negandum . his quę sunt priuatorię. K I Harum igitur inquit quęcumque ad pręsdicatum terminum habent nomen infinitum . similes sunt his . quę aliquam denunciant priuationem. K II 11/12 Zu priuatorię propositiones: Priuatoriæ propositiones sunt quęcumque pręsdicant priuationem. K I Priuatorias autem propositiones uoco . quęcumque habent priuationem. K II 12-15 Zu Uuêlehe bis homo², 16/17 zu Ándero bis homo²: Ergo affirmatio priuatoria est quę dicit. Est homo iniustus. Negatio rursus priuatoria . non est homo iniustus. . . . duę inquit hę quarum una affirmatio est habens infinitum nomen . ut est non iustus homo . et una negatio habens rursus infinitum nomen . ut non est non iustus homo . sic se habent ad affirmationem et negationem . . . . Nihil enim similis est illa quę dicit est iustus homo . ei quę dicit . est iniustus homo . cum utręque sint affirmationes. Sed illa est simplex . ista priuatoria. At uero ea quę dicit . non est iustus homo . ad eam quę dicit . non est iniustus homo . nulla similitudinis ratione coniungitur . cum sint utręque negationes. K I His ergo dispositis . dico quoniam quemadmodum se habent priuatorię .i. affirmatio et negatio quę dicunt . est iniustus homo . non est iniustus homo . ad simplices quę proponunt . est iustus homo . non est iustus homo. Secundum consequentiam . sic se habebunt etiam infinitę propositiones . affirmatio et negatio . hę scilicet quę sunt . est non iustus homo . non est non iustus homo . ad easdem simplices quę sunt . est iustus homo . non est iustus homo. K II 18/19 Zu Infinitę bis uernûmist: Idem enim ualet ad intellegentiam quod dicitur iniustus . tamquam si dicatur non iustus. . . . Quia igitur infinitum negat . et subiectum infinito negando priuat . priuatoriæ similis est. K I Namque illę quę infinitum nomen habent in prędicatione . hę priuatoriis consentiunt. K II 25/26 Zu Fóne bis uernémenne: Sed quemadmodum istę sibi sint similes et quomodo in consequentia proprium teneant ordinem nunc quidem ex[s]equi distulimus . paulisper tamen describantur . ut e[a]rum quędam proprietas ostendatur. K I Nunc autem horum ordo subiectus . numerum oppositionemque declarat. K II

B190   3/4 Zu Fîere bis propositionibus, 6/7 zu Tise bis priuatorię: Describantur ergo duę prius simplices propositiones. Post has duæ priuatoriæ. Postremo quę ex infinitis nominibus constant ut affirmationes sub affirmationibus . negationes sub negationibus constituantur. K I Nunc autem illud respiciamus . quemadmodum ips[as] .iiii. fieri propositiones dicat. . . . Ergo cum sint duę [propositiones] simplices . . . et sint alię duę priuatorię . . . necnon etiam alię sint infinitę. K II 8/9 Zu analiticis: Sed hę inquit ita sunt dispositę . eandemque ad se similitudinem gerunt . quemadmodum in analyticis .i. resolutoriis dictum est. K I Hanc enim consequentiam quam in superiori expositione memoraui priuatoriarum et infinitarum ad simplices . in primi libri priorum resolutoriorum . quę analitica greci uocant . fine disposuit. K II 9-27 Zu Quare bis eius vgl. 218,1-18.

B191 1 Zu affirmatio bis Simplex: AFFIRMATIO SIMPLEX SIMPLICES PROPOSITIONES NEGATIO SIMPLEX K I Affirmatio. Simplices. Negatio. K II 3 Zu Affirmatio bis priuatoria2: AFFIRMATIO PRIVATORIA. PROPOSITIONES PRIUATORIÆ NEGATIO PRIVATORIA. K I Negatio. Priuatoriae. Affirmatio. K II 4 Zu Est bis homo2: Est iniustus homo Non est iniustus homo. K I Non est iniustus homo. Est iniustus homo. K II 6 Zu Est bis homo2: Est non iustus homo Non est non iustus homo K I Non est non iustus homo. Est non iustus homo. K II 7 Zu Affirmatio bis infinita2: AFFIRMATIO INFINITA PROPOSITIONES INFINITAE NEGATIO INFINITA K I Negatio. Infinitae. Affirmatio. K II 2-6 hanc consecuntur istę . sed non e conuerso. [am linken Rand] hęc consequi[tur] istas . sed non e conuerso. [am rechten Rand] Je zwei Striche verbinden 2 Est bis homo1 mit 4 und 6 Est bis homo2 (2mal), auch 2 Non bis homo2 mit 4 und 6 Non bis homo1 (2mal). K II 5 Similes und 2-6 SIMILES (je 2mal) fehlen dem Schema in K I II. Est uero similitudo affirmatiuę quidem simplicis ex finito nomine . et negatiuæ eius quę habet infinitum nomen. Namque ea quę dicit est iustus homo affirmatio . ei quę dicit non est non iustus homo negationi similis est. Negatio quoque simplex finiti nominis . affirmationi infiniti nominis conuenit. Ea enim quę dicit non est iustus homo . similis est ei quę dicit . est non iustus homo. . . . Nam quemadmodum priuatoria quę dicit . est iniustus homo . non solum affirmatio est . sed priuatoria affirmatio . ita quoque ea quę dicit . est non iustus homo . non solum affirmatio est . sed cum infinito nomine . et cum aliqua priuatione affirmatio. . . . Et rursus quemadmodum non est iniustus homo . non est solum negatio . sed priuatoria negatio . quoniam quamquam det habitum . tamen priuationem negat. Ita quoque et ea quę est ex infinito nomine . non est non iustus homo . non solum est negatio . sed ex infinito facta nomine . infinitum negans. K I Sequitur autem simplicem affirmationem eam quę dicit est iustus homo . priuatoria negatio quę dicit . non est iniustus homo. Sequitur igitur eandem ipsam simplicem affirmationem . infinita negatio .i. eam quę dicit . est iustus homo . ea quę proponit non est non iustus homo. . . . Rursus e diuersa parte idem euenit . quoniam affirmationem priuatoriam . quę dicit . est iniustus homo . sequebatur negatiua simplex . quę proponit non est iustus homo. Sequitur quoque indefinitam affirmationem quę dicit . est non iustus homo . simplex negatio quę dicit . non est iustus homo. K II   10 Zu ắllelîcho vgl. 163,18-22.   11/12 Zu ih bis sagen: In his autem angulares quidem affirmatiuas [uniuersales] numquam simul ueras esse contingit. K I in his autem quę sunt definitę . affirmationes affirmationibus angulares ueras esse aliquando nulla ratione contingit. K II   17/18 Zu io in zîtegelih: Contingit ergo aliquando ueras esse . sed non inquit omnino. K II 19-21 Zu Sint bis gehếlle, 22-24 zu Sint bis uuâr: In illis [.i. in indiffinitis übergeschr.] ergo sibimet utręque consentiunt angulares. . . . Alias uero angulares quę sunt particulares negationes contingit aliquando [ueras esse]. . . . Quod si huiusmodi propositiones cum definitione ponamus . ita dicendum est. Est omnis homo iustus . huius negatio. Non est omnis homo iustus. Rursus . est omnis homo non iustus . huius negatio. Non est omnis homo non iustus. K I   Similiter se [habent] igitur definitę indefinitis secundum consequentiam . angulares autem non eodem modo sese habent. Nam indefinitarum propositionum angulares . simul ueras esse contingit. K II   20 Zu daz chît ûngemarchôte und 22/23 zu .i. bis omnis vgl. 188,6-9.   191,24-192,3 Zu also bis modum: Quę disponantur hoc modo . ut [hęc] negatio sub [illa] affirmatione sit . et sub [illa] negatione [hęc] affirmatio. K I   Rursus sub negatione particulari priuatoria . et sub affirmatione uniuersali simplici . ponatur negatio particularis infinita. Sub affirmatione uero uniuersali priuatoria . et sub negatione simplici particulari . ponatur uniuersalis affirmatio infinita. Erit autem huiusmodi descriptio. K II

B192   4 Zu AFFIRMATIO bis PARTICULARIS: AFFIRMATIO NEGATIO K I   Affirmatio uniuersalis simplex. Definitę. Negatio particularis simplex. K II   5 Zu Est bis iustus[2]:   Est omnis homo iustus   Non est omnis homo iustus. K I   Omnis homo iustus est. Non omnis homo iustus est. K II   6 Zu NEGATIO bis UNIUERSALIS: NEGATIO AFFIRMATIO K I   Negatio particularis infinita. Affirmatio uniuersalis infinita. K II   7 Zu Non bis iustus[2]:   Non est omnis homo non iustus   Est omnis homo non iustus. K I   Non omnis homo non iustus est. Omnis homo non iustus est. K II   Zwischen 5 und 6 steht folgendes in K II: [= 5b] Negatio particularis priuatoria. Affirmatio uniuersalis priuatoria. [= 5c] Non omnis homo iniustus est. Omnis homo iniustus est.   5-7 hanc consecuntur istę sed non e conuerso [am linken Rand] hęc consequitur istas sed non e conuerso [am rechten Rand]   Je zwei Striche verbinden 5 Omnis bis est[1] *mit 5c und 7 Omnis bis est² (2mal), auch 5 Non bis est² mit 5c und 7 Non bis est¹ (2mal). Es gehört die Bezeichnung* Angulares. *zu jeder der beiden Verbindungen.* K II   SIMUL UERĘ *fehlt dem Schema in* K I II. Negationes autem particulares quę sunt sibi angulares simul ueras esse contingit. K I Negationes igitur negationibus angulares definitę . simul uerę esse possunt. K II   *8-11 Zu* Ním bis *modum:* In hac igitur descriptione . negatio ex infinito nomine sub affirmatione finiti nominis ponitur . et rursus affirmatio infiniti nominis . sub negatione finiti. Quarum angulares quoniam sunt indefinitę omnes simul in omnibus uerę esse possunt. K I   et hę quidem indefinitę .i. pręter uniuersalitatis . aut particularitatis adiectionem. . . . Et hoc est simile indefinitis . in quibus sicut affirmationes affirmationibus . ita quoque in ueritate angulares negationes negationibus consentiunt. K II   *12 Zu* AFFIRMATIO *bis* nominis: AFFIRMATIO FINITI NOMINIS. NEGATIO FINITI NOMINIS. K I   Affirmatio simplex. Indefinitę. Negatio simplex. K II   *13 Zu* Est *bis* homo²: Est iustus homo. Non est iustus homo. K I   Homo iustus est. Homo iustus non est. K II   *14 Zu* Negatio *bis* infiniti²: NEGATIO NOMINIS INFINITI. AFFIRMATIO NOMINIS INFINITI. K I   Negatio infinita. Affirmatio infinita. K II   *15 Zu* Non *bis* homo²: Non est non iustus homo. Est non iustus homo. K I   Homo non iustus non est. Indefinitę. Homo non iustus est. K II   *Zwischen 13 und 14 steht folgendes in* K II: [= 13b] Negatio priuatoria. Affirmatio priuatoria. [= 13c] Homo iniustus non est. Indefinitę. Homo iniustus est. *13-15* Hanc consecuntur istę sed non e conuerso *[am linken Rand]* hęc consequitur istas sed non e conuerso *[am rechten Rand] Je zwei Striche verbinden 13* Homo¹ bis est¹ *mit 13c und 15* Homo² bis est² *(2mal), auch 13* Homo² bis est² *mit 13c und 15* Homo¹ bis est¹ *(2mal). Es gehört die Bezeichnung* Angulares. *zu jeder der beiden Verbindungen.* K II   *Zu* SIMUL UERĘ *(2mal), das dem Schema in* K I II *fehlt, vgl.* NL *zu 8-11. 16-18 Zu* An *bis* angulares: In his igitur quę sunt indefinitę . si ea quę prędicantur . naturaliter non insunt . [sed] ea inesse possibile est . semper angulares simul ueras esse contingit. K I   *Vgl. auch* NL *zu 8-11. 18-22 Zu* Áber *bis* sîn: ut si quis dicat . est homo animal . numquam cum hac uera esse potest quę dicit . est homo non animal . quę est angularis . iccirco quoniam animal naturaliter in substantia hominis perspicitur inhęrere. Rursus si quis dicat . est homo lapis . est homo non lapis . ne hę quidem simul uerę esse possunt . iccirco quod lapidem inesse homini naturaliter impossibile est. K I   Angulares ergo sibi indefinit[a]s in ueritate consentire nil prohibet. Sed in his tantum terminis . ut in secundo huius operis uolumine docuimus . quę neque naturalia sunt inesse . neque inpossibilia. K II 192, 25-193,3 Zu .s. bis homo[1]: Aut enim ex utrisque erit finitis . prędicato scilicet et subiecto . ut est homo iustus . non est homo iustus. Aut solum prędicatum infinitum habebit . ut est . non iustus homo . non est non iustus homo. K I Supra iam dixerat omne subiectum aut ex nomine simplici et finito . aut ex nomine rursus infinito consistere et eorum oppositiones ostendit . quod essent duę . et quatuor propositiones. . . . Et habent quidem propositiones utrumque finitum ut est . homo iustus est . homo iustus non est. Finitum uero subiectum . infinitum prędicatum . ut est . homo non iustus est . homo non iustus non est. K II Vgl. auch 188,25-189,2.

B193 4-9 Zu Hoc bis tûot: Aut prędicatum quidem finitum erit . infinitum uero subiectum . ut est iustus non homo . non est iustus non homo. . . . Si quis enim dicat. Est iustus non homo . quoniam non homo subiectum est . et est infinitum nomen . uocatur propositio . ex infinito subiecto. Idem est et in negatione quę est . non est iustus non homo. K I Alię uero sunt . quę infinitum habent subiectum . et quasi nomine utuntur nomine infinito . ut non homo iustus est . non homo iustus non est. Vtuntur enim hę propositiones subiecto .i. non homo . ut nomine . prędicato uero eo . quod est iustus. K II Vgl. auch K II zu 192,25-193,3. 10/11 Zu Ấnderiu bis tuot: At uero alię sunt propositiones quæ ex prędicato et ex subiecto infinitis esse uideantur . ut est cum dicimus. Est non iustus non homo. Non est non iustus non homo. K I necnon illas addidit . quę ex utrisque infinitis constare uidentur. K II 13-15 Zu Mánigôrin bis ist: Unde fit ut in his propositionibus in quibus est uerbum tertium prędicatum . magis plures propositiones . quam hę quę dictę sunt inueniri non possint. K I Ut autem quinta oppositio reperiri possit . nulla rerum ratione possibile est. De his ergo hęc dicta sint . in quibus est tertium adiacens prędicatur. K II 15 Zu terminus vgl. K II zu 188,15-18. 18/19 Zu infinitum bis nesî: Et est ita positum in ea propositione quę dicit. Est iustus non homo . nomen infinitum quod est non homo . tamquam si finitum nomen aliquod poneretur. . . . Infinitum enim nomen licet simpliciter nomen non sit . tamen cum finito . uel infinito iunctum nomen est. K I Vgl. auch K II zu 4-9. 25/26 Zu taz bis ambulat: Alię uero quas cum est uerbo prędicare non possumus . ut in eo quod dicimus homo ambulat . homo currit. K I Si quis enim dicat . omnis homo currit . in hac propositione

unum subiectum est . alterum prędicatur. Homo subiectu[m] enim est . prędicatur autem currit. . . . Quare ubicumque fuerit . non currit . uel non
laborat . uel non ambulat . uel non legit . in omnibus negatio fit . in
quibuscumque infinitum uerbum prędicatur. K II

B194   2/3 Zu An bis currit: Nam cum dicimus omnis homo currit . omnis homo non currit. Et rursus omnis non homo currit . omnis non homo non currit
. idem est tamquam si dicamus. Omnis homo currens est . et omnis homo currens non est. Et rursus. Omnis non homo currens est . omnis non homo non
currens est. K I Si quis enim hanc propositionem . quę dicit . omnis homo
currit . soluat in participium . atque uerbum . facit omnis homo currens
est. Et idem significat participium uerbo iunctum . quod significat uerbum
quod utraque complectitur. K II   7 Zu Úbe bis nomen: Cum dicimus currit
omnis homo si infinitum nomen uolumus facere . non dicamus currit non omnis
homo . sed negationem . id est non . homini addemus. K I In his autem quę
ex infinito nomine subiecto fiunt . siue in affirmatione . siue in negatione
. a subiecto nomine non est separata negatio. K II   10/11 Zu uuírdet kesprôchen vgl. NL zu 18 und 23. 15/16 Zu Tíse bis uniuersaliter: uniuersalia
quidem subiecta sunt in his propositionibus . sed non uniuersaliter prędicantur. K I Si igitur hę propositiones factę sunt in uniuersalibus terminis. Vniuersalis enim terminus est homo . sed non habent additam determinationem . quoniam uniuersaliter prędicantur .i. omnis. K II   18 Zu mit omnis, 23 zu fone bis nomine: Manifestum est ergo quoniam omnis et nullus non
sunt uniuersalia . sed id quod uniuersale prędicatur . faciunt ut uniuersaliter enuntietur. K I Nil igitur aliud omnis uel nullus significat . nisi
quoniam id quod uniuersale dicitur . uniuersaliter prędicatur. . . . Non
ergo uniuersale aliquid significat omnis . determinatio . sed potius quoniam
uniuersale nomen uniuersaliter prędicatur. K II   24-26 Zu .i. bis hálten:
Eadem in propositione cuncta seruantes . si affirmationem uolumus ex infinito nomine facere. . . . Quare eadem omnia ponenda sunt. . . . Nominis
enim locum tenet. Quamquam etiam ita positum sit . nihilominus tamen nomen
fit. K I Ergo omnia eadem quę in affirmatione et negatione in indefinitis
ponebantur . eadem quoque et in eisdem determinatis seruanda sunt. K II Vgl.
auch 3/4.

B195   2/3 Zu .s. affirmationi, 5/6 zu Uniuersalis bis negatio: Ostendit

superius affirmationem uniuersalem et uniuersalem negationem quoniam sibi
essent contrarię simul ueras esse non posse. K I Quoniam uero contraria
est negatio ei quę dicit . omne est animal iustum . scilicet affirmationi
. illa quę significat . quoniam nullum est animal iustum scilicet negatio
. . . . Quare contingit affirmationem uniuersalem et negationem ueras esse
. quas manifestum est esse contrarias . sed non simul. K II 8 Zu daz bis
fóre: Hoc quoque est diligentissime superius demonstratum. K II Vgl. auch
166,1-8. 9/10 Zu Aber bis sint: His [.i. uniuersalibus sunt illę übergeschr.] autem quę sunt oppositę .i. particulares possunt simul esse uerę tunc
. cum superiores uniuersales simul falsę sunt. Quę autem sint hę ipse plenissimo monstrauit exemplo dicens. K I Subcontrarias autem . quę uniuersalibus et contrariis oppositę sunt . sibi inuicem comparatas . ueras inueniri
possibile est. Ut in eo ipso exemplo quod ipse proposuit. . . . Quare .
contrarię simul uerę esse non possunt . subcontrarias simul ueras nihil prohibet inueniri. K II 13/14 Zu Nu bis día: Nunc autem monstrat uniuersali
negationi nominis finiti [quę est nullus homo iustus übergeschr.] . consentire uniuersalem affirmationem nominis infiniti [quę est omnis homo non iustus.]. K I Proponitque has quatuor dicens . negationem quidem simplicem
uniuersalem . et affirmationem infinitam . uniuersalem . sese sequi . et sibimet consentire . nec minus his oppositas. K II 18-20 Zu Übe bis esse:
Nam si uerum est dicere . quoniam quidam homo iustus est . uerum est dicere
. non omnis homo non iustus est. Si enim non omnis homo non iustus est .
aliquem iustum esse necesse est. K I Nam si uera est . quoniam quidam homo
iustus est . uera quoque est . quoniam non omnis est homo non iustus. Est
enim aliqui. K II 20 Zu Táz bis descriptio: ut subiecta descriptio docet.
K I Hoc autem subiecta descriptio docet. K II 21 Zu UNIUERSALIS bis NOMINIS[2]: VNIVERSALIS NEGATIO FINITI NOMINIS AFFIRMATIO PARTICVLARIS FINITI NOMINIS K I Affirmatio infinita uniuersalis. Affirmatio particularis simplex.
K II 22 Zu Nullus bis est[2]: Nullus homo iustus est. Quidam homo iustus
est. K I Omnis est homo non iustus. Est quidam homo iustus. K II 23 Zu
SIMILES (2mal), das dem Schema in K I II fehlt: Consentientes. (2mal) K II
Vgl. auch 11-13 und 15/16a. 24 Zu Omnis bis est[2]: Omnis homo non iustus est.
Non omnis homo non iustus est. K I Nullus est homo iustus. Non est omnis
homo non iustus. K II 25 Zu UNIUERSALIS bis NOMINIS[2]: VNIUERSALIS AFFIRMATIO INFINITI NOMINIS PARTICVLARIS NEGATIO INFINITI NOMINIS K I Negatio
uniuersalis simplex. Negatio infinita particularis. K II 26/27 Zu Híer bis

prędicato vgl. 193,1-3,10-12.

B196   1-6 Zu Uuêllest bis est²: Est ergo uniuersalis negatio ea quę dicit nullus homo iustus est . huic opposita est contradictorie particularis affirmatio quidam homo iustus est. Rursus est uniuersalis affirmatio infinitum habens prędicatum. Ea quę dicit omnis homo non iustus est . huic contradictorie particularis [s. negatio übergeschr.] opponitur infinitum habens prędicatum . ea quę dicit non omnis homo non iustus est. Hae igitur sese perimunt. Sed uniuersalis affirmatio nominis infiniti .i. omnis homo non iustus est . sequitur negationem eam quę dicit . nullus homo iustus est. Nam si uerum est nullum esse hominem iustum . uerum est omnem hominem esse non iustum. Sed his oppositę sibi rursus consentiunt. Nam si uerum est dicere . quoniam quidam homo iustus est . uerum est dicere . non omnis homo non iustus est. K I Disponantur enim hę .iiii. . . . Si falsa est affirmatio infinita uniuersalis . quę dicit . omnis est homo non iustus . uera erit huic opposita particularis infinita negatio quę proponit . non omnis est homo non iustus. Sed cum falsa est affirmatio uniuersalis infinita . falsa quoque est uniuersalis simplex negatio quę dicit . nullus est homo iustus. Sed hac falsa . particularem affirmationem quę huic contradictorie opposita est . ueram esse necesse est . quę est . est quidam homo iustus. Quocirca quando affirmatio uniuersalis infinita falsa est . uera est particularis infinita negatio. Et quando uniuersalis negatio simplex falsa est . uera est simplex affirmatio particularis. Sed affirmatio uniuersalis infinita . et negatio uniuersalis simplex simul falsę sunt . et sibimet in falsitate consentiunt. Simul igitur erunt uerę . simplex particularis affirmatio . et infinita negatio particularis. Rursus si uera est affirmatio uniuersalis infinita . falsa erit negatio particularis infinita . ei enim contradictorie opposita est. . . . Quare . rectus est ordo . ut sicut affirmationi uniuersali infinitę . consentit simplex uniuersalis negatio . ita particulari affirmationi simplici . particularis negatio infinita consentiat. K II   3-6 Dieses Schema fehlt in K I II. 11/12 Zu Socrates bis sint: Manifestum est autem inquit . quoniam in singularibus ut est socrates . et quicquid indiuiduum est. K II   12-14 Zu Sapiens bis iustus: Quotiens [de singulariter interrogatis übergeschr.] aliquis inquit in singularibus rebus interrogat . et is qui interrogatur negat . tunc is qui interrogat . recte negationem cum singulari iungens ex infinito nomine faciet affirmationem . . . . Ex nega-

tione ergo respondentis . id est non . et finito nomine sapiens . facta
est affirmatio . socrates non sapiens est. K I Nos uero concludere possumus . . . facientes et negationem . quam ille respondebat ex nomine . quod
nos in propositione pręedicauimus . et affirmationem ex nomine infinito .
quę dicit . socrates non sapiens est. K II Vgl. auch 195,21/22,24/25. 17/
18 Zu Ube bis sapiens: Etenim si quis dicat . socrates non sapiens est .
et socrates sapiens non est . idem est . et hę duę sibimet consentiunt. K
II 19 Zu .s. affirmatio, 22 zu .s. negatio: Quod si hoc in uniuersalibus
fiat uniuersaliter prędicatis . negationem potius fieri contingit quam affirmationem. K I In vniuersalibus uero non est uera . quę similiter dicitur .i. non est uera affirmatio infinita . facta ex prędicato nomine . et
respondentis negatione . sed potius uera est negatio . non affirmatio. K II
23-26 Zu Ube bis gelógen: vt si quis interroget [de uniuersaliter interrogatis am Rand nachgetr.] . putasne omnis homo sapiens est ille respondeat .
non . non necesse est ita concludere . ut dicatur . omnis igitur homo non
sapiens est. Hoc enim falsum est . nec hoc euenit necessario ex interroga-
t[i] responsione sed magis illud . non omnis homo sapiens est. K I Si quis
de singulari aliquo interrogatus . neget . ille qui interrogauerit . potest
facere ex infinito nomine prędicato [conclusionem] . illam scilicet negationem iungens . quam respondens ante negauerit . et hoc ueraciter prędicauit.
. . . Si igitur eodem modo aliquis in uniuersalibus subiectis interroget
dicens . omnisne homo sapiens est . nos utique respondebimus . non . tum
ille eadem similitudine concludit. K II 196,26-197,2 Zu Omnis bis est: Hęc
enim quę dicit omnis homo non sapiens . consentit ei quę dicit . nullus homo
sapiens. Quare nihil differt . utrvm hanc aliquis ex infinito nomine [omnis
homo non sapiens übergeschr.] affirmationem respondeat . an ex finito nomine
uniuersalem negationem quę cum affirmatione uniuersali quam interroga[s]ti
uerum falsumque non diuidit [quia utręque sunt falsę]. K I Dicit enim. Omnis igitur homo non sapiens est. Quocirca . nullus homo sapiens est. Ea enim
quę dicit . omnis homo non sapiens est . consentire monstrata est ei quę
dicit . nullus homo sapiens est. . . . Hęc habet . est . uniuersalem affirmationem . cui contraria est uniuersalis negatio. Cui rursus negationi .
consentit affirmatio uniuersalis infinita. K II

B197 2/3 Zu Sprîchet bis est, 5 zu taz ist uuâr: Non igitur ita debet fieri in uniuersalibus ut interrogata uniuersali affirmatione . [ut est putasne

omnis homo sapiens übergeschr.] si alius negationem responderit . [ut dicat
non .] uniuersalis affirmatio ex infinito nomine concludatur . sed potius particularis negatio ex nomine finito . [quia est non omnis homo sapiens est.]
. . . et hęc diuidit uerum uel falsum. K I Contra enim eam quę dicit interrogationem . homone [sapiens] est . cum responsum fuerit . non . et iuncta
negatio fuerit ad omnis . particularis negatio fit dicens . non omnis homo
sapiens est . . . . Quę autem causa est . cur . . . in uniuersalibus autem
uniuersalis affirmatio ex infinito nomine non consentiat particulari negationi finitę . quęrendum est. K II 4/5 Zu samo so bis est vgl. 166,23/24,26/
27 171,12-14 195,10/11,21-25 196,5/6. 6 Zu .i. bis est², 7 zu hoc bis est²:
Nam cum aliquis interrogat . putasne omnis homo sapiens est . si ille neget
dicens . non . tu concludas opportet . non omnis igitur homo sapiens est.
Hoc enim ex illius responsione necesse est euenire. Sed hęc contraiacens
est interrogationi .i. opposita. . . . Nam si contra eam interrogationem
per quam affirmationem uniuersalem interrogasti ille neget . et tu concludas
eam propositionem quę dicit . omnis homo igitur non sapiens est . non potius
contraiacentem [.i. oppositam.] sed contrariam facies. K I Quocirca affirmationi quoque uniuersali simplici . quę in interrogatione posita est .i.
omnisne homo sapiens est . contraria est ea quę dicit conclusio . quoniam
omnis homo non sapiens est. Quod si dicat . non omnis homo sapiens est .
et uera est . et ei est opposita. K II 8/9 Zu Opposita bis nîeht vgl. 194,
27-195,20. 14 Zu So getâniu opposita: Sermonum inquit prolationes quę secundum contraiacentia nomina uel uerba sibi opposit[ę] sunt. K I Has ergo
dissoluens aristotel[e]s . sumit proxime dictionem nominis infiniti . et de
ea disputat . si contra finitum nomen comparetur . hęc quędam enunciatiua
oppositio uideatur. K II Vgl. auch NL zu 6/7 und den 2. App. zu 11. 16/17
Zu so bis sint: Qui autem dicit non currit et non laborat . et non homo .
neque uerum aliquid enuntiat neque falsum . et fortasse minus aliquid ueri
uel falsi significat . quam is qui finitum nomen ponit. K I Si quis enim
dicat non currit . hęc fit sine nomine negatio. K II 19 Zu noh uuérden mugen: ac multo magis nihil adhuc uerum falsumue designat . id quod dicitur
non homo . uel non currit . nisi aliquid addatur quod enuntiationem possit
efficere. K I Nouimus propositiones ex infinitis fieri posse nominibus. K
II 20/21 Zu Zíu bis uerba: Quod autem dixit . quasi negationes sine nomine uel uerbo esse uidebuntur . iccirco addidit . quoniam infinita nomina
uel uerba . neque nomina sunt simpliciter neque uerba. K I idcirco dici-

mus infinitas dictiones simplicibus minus uerum falsumue monstrare. K II 21-23 Zu Uuârin bis currit vgl. 146,5-23 149,4-6 151,7-9, K II zu 198,3/4 und K I zu 198,6-8. 25/26 Zu Non bis neuueder: Quod autem dicimus non homo uel non currit . licet simplicia quoque et finita homo scilicet atque currit . nihil uerum falsumue significent . tamen hęc infinita multo minus aliquid uerum aut falsum demonstrant. K II Vgl. auch K I zu 16/17. 197, 27-198,1 Zu .s. bis dixit, 2 zu infinitum: Quocirca longe minus quiddam enuntiauit de homine . qui infinitum de homine dixit quam qui finitum. K I Vgl. auch K I zu 16/17. Minus igitur uera uel falsa est dictio nominis infiniti . quam alicuius simplicis et finiti uocabuli. K II

B198   3 Zu quisseren, 4 zu homo: Qui enim dicit homo . rem constituit. K I sed quod quamquam nihil uerum uel falsum designet simplex nomen aut uerbum . tamen definitum quiddam proponit . ut in eo quod est homo . finitum quiddam est . et una species. K II   6-8 Zu Uuánda bis homo: Nam qui finitum nomen constituit . nihil quidem adhuc uerum falsumue enuntiauit. Sed quoniam quiddam finitum posuit . propinquior est huiusmodi prolatio ad ueritatem quę aliquid finitum ponit . ea prolatione quę aliquid infinitum. K I Postremo propinquius ad ueritatis uel falsitatis finit[um] intellectu[m] est. K II   8/9 Zu Ze bis negatio vgl. 197,11-20. 9-11 Zu Tara nah bis lúgi vgl. 197,23-25. 11-13 Zu Tara nah bis únguissera vgl. 197,26-198,6. 16 Zu díu propositio, 18-20 zu Omnis bis prędicatum vgl. NL zu 20/21 und 24/25, auch zu 199,3-7. 20/21 Zu So bis uore, 24/25 zu Tie bis óberên: Illę propositiones in quibus infinita nomina subiecta sunt longe aliud inquit significant et non idem his propositionibus quę uel secundum finita . uel secundum infinita prędicata dicuntur. . . . Nulli earum idem significat quę superius descriptę sunt . uel alicui earum quę sunt in superius descriptis oppositæ. K I Ait enim has duas propositiones quę sunt . est omnis non homo iustus . et eam quę est . non est omnis non homo iustus . nulli illarum idem significare quę aut ex utrisque finitis essent . aut ex prędicato infinito. . . . nunc aristoteles dicit . quoniam hę propositiones quę subiectum habent infinitum . nulli illarum superiorum . quas disposuimus . idem significant. K II   22/23 Zu lóugenet: nec huic opposita negatio particularis ea quę dicit . non est omnis non homo iustus. K I Quocirca nec huius negatio .i. uniuersalis affirmationis ex infinito subiecto . particularis scilicet negatio . cum ulla earum quę finitum subiectum habent . poterit consentire. K II   27 zu Áber bis éin vgl. K II zu

199,3-7.

B199 1-3 *Zu Uuîr bis sint:* Quod autem secutus est . neque in eodem . in ipso scilicet subiecto . vt si dicamus . est omne uiuens iustum . si referamus ad cęlestes potestates . uerum est. K I *Vgl. auch 149,8-10.* 3 *Zu sô angeli sint:* In eo enim quod dicit rationale segregatur [homo] ab omnibus ratione non utentibus. Dum dicit mortale . in eo ab angelis differt. Angeli enim rationales sunt et non mortales. Animalia uero cętera mortalia sunt et non rationalia. Homo autem solus ex utrisque constat . hoc habens cum angelis commune . illud cum cęteris animantibus. Ald 3-7 *Zu An bis finitum:* Et prior quidem utrosque terminos retinet infinitos . hęc uero secunda prędicatum quidem finitum . subiectum uero infinitum. Et illa quidem est affirmatio ex duobus infinitis . hęc uero ex finito prędicato . et subiecto infinito negatio uniuersalis. K I Has duas tantum propositiones monstrat . affirmatiuam scilicet uniuersalem ex utrisque infinitis . quę dicit . omnis non iustus non homo . ei consentire quę est uniuersalis negatio . ex solo infinito subiecto . quę dicit . nullus iustus non homo. K II 7-9 *Zur Überschrift:* Non transposito nomine uel uerbo significationem mutari . sicut transposita negatione. T EXPLICIT LIBER .IIII. INCIPIT .V. K II 11/12 *Zu neuuêhselont bis propositionum:* Quotiens inquit nomina permutantur et uerba eędem propositionum significationes permanent. K I Docet nunc quoniam si uerba uel nomina transferantur . et aliud prius aliud uero posterius prędicetur . unam sine dubio significantiam retinere. K II *Vgl. auch 7-9.* 12-14 *Zu Also bis netuont:* Quotiens autem dicitur . est albus homo . et rursus est homo albus . idem transposita uerba nominaque significant . et erunt eędem affirmationes. K I Hęc enim transpositis nominibus atque uerbis . eandem retinent significationem. K II 16 *Zu einero affirmationis:* Nam si quis hoc negat . contingit ut unius affirmationis duę negationes sint. K I Ait enim. Eiusdem multę erunt negationes .i. eiusdem affirmationis . multę erunt negationes. K II 18-20 *Zu Táz bis ist:* Hoc autem monstratum est superius fieri non posse . sed semper unius affirmationis unam esse negationem. K I Ostensum est enim . quoniam una negatio . unius affirmationis est. K II *Vgl. auch 169,11-14.* 21-23 *Zu Fóne bis homo:* Illius namque affirmationis quę dicit . est albus homo . illa negatio est quę dicit non est albus homo. K I Huius ergo propositionis quę dicit . est albus homo . erit negatio ea scilicet quę proponit . non est albus homo. K II 25-27 *Zu Ube bis habit vgl. 12-*

14 und 17-20, auch 200,19-23.

B200   1/2 *Zu* So *bis* zuo: Sed si affirmationes eorum diuersę sunt . diuersę erunt etiam negationes. . . . Quare hę dę negationes . . . a se diuersę sunt. K I   Erunt enim dę negationes unius affirmationis . quod est inpossibile. K II   6/7 *Zu* Aber *bis* affirmationem: Sed illa quę proponit non est non homo albus habet suam affirmationem ad quam referri debeat . eam scilicet quę enuntiat . est non homo albus. Illa quę dicit non est homo albus negatio est ei quę proponit . est homo albus. K I   illa quę dicit . non est non homo albus . negatio est affirmationis infinitum habentis subiectum . quę dicit . est non homo albus . alia uero scilicet . quę proponit . non est albus homo . eius negatio est . quę est . est albus homo. K II   8-13 *Zu* Nu *bis* zuô: Quę cum ita sint . necesse est ut eius quę ait est albus homo . negatio sit ea quę dicit . non est homo albus. K I   Dę igitur negationes . non est albus homo . et non est homo albus . unius affirmationis sunt . quę enunciat . est homo albus. . . . Quod si hoc inpossibile est . ut una affirmatio duas habeat negationes . et perspicuum est contra eam affirmationem quę dicit . est albus homo . utrasque has negationes . quę dicunt . non est albus homo . et non est homo albus opponi . hę a se diuersę non sunt . sibique consentiunt . et tantum permutatione nominis distant . ceteris autem omnibus ędem sunt. K II   13/14 *Zu* pe *bis* modum: Quare euenit ut unius affirmationis sit duplex negatio. Quod autem diximus in inferiori descriptione magis liquebit. K I   Quare . erunt dę negationes unius affirmationis. . . . Rursus igitur disponantur dę quidem affirmationes primę alternatim positę . et e contrario confessa prioris negatio . contra secundam uero utręque hę negationes quas diximus asscribantur. K II   15, 18 *Zu* AFFIRMATIO UTRIUSQUE CONTRADICTORIA *(2mal)*: AFFIRMATIO *(2mal)*, CONTRADICTORIAE *(4mal)*, CONTRAIACENTES *(2mal)*, NEGATIO *(2mal)*. K I   16 *Zu* Est *bis* homo[2]: Est albus homo. Non est albus homo K I   Est albus homo. Non est albus homo. K II   17 *Zu* Est *bis* albus[2]: Est homo albus   Non est homo albus K I   Est homo albus. Non est non homo albus. Non est homo albus. K II   16/17 *Die vier Striche fehlen dem Schema in* K I II.   22 *Zu* nehéin uuêhsel neuuirdet *und* 23/24 *zu* Uuúrte *bis* uuêhsel *vgl.* 199,7-9,11-14.   23-27 *Zu* Uuúrte *bis* albus: Si quis ergo dicat affirmationem quę proponit . est albus homo . diuersam esse ab ea affirmatione quę enuntiat . est homo albus . illud quoque concedat necesse est ut negationes quoque ipsarum diuersę sint. Est autem negatio illius quę dicit est

albus homo . illa scilicet quę proponit . non est albus homo. Rursus illius
quę enuntiat est homo albus . illa quę est . non est homo albus. . . . vt si
de socrate dicatur . est albus homo . non est homo albus. K I Quod euenit .
si negationes hę quę dicunt . non est homo albus . et non est albus homo . a
se diuersę sunt. Quod ex eo contingit . quod prius propositum est . eam quę
dicit est albus homo . diuersam esse ab ea quę dicit . est homo albus. K II

B201 4-7 Zu Uuíle bis lóugenendo, 9-11 zu Id bis unum: Atque ideo nunc hoc
dicit. Et si una res inquit de pluribus prędicetur . in propositionibus uel
affirmationis uel negationis . uel rursus res plures de una iterum prędicentur . et si pluribus illis rebus unum nomen sit positum . uel una res de uno
nomine plura significante prędicetur . si ex illis omnibus rebus unum aliquid
non sit . non est una affirmatio nec una negatio. K I Quocirca siue hęc de
uno prędicentur . siue unu[m] de istis . non poterit esse una enunciatio. Et
communiter quidem totius propositi sensus huiusmodi est. . . . quandoquidem
plura uel prędicantur uel subiciuntur . ex quibus congregatis . una species
non exist[i]t. . . . Potest enim fieri ut unum nomen de uno prędicetur. Sed
si unum ipsorum plura significet . ex quibus unum non sit . non est una affirmatio . nec una negatio. K II 10 Zu commune vgl. 173,13. 14/15 Zu diu bis
nemúgen: Item alia sunt quę plurima prędicantur . de quibus unum aliquid effici constituique non possit . . . . Ex caluicie et philosophia et ambulatione . nil unum coniungitur . ut hęc quasi alicuius speciem forment. K II Quare
quęcumque prędicati differentię fuerint . ęędem etiam erunt subiecti. Pe díu
sínt álle díe skídunga des óberin generis . skídunga des níderen . úbe sie
specificę sínt .i. úbe sie speciem uuúrchen múgin . sô díe sínt rationale mortale. Nk 16,3-8 Sed dicendum est quod sunt aliæ differentiæ quæ dicuntur com-
pletiuæ prædicati . et cuiuslibet illius speciem informantes . quæ communi nomine specificæ nominantur. Nam cum dico animatum et sensibile si substantiæ
coniungantur diffinitionem et speciem animalis mox efficiunt. K 15-21 Zu Taz
bis maritimum: Si pluribus rebus unum nomen sit positum . ex quibus coniunctis nulla una natura sit . et de illo uno nomine unum quodlibet aliud prędicetur . non est una affirmatio . nec una negatio. Marinus namque et hic latrabilis uno uocabulo canes uocantur. Si quis igitur dicat canis animal est .
quoniam ex his quę signantur cane in unum iunctis nihil [unum] efficitur . ex
cane enim latrabili et ex marino iunctis . nulla una substantia est . illa
propositio multiplex est . et multa significans et non una. K I Si quis enim

dicat canis animal est . nomen canis significat et latrabilem . et cęlestem
. et marinum . ex quibus iunctis . nihil unum efficitur. Quare . quoniam
ex his pluribus unum aliquid effici non potest . ex illo quoque nomine . non
fit una affirmatio et una negatio quod prędicatur . aut subicitur . cum multa
significet . ex quibus unum fieri non possit. K II *Vgl. auch 159,19-21 und
203,27-204,2. 15/16 Zu ein fone éinemo, 17/18 zu éin fone einemo vgl. auch
160,13/14,17 und 171,4-10. 23-25 Zu daz bis chît:* Quod si duę res tales
subiectę sint . de quibus una res prędicetur . ut de his unum fieri aliqu[i]d
nequeat . non est una affirmatio nec una negatio. . . . Tot autem in ea sunt
affirmationes et negationes quot termini sunt positi . ex quibus unum non fit.
K I Quocirca . si idem et ęquum est dicere hominem . quod animal bipes mansuetum . necesse est . quotiens de uno hęc plura prędicantur .i. animal bipes
mansuetum de homine . quoniam ęquale est homini . quod unum est . unum quiddam prędices . quamuis tres uoces prędicare uidearis. . . . Rursus . si cum
coniunctione dicantur . homo . animal et rationale et mortale est . sic quoque multę propositiones sunt. . . . Sed est aliquotiens forte . ut plures
propositiones sint . cum eas coniunctio quędam separat . atque discernit. K II

B202 201,26-202,4 Zu Ioh bis est²: Et quamquam hęc singillatim dicta .
multa sint . si quis enim dicat animal . et rursus rationale . et intermisso
tempore bipes . discerptim multa significantia [s. sunt *übergeschr.*] tamen
iuncta in unum . unam faciunt naturam. K I Sin uero sit aliquid interualli .
ut ita quis dicat . homo . animal . et rationale rursus . et aliquantulum re-
quiescens . dicat . mortale est . non est una affirmatio . nec una negatio.
Hęc enim intercapedo . plurimas efficit enunciationes. . . . nec differt aliquid uel requiescendo uel interponendo coniunctiones dicere . quam si quis
dicat . homo animal est . homo rationalis est . homo mortalis est . quę perspicue propositiones multę sunt. . . . Erit enim fortasse homo . et animal .
ut hęc una sit propositio . et bipes . ut altera . et mansuetum . ut rursus
altera. K II *4-8 Zu Aber bis affirmatio:* Sed hęc iuncta in unum corpus .
efficiunt animal mansuetum bipes . quod est homo. Quare quamquam de uno
plura prędicata sint . tamen quoniam ex omnibus unum aliquid fit . ex hoc
una est affirmatio atque negatio. K I idcirco quoniam unum ex omnibus quiddam fieri potest. Nam de animali mortali et rationali simul iunctis . unus
homo perficitur. . . . Alii uero hoc non ita dictum acceperunt . sed potius
in hanc sententiam scripturamque aristotelis dictum interpretati sunt . ut

homo est eque . et animal et bipes . et mansuetum . sed ex his unum fit .
. . . Sed ex his unum aliquid fit . quę cum continue prolatę sunt . quoniam ex his unum aliquid conficitur . una est propositio. K II 5 Zu species vgl. NL zu 201,14/15. 9-16 Zu Aber bis tiu, 17/18 zu Fone bis sîn:
Si quis enim candido aliquo homine ambulante dicat . album et ambulans homo est . album et ambulare in unam naturam non conueniunt . nec fit ex utrisque unum aliquid . ita ut alicuius hęc duo iuncta substantiam forment. Quare siue affirmetur . siue negetur . siue subiecta sint siue prędicata . non erit una affirmatio nec una negatio . sed uox quidem una est. K I Si quis enim dicat . socrates homo albus ambulat . non est una affirmatio . quoniam ex homine . albedine . et ambulatione . nulla omnino species fit. . . . Est autem regula huiusmodi. Una affirmatio est . si aut duo termini singulas res significent . aut si plura ita de uno prędicentur uel uni subiciantur . ut ex his aliquid unum fieri possit . aut unum nomen quod uel prędicatur uel subicitur . talia significet plura . quę omnia unam quodammodo speciem ualeant congregare. K II 21-24 Zu .i. bis est: Si uero quis dicat . homo albus ambulans est . quoniam ex his nihil unum fit . non est una propositio. K I Quare . conclusio est . quoniam nec si de his pluribus . ex quibus unum non fit . unum aliquid prędicetur . . . non fit una affirmatio . nec una negatio. K II Vgl. auch NL zu 9-16. 26 Zu est vgl. 157,19-158,14 und 202,3/4.

B203 1-7 Zu Noh bis est vgl. NL zu 202,9-18. 3 Zu misse chêret vgl. 199, 9-12,25 und 200,19-23. 9/10 Zu .s. bis beceichenet: Quare quisquis plura significantem propositionem dixerit . ille non facit propositionem ad quam sit una negatio. K I Vgl. auch NL zu 201,15-21. 11/12 Zu Hic suspensio, 14 zu Et hic und 19 zu et hic vgl. NL zu 186,10/11,13,17. 12/13 Zu Vbe bis urâget: Quicumque interrogat . si ab arte dialectica non declinat iccirco interrogat . ut ei respondeatur. . . . Ergo si quis interrogat . ita responsionem petit. K I Quisquis dialectica interrogatione utitur . hic aut simpliciter interrogat . . . aut utrasque interrogans dicit. K II 13 Zu alsus bis non: Quod si quis sic interroget . anima immortalis est an non? K I Si quis uero hoc modo interroget . socrates animal est . an non. K II Vgl. auch K I II zu 201,15-21 und K I zu 203,27-204,2. 15-17 Zu Unde bis non: Respondeatur autem aut tota propositio . aut contradictionis una particula. Si quis enim dicat interrogans. Animane immortalis est? tunc respondens aut est respondebit . aut non. Hoc autem est totius contradictionis una particula. Contradictio enim est . anima immortalis est . anima immortalis non est. Ergo est et non . contradictionis sunt particulę. K I   contra hanc talis est responsio . aut ita aut non. . . .   Quare . contra huiusmodi interrogationes . tota propositio respondenda est . id est altera pars contradictionis . aut tota affirmatio . aut tota negatio . ut dicas . aut est animal socrates . aut si hoc non uidetur . respondeas . non est animal socrates. K II   18 Zu .i. bis negationis: Id est omnis affirmatio una . unam habebit negationem . et in duabus propositionibus una erit negatio. K I   Vgl. auch 169,11-14 und K II zu 203,15-17.   21 Zu Depositio: Hĩer ĩst depositio. . . .   Depositio. Nb 53,17/18 100,29   Depositio. Nc 9,13 Hic depone. Nk 83,13/14   Hic demum deponenda est uox . ut intellegatur finis sententię. . . .   Depositio. G   22 Zu ih bis pezéichenentero: Quocirca huiusmodi interrogationi quę plura significat . nec si uera sit debet esse una responsio. K I   Quisquis enim ea plura interrogat . ex quibus unum esse non possit . multas facit interrogationes. K II   Vgl. auch den 2. App. zu 20.   24 Zu affirmatio: Si enim respondetur . ita . de qua annueris ignoratur . de affirmatione an de negatione. Rursus . si non responderis . nescitur . quam negare uolueris . affirmationem an negationem. K II

B204   203,27-204,2 Zu Uuánda bis marino: Si quis interroget . substantiane sit canis? quamquam sit uerum dicere . substantia est . quoniam et latrabilis et marinus substantiæ sunt . tamen non est ad hanc una facienda responsio . sed dicendum est de quo cane interroget. Quod si ille dixerit de marino . uel rursus de latrabili . tunc cum per illius determinationem diffinitionemque interrogationis facta fuerit una propositio . unumque significans adhibenda est una responsio. K I   Quare . conclusio est . quoniam nec si de his pluribus . ex quibus unum non fit . unum aliquid prędicetur . ut ex terreno latrabili . et cęlesti . et marino . quoniam unum non fit . et de his unum aliquid prędicatur . quod dicimus canis . huiusmodi nomen . quod plura significat . ex quibus unum non fit . si de altero prędicetur . uel sibi subiciatur alterum . non fit una affirmatio . nec una negatio. K II   Vgl. auch 159,19-21 und 201,15-21.   5/6 Zu Ih bis gesaget: De his autem in topicis dictum esse commemorat [tum dicitur substantiane sit canis . quia scilicet ęquiuoca est. Nam interrogatio dialectica simplex debet esse am Rand nachgetr.]. K I   Quocirca . nec ad eas simplex est reddenda responsio. De his autem se in topicis dixisse commemorat. K II   7/8 Zu .i. bis eligere

vgl. NL zu 15-22. 11/12 Zu demo geurâgeten vgl. den 2. App. zu 9/10 und K
II zu 15-22. 15 Zu alde diz monstrum: SCRIBVNTVR AVTEM ET QVAEdam monstruosae hominum transformationes . et commutationes in bestias . sicut de illa
[maga] famosissima circea quae socios quoque ulix[i]s mutasse fertur in bestias. Ie 15-22 Zu Contradictio bis dialectice: Si quis interroget. Quid
est animal? hęc non est dialectica interrogatio. Oportet enim semper dialecticam interrogationem . optionem respondenti dare . utrum affirmare uelit
an negare quod dicitur. Ut si quis sic interrog[e]t. Putasne bonum malo contrarium est? Tunc respondenti datur electio . utrum affirmare uelit an negare. Dicit ille aut est . aut non. Qui autem ita interrogat . quid est
animal? nullum illi locum aut affirmationis aut negationis relinquit. . . .
Oportet enim interrogantem determinare . utrum uerbi gratia . animal homo
sit . an non? ut ex illa interrogatione . quam uelit contradictionis possit
is qui respondet partem eligere. K I Imperite illi interrogant . qui ita
dicunt. Quid est animal . uel quid est homo? Oportet enim ǫui dialectice
interrogat . dare [ex] interrogation[e optionem] . an sibi respondens affirmationem eligere uelit . an negationem. . . . Hęc autem non est interrogatio dialectica . sed potius discipuli ad magistrum aliquid addiscere cupientis. Qui enim aliquid cupit addiscere . interrogat eum . qui docere potest . quid sit de quo ambigit. . . . Oportet enim ita interrogare . ut ex
interrogatione responsor possit eligere alteram contradictionis partem. Debet enim terminare et definire . is qui interrogatur . an hoc sit quod dicitur . an non. Ut homo animal est . an non? ut ille aut affirmationem respondeat aut negationem. K II 15-18 Zu Contradictio bis est vgl. auch K II zu
203,15-17. 22 Zu scolastice: tamen omnia quę de duobus locutionis generibus dici possunt magis in quęstione esse apud scolasticos quam temere quicquam indicare. G

B205 204,26-205,3 Zu .s. bis est, 4 zu uuâr, 5 zu sâmo uuâr, 7/8 zu unde
bis lêrenne: nunc ad illa uenit . in quibus plura sępe de uno singillatim
ueraciter pręedicantur . quę simul pręedicata . alias uera sunt . alias falsa.
. . . Ordo autem sermonum talis est. Quoniam uera inquit quędam sunt . quę
ita coniuncta de aliquo pręedicantur . ut eorum pręedicamentum unum sit . et
in unam congruat formam eorum quę extra uere poterant pręedicari . ut in eo
quod est animal bipes de homine iuncta compositaque dicuntur. Et fit una
quodammodo pręedicatio . cum animal et bipes extra singillatim ualeant pręe-

dicari . dicimus enim homo animal est . et rursus homo bipes est. Alia uero
quę non sunt eo modo . quę singillat[i]m quidem prędicare uerum est . composita uero falsum. Sed quę horum differentia est . uel quando illud . quando
hoc eueniat . dicendum est . et hoc docet exemplis. K I Multa sunt . quę cum
singillatim uere prędicentur. Si quis ea coniungat et prędicet . ueram prędicationem tenent. Sunt autem alia . quę si per se . et disiuncta prędicentur . uera sunt . sin uero coniuncte dicantur . ueritatem in prędicatione
non retinent. . . . Inquirendum est . quę eorum sit differentia. Exempla autem horum . talia sunt. K II 9-14 Zu Fone bis est: Rursus homo animal est .
uerum est . et homo bipes est . uerum est . et hęc iuncta uera rursus sunt.
Si quis enim dicat homo animal bipes est . uerum est. Horum ergo qui modus
sit . uel quando ea quę singula extra prędicantur iuncta uera uel falsa sint
. regulam daturus aggreditur. . . . Sed magis fortasse possumus dicere .
homo animal est . homo bipes est . ut hęc iuncta dicamus . animal bipes. K I
Rursus . quoniam animal bipes . uerum est de eodem homine dicere . ut de socrate. De eodem quoque socrate . et hominem extra et album . si ita conti[n]git uerum est dicere . et de eo prędicare . animal bipes . a ueritate
non discrepat. Atque hęc quidem extra singillatim quę prędicantur uere .
et iuncta uera sunt. K II 19-23 Zu Chît bis uuas, 26/27 zu Sol bis ist: Sed
aliquotiens euenit ut aliquis homo cytharędus quidem sit imperitus . bonus
autem homo . et si de ipso dicatur quoniam est cytharędus . uerum est . et
quia bonus est . hoc quoque uerum est . sed non si et cytharędus est et bonus
. iccirco iam bonus etiam cytharędus. Fortasse enim est imperitissimus .
homo autem bonus. . . . Si quis sit qui dicat. Omnia quęcumque singillatim
uere dicuntur ea iuncta etiam uere posse dici . multa inconuenientia impossibiliaque contingunt. K I Quod si de aliquo prędicetur . quoniam citharędus
est . et uerum sit . et rursus quoniam bonus est . et uerum sit . non necesse
est dicere . quoniam bonus citharędus est. . . . Quoniam multa erunt inconuenientia . multaque inpossibilia sunt . si quis dicat omne quod singillatim
prędicatur ueraciter . id iunctum uere prędicari. K II

B206 3-5 Zu Fône bis sî: de homine enim possumus dicere quoniam homo est.
Et rursus possumus dicere quoniam albus est. . . . Rursus quemlibet hominem
ut socratem possumus dicere . ille homo albus est. K I De homine enim uerum
est dicere . quoniam homo est. . . . Rursus de eodem uere potest dici . quoniam albus est. K II 3 Zu êtelichemo vgl. auch K II zu 5-7. 5-7 Zu Fone bis

uuîzen: Rursus de homine albo possumus dicere quoniam homo est . possumus
dicere . quoniam albus est. K I Quare et si hęc iungas . et ut unum pręduces . uerum est dicere de aliquo homine . quoniam homo albus est. Sed homo
qui albus est . uerum est de eo dicere . quoniam albus est. K II 8-13 Zu So
bis uuîz: Et si de hoc iterum homine albo uerum est dicere quoniam albus
est . et uerum est de eo album pręduicare . et rursus omne [hominem id est
simul übergeschr.] pręducare uerum est. K I Quare etiam hęc si iungas .
erit igitur pręducatio. Socrates albus homo est. Nam de socrate uerum erat
dicere . quoniam homo albus est. K II 14-17 Zu Fóne bis sî, 17-19 Zu Tes
bis sámint: Igitur et hęc iuncta dicuntur . homo homo albus albus est. . . .
et hęc assidue complex[a] [ratione übergeschr.] eadem faciunt superfluam locutionem. K I Quocirca et si iuncta sunt . erit igitur pręducatio . homo
albus albus est. . . . Et hoc in infinitum protract[o] . superflua loquacitas inuenitur. . . . Continetur enim in homine bipes. Ad quod si rursus
bipes pręduices . molestissimam facies repetitionem. K II 18/19 Zu ze bis
sámint vgl. 205,27. 20-27 Zu Also bis trîestunt: Et rursus de hoc album
pręduicare uerum est . erit igitur tertio . homo albus albus albus . et hoc
in infinitum progreditur. Et rursus si uerum est dicere de homine quoniam
musicus est . et rursus quoniam albus est . et quoniam ambulans est . et hęc
rursus in unum dicuntur . quoniam homo musicus albus ambulans est. Rursus
qui musicus albus ambulans est . et albus est . et ambulans est . et musicus
est . dicuntur hęc igitur rursus simul . homo albus albus . musicus musicus .
ambulans ambulans est. K I Rursus si quis de aliquo homine dicat . quoniam
ille homo musicus est . si uerum dicat . adiciatque quoniam idem homo ambulans est . uerum dicit . si iungat . quoniam ille homo ambulans musicus est.
Sed si uerum est de aliquo homine pręduicare . quod sit ambulans musicus . de
ambulante autem musico uerum est dicere . quoniam musicus est . erit ille
homo homo . ambulans . musicus musicus . sed de eodem uerum est dicere .
quoniam ambulans est . uerum igitur erit de eo rursus dicere . quoniam homo
ambulans ambulans musicus musicus est. K II

B207 2/3 Zu sunderigo spréchendo uuár, 3/4 zu sunderîgo uuár, 5 zu samint
ze chedenne vgl. 204,24-205,8. 7-12 Zu Tîsiu bis trîtta: Sed de socrate uerum est dicere . quoniam socrates homo bipes est. Sed cum dixi hominem . de
eo . iam et bipedem dixi. Omnis enim homo bipes est. K II 14-19 Zu Vbe bis
bipedem: Sed uerum erat dicere . quoniam socrates socrates homo bipes est.

Uera erit igitur prędicatio . socrates homo bipes est. K II 19 Zu So bis
nîeht: Quę omnia quam sint inconuenientia [et superflua non tamen falsa
übergeschr.] nullus ignorat. K I 22-26 Zu Uuánda bis sol: Hoc enim solum
[h]actenus demonstratum est . quoniam si quis simpliciter et omni modo fieri complexiones dicat . multa inconuenientia euenire necesse est. Quemadmodum autem fiant complexiones ponendum atque tractandum est. K I Non
igitur fieri potest . ut modis omnibus quicquid extra dicitur . id iunctum
uere prędicetur. . . . Multa enim concurrunt inpossibilia . sicut supra
ipse monstrauit . tunc quando ad nimiam loquacitatem perduxit eos eadem
frequenter nomina repetentes. K II

B208   3 Zu Suspensio und 5 zu Et hic vgl. NL zu 186,10/11,13,17. 3 Zu
Sint taz accidentia: Tale est quod dicit. Quęcumque secundum accidens dicuntur et non secundum substantiam . uel de eodem uidelicet . ut ad subiectum omnia ipsa accidentia referantur . . . uel alterum de altero. [am Rand
nachgetr.] K I quęcumque aut accidentia sunt eidem . aut cum unum alii accidit . accidens aliud de illo accidenti prędicatur. K II   5-9 Zu Sô bis
est^2: Aut enim duo accidentia de uno subiecto dicuntur . . . . Aut unum
accidens de uno subiecto prędicatur . aliud uero accidens de illo prędicato
accidenti prędicatur . . . . Etenim si quis dicat homo albus est homo musicus est . hęc iuncta simul unum non facient . ut est musicus albus. Vel
si rursus musicum prędicatur de albo ut album de homine dicatur et prędicetur . illud album musicum est . non idem est album musicum nec in unam substantiam coeunt [quia multorum accidentia esse possunt übergeschr.]. K I
Eorum igitur quęcumque secundum accidens dicuntur . eorum si uel duo sint
accidentia et de eodem prędicentur . uel si alterum accidens de altero accidenti dicatur . ex his non potest una fieri propositio. Neque erit unum
si iuncta sint. Homo enim et albus est . et musicus. Sed album musicum .
quoniam in unam formam non concurrunt . non faciunt unam propositionem. K II
10 Zu Depositio vgl. NL zu 203,21.   10/11 Zu Tiu bis speciem und 15/16 zu
Sîu bis speciem: aliud enim album et aliud musicum . et neque unam et spe-
cialem substantiam declarant. [am Rand nachgetr.] K I Vgl. auch 201,5/6,14/
15 und 202,9-16.   11-14 Zu Álso bis homine: ut si qua duo accidentia de uno
prędicentur. Alterum de altero . ut si unum accidens de altero accidenti
dicatur . ut ipsum accidens de quo dicitur . de altero rursus subiecto prędicetur. K I Et alię quidem prędicationes sunt secundum accidens . quotiens

aut duo accidentia de substantia . aut accidens de accidenti alicuius substantię prędicatur. K II   18/19 *Zu* fone *bis* substantia: Commune est autem omni substantię in subiecto non esse. Állên substantiis íst keméine . neuuésin án demo únderin .s. uuánda sie accidentia nesînt. Nk 26,7-9 Si omne accidens in subiecto est . et substantia subiectum est . differt accidens a substantia . differt etiam diffinitio substantiæ atque accidentis . quod eadem diffinitio subiecti et eius quidem quod est in subiecto esse non potest. K Omnia inquit quę prędicantur de alio . et rursus de quibus alia prędicantur . duplici modo sunt. Aut enim accidentia sunt . aut substantialia. K II *Vgl. auch* NL *zu 5-9 und* Nb *zu 212,2/3*. 22 *Zu* éin: Iccirco enim hęc de se inuicem uidentur posse prędicari . quia de uno eodemque subiecto prędicantur . non quod ex his unum aliquid fiat. K I non tamen necesse est id quod musicum est . esse album. Neque enim unum est aliquid. K II *Vgl. auch den 2. App. zu 20.* 23-26 *Zu* Taz *bis* musicus: Quare non erit album musicum. Sed quoniam homo albus idem musicus est . per id quod utraque uni accidunt per accidens album [de] music[o] prędicatur. K I 25 *Zu* durh sih *vgl. 205, 3/4,24.* 208,26-209,3 *Zu* Ouh *bis* lúkke: Sed hanc naturam habent accidentia . ut ueniant et recedant. Ergo si eius qui musicus albus est . in sole stantis cutem calor fuscauerit . non erit quidem albus cum sit musicus. Quocirca neque tunc cum uere prędicabatur quoniam socrates musicus albus est . neque tunc fuit recta ueraque prędicatio. Non enim habet permanendi naturam accidens . ut semper uere prędicetur. K II *Vgl. auch 168,16-22.*

B209 4-6 *Zu* Fone *bis* accidentia: Nec rursus si cytharędus est et bonus . iccirco iam bonus dici poterit cytharędus. Neque enim bonus et cytharędus talia sunt . ut ex his unum fieri possit. Sed quoniam utraque eidem accidunt . iccirco de se secundum accidens prędicantur. K I Duo accidentia . de uno subiecto prędicauit . id est de socrate. Quocirca . non potest ex his una fieri prędicatio . ut dicatur . socrates citharędus bonus est. K II *Vgl. auch 205,18-23.* 4 *Zu* ne uuírdet *bis* species *vgl. 208,10/11,15/16.* 7-11 *Zu* Aber *bis* bipes: Sed magis fortasse possumus dicere . homo animal est . homo bipes est . ut hęc iuncta dicamus animal bipes. Et his iunctis secundum substantiam non secundum accidens facta est prędicatio. K I Quod si quis aliquid substantialiter prędicet . duasque res singillatim dicat . possunt in unam propositionem redire . quę substantialiter uere seiuncte separatimque prędicantur. Homo enim cum et animal sit et bipes . est animal bipes . et

fit ex his una predicatio. K II 7/8 Zu uuúrchent bis hominis vgl. 202,4-8.
12 Zu *NATURA: Alia uero sunt quæ hoc in prolatione non habent . sed in natura. K I Ut in eo quod est homo albus . continetur in eo albus . quoniam per prolationem iam dictum est. Aut potestate et ui . ut in eo quod est homo . continetur bipes . quamquam dictum penitus non sit. K II 15/16 Zu s. bis gelégetiu: Quęcumque singillatim secundum accidens predicantur . ea simul predicari non posse monstrauit . nunc autem illud docet . quoniam illa quoque quę substantialiter predicantur . non semper simul iuncta predicentur. Et hęc ratio et accidentibus conuenit et substantialibus rebus. K I Quę superius comprehendit . ea nunc apertissima ratione determinat dicens . de his solis extra predicatis ueraciter non posse unam predicationem fieri ueram si coniuncta sint. K II 17-22 Zu Fone bis únredelih, 24-26 zu Uuíz bis gelámf: Quotiens enim inest in predicatione aliquid . et nos illud extra uolumus predicare . et in unum rursus duo predicata iungere . tunc fit incongrua predicatio. . . . Si quis enim sit homo albus et de eo dicatur verbi gratia . callias homo albus est . et rursus de eo dicatur . callias albus est . si quis id uelit iungere . album inconuenientissime predicabitur . dicit enim callias albus homo albus est . iccirco quoniam albus in homine albo continebatur . quod ante de callia predicatum est. . . . Quare sola illa singillatim predicata . recte iuncta predicantur . quę neque accidentia sunt . nec alterum in altero inest . uel prolatione uel natura. K I Quoniam ergo inquit si quis dicat omnino quomodolibet complexiones fieri . id est ut quod singillatim predicaueras . hoc complexum conexumque proponas . plurima inconuenientia dicere contingit. . . . Idcirco enim de homine albo . non debet dici . albus . ut ueniat predicatio . homo albus albus . quoniam iam in homine albo continetur album. K II 22-24 Zu uuánda bis parte: Natura uero . ut cum dicimus homo homo est . in quo in primo quidem subiectvm . in altero predicatum accipimus . et in ipso predicato cum ita proferimus . quicquid eidem subiecto inesse potest enuntiamus. . . . et hoc in prolatione . et in natura uero cum dicitur homo predicatiuum . et intellegitur bipes . termino scilicet predicatiuo . non autem subiecto. [am Rand nachgetr.] K I Vgl. auch 188,22-24 203, 4/5 219,7 sowie NL zu 202,9-18.

B209,27-210,2 Zu Noh bis predicatis: Quare neque ea quę in ipsa prolatione in altero insunt . cum extra predicantur recte iunguntur . nec ea quę in prolatione quidem non insunt . sed [tantum] in natura atque substantia. K I Ad-

dit quoque illud . quoniam nec ea iuncta . recte prędicantur . quęcumque
uel latenter . uel in prolatione . in aliquo terminorum continentur . qui
in propositione positi sunt. K II 2-8 Zu So uuêr bis animal: Vel rursus
si de aliquo homine uelit aliquis hominem prędicare . et rursus animal .
et dicat homo homo est et animal. Homo enim idem est quod animal. Ergo
qui hęc duo iuncta componit . nihil differt quam si dicat . homo animal animal est. Homo namque animal est. K I 8-10 Zu Chît bis est: Eodem modo et
si de aliquo homine hominem prędicet aliquis . et rursus bipedem . atque hęc
iuncta uelit dicere . incongruam faciet prędicationem. Nihil enim aliud dicit qui dixerit homo bipes est [de homine loquens übergeschr.] . quam si dicat . homo bipes bipes est. Etenim homo per se bipes est. K I Rursus de
homine idcirco non debet prędicari bipes . quoniam licet non sit prolatum .
tamen qui homo est . bipes est. . . . Quocirca erit hic quoque homo bipes
bipes. Homo enim continet intra se bipes . et qui dicit hominem cum sua
differentia dicit. . . . Erit igitur homo bipes . bipes. Sed ita prędicari
non debet. K II Vgl. auch K II zu 206,14-19 und 207,7-12. 11/12 Zu An bis
bipes: ut in diffinitione hominis sumitur animal . et in diffinitione rursus hominis sumitur bipes. K I Vgl. auch NL zu 209,7-11. 12-15 Zu Ter bis
uernômen: Si quis enim sic dicat socrates socrates est. Et rursus socrates
homo est . non recte fecerit prędicationem. Nam homo in socrate inerat. Et
rursus homo de socrate prędicatum est. Tal[is] est ergo . qui hęc iuncta .i.
socratem et hominem uoluerit prędicare de socrate . tamquam si dicat . socrates homo homo est. Nam in socrate inest hominis natura. K I 22-25 Zu Tîsa
bis îo: Quęrit ergo utrum hoc in omnibus prędicamentis esse uideatur . ut
quęcumque uerum est iuncta prędicare . eadem quoque uerum sit simpliciter dicere. Sed hoc non in omnibus eueniet. K I Hęc quęstio contraria superiori
est. . . . hic autem conuerso ordine id quęrit . an ea quę composita uere
prędicantur . singillatim dicta uere dicantur. K II 24/25 Zu êteuuanne vgl.
K II zu 211,16-20. 210,25-211,1 Zu Mâg bis currere: dicimus enim socratem
quendam hominem hominem esse . et rursus simpliciter dicimus socratem hominem esse. Rursus dicimus uerbi gratia . calliam album hominem esse et de eo
album simpliciter prędicamus . dicimus enim . [c]allias albus est. K I Ita
enim legendum est . quasi si dubitans diceret sic. Uerum est aut[em] dicere
de aliquo compositum coniunctumque aliquid . ut de aliquo homine . hominem .
aut de aliquo albo . album . ita ut et horum aliquid simpliciter prędicetur
. an certe non semper? K II Vgl. auch 146,8-10 154,13 206,19/20.

B211   8-11 Zu Homo bis uiuit²: Mortuus autem et homo opposita quodammodo sunt. Nam si eorum diffinitiones sumamus . facile hoc perspici potest . homo namque est animatus . mortuus uero preter animam . atque ideo quoniam quedam est oppositio secundum priuationem atque habitum hominis et mortui . . . . Que utraque id est predicatum et quod additur predicato ex ipsa oppositione contradictio comitatur . ut quoniam homo et mortuus opposita sunt . ea quedam comitatur atque consequitur per oppositionem contradictio . dicimus enim qui homo est uiuit . qui mortuus est . non uiuit. Viuit autem et non uiuit quedam contradictio est. K I   Idcirco quoniam prius cum coniunctione predicauit dicens . hominem mortuum. Mortuus quod adiacet hominis predicamento . cum homine enim predicatum est mortuus . contradictionem tenet contra hominem. . . . Id est quam oppositionem mox contradictio consequ[i]tur . ut oppositionem hominis et mortui sequitur contradictio . animal scilicet et non animal. K II   12-15 Zu sô bis est: Sin uero non sit ista contradictio . potest. Ut in eo quod est socrates animal bipes est . animal et bipes . nulla contradictione opponuntur. . . . Quando enim hec oppositio in his que predicantur non inest . uerum est quod coniuncte predicaueris . et simpliciter predicare. K II   Vgl. auch 1/2 und 4/5. 16-20 Zu Alde bis uuâr: Quando autem huiusmodi oppositio ei quod predicatur non iungitur . potest simpliciter uere predicari . [ut homo est cum de uiuo dicitur . übergeschr.] sed nec hoc semper . [quia scilicet de mortuo non uere dicitur.] Magisque illud uerius dicitur. Quoniam cum ista oppositio est . numquam uerum est eorum que iuncta uere predicantur . simpliciter uere aliquid appellari. Cum autem ista oppositio non inest . non semper uere simpliciter predicari eorum aliquid que de aliquo uere iuncta predicantur. K I   Ait enim . uerum esse illud quod supra dictum est . quandocumque in adiecto esset aliqua contradictio . non esse uerum simpliciter predicare . quod coniuncte diceretur . quando autem non inest contradictio . non semper uerum est predicare simpliciter . quod coniuncte uere diceretur . sed aliquotiens uerum . aliquotiens uero falsum. K II   21-23 Zu Álso bis ist: Si quis enim sic dicat . homerus poeta est . uerum dixerit. Quod si dixerit homerus est simpliciter preter poetam falsum est. Atqui [.i. certe .] esse et poeta non sunt opposita. K I   Cum dico . homerus poeta est . est . et poeta . coniuncte de homero . uere predicaui. Sin uero dixero . homerus est . falsum est . quamquam non sit aliqua contradictio inter est et poetam . neque in adièèto . est . ulla talis oppositio quam consequatur contradictio. K II   23/24 Zu Nû bis ne ist: De

homero enim . poetam quidem principaliter prędicamus . cum dicimus . homerus poeta est. Est autem uerbum . de poeta quidem prędicamus principaliter.
De homero autem . secundo loco. K II 24/25 Zu Sih bis taz: Nam cum dicimus
de homero quoniam est aliquid . id est quoniam homerus poeta est . uerum est.
Numquid etiam dicendum est per se quoniam est. . . . Concludit igitur hoc
modo. K I Cur autem hoc eueniat . talis ratio est. . . . Non enim idcirco
prędicamus esse . quia homerus est . sed quia poeta est. . . . Non fit uera
prędicatio . dicendo . homerus est. K II

B212 2/3 Zu substantialiter: Illa autem sola aliquibus insunt substantialiter . quęcumque in eorum diffinitione sumuntur . ut in diffinitione hominis sumitur animal . et in diffinitione rursus hominis sumitur bipes. K I
Secundum accidens enim est prędicatur . non principaliter. K II Diffinitio
sézzet taz tíng . únde geóuget iz úns . álso uuír iz ána séhen . descriptio
gezéichenet iz échert. Sô íst iz diffinitio . sô iz úns substantialiter dia
sácha óuget . ál sús. Animal dáz íst anima . únde corpus. Fóne díen zuéin
íst animal compositum . díu zuéi uuúrchent iz. Sô íst iz áber descriptio .
sô úns échert kemâlêt uuírt . uuáz iz sî . ál sús. Animal dáz íst quoddam
mobile. Tóh táz uuâr sî . nóh tánne íst úns animal mít tíu accidentaliter
geóuget . náls substantialiter. Mobilitas íst accidens animali. Ûzer accidentibus neuuírt nehéin animal geuuúrchet. Nb 170,5-12 Vgl. auch 208,18/19
und K I zu 209,15/16. 3-6 Zu Tanne bis est vgl. 211,16,19/20 und K II zu 211,
23/24. 8 Zu Suspensio uocis und 15 zu Et hic vgl. NL zu 186,10/11,13,17. 11-
14 Zu ih bis anima: In quibusdam enim nominibus dictis non apparet oppositio
. sed si diffinia[n]tur mox sese illa oppositio patefacit . ut in eo quod est
homo et mortuus . nomina quidem ipsa opposita non sunt . sed diffinita inueniuntur opposita. [uerum tamen in definitione formant uoces . quę apertam
indicant contrarietatem . ut homo et mortuus . animatum et inanimatum defi-
niunt. am Rand nachgetr.] K I quæcumque eo modo prędicantur . ut neque in
nominibus neque in definitionibus propriis aliquam teneant contrarietatem .
hęc et extra . simpliciterque prędicata . uera sunt. Ut in eo quod est homo
mortuus . mortuus atque homo . hęc quidem in nominibus nullius contrarietatis contradictionisue sunt. . . . Si quis [dederit] mortui [definitionem] .
dicit esse corpus . uerum uita priuatum atque inanimatum. Atque ex hoc tota
uis contradictionis apparet. K II Vgl. auch 211,9-11. 16/17 Zu náls bis
prędicatum, 22/23 zu uuánda bis poęta: quia scilicet in hoc quod est poeta .
nil esset si non fuisset poeta. [am Rand nachgetr.] K I ut est . de homero .

cum de poeta principaliter prędicetur . non prędicabuntur simpliciter uere .
quęcumque composita prędicabantur. K II *Vgl. auch 188,18-24 und K II zu 211,
24/25.* 18 *Zu* Depositio *vgl.* NL *zu 203,21.* 19-23 *Zu* Sô *bis* poęta: vt si
quis dicat de aliquo homine . quoniam hic homo albus est . uerum fortasse
dixerit. Et rursus hic albus est . hoc quoque uerum est dicere . iccirco
quoniam de eo non ideo album prędicauit . quia dixit eum esse hominem . sicut de homero iccirco esse prędicatur . quia poeta esse dicitur . sed quod
per se albus est. K I

B213 1-6 *Zu* Fone *bis* esse³: Ait enim. Non iccirco est opinabile quoniam
est . sed iccirco est opinabile . quoniam non est. Sed hoc quod non est .
est quidem quid . sed est non per se sed opinabile. Et quemadmodum homerus
est quidem quiddam .i. poeta . non tamen est per se . ita id quod non est .
est quidem aliquid .i. opinabile . uel ignorabile . uel nescibile . non tamen est per se aliquid in natura. K I Quare . non possumus simpliciter dicere . esse quod non est. Idcirco enim opinabile est . quia non est. Sci-
bile esset enim . si per se esset . non opinabile. Sicut homerus . idcirco
dicitur esse . quia poeta est . non quia per se est. . . . non autem quoniam
id quod non est . per se aliquid esse potest. . . . Cum dicimus . socrates
bene loquitur . idem ualet tamquam si dicamus . socrates bene loquens est.
K II 7/8 *Zu* Substantia *bis* esse: Uuîo mág man dîutin substantiam únde accidens? Súmelîche chédint substantiam . dáz ter îst . accidens dáz ter míte
îst. Súmelîche chédint substantiam uône uuésenne uuîst . accidens míteuuîst.
Nk 39,8-12 *Vgl. auch 211,25-212,6.* 9/10 *Zur Überschrift:* Incipit de oppositione earum propositionum quę cum modo aliquo proferuntur. T DE HIS PROPO-
SITIONIBVS QUĘ CUM MODO ALIQUO PROFERUNTVR. K I 19/20 *Zu* dîu *bis* necesse:
Similiter autem et in eo quod est impossibile esse et in eo quod est necesse
esse . et in eo quod dicitur contingere esse . et non contingere esse. K I
Sed quoniam sunt modi alii . per quos aliquid posse fieri dicimus . aliquid
impossibile esse . aliquid necesse esse . aliquid contingere . quęritur in
his quoque . quemadmodum fieri contradictionis debeat oppositio. K II 24 *Zu*
Suspensio *vgl.* NL *zu 186,10/11.* 25/26 *Zu* uuîderchedâ machont: Si in omnibus inquit secundum esse contradictio fit . in his quoque quę possibilia dicuntur . secundum esse et non esse contradictio facienda est. K I Neque enim
si quis possibilem affirmationem proponat . eique opponat contingentem negationem . rectam faciet contradictionem. K II 26 *Zu* an *bis* lóugen: ut sit

affirmatio et negatio . est homo . non est homo. K I Videsne igitur ut prope in omnibus affirmationes et negationes secundum esse uel non esse fiant? K II

B214   1, 5, 8 Zu Et hic *(3mal)* und 13 zu Depositio *vgl.* NL zu 186,13,17 und 203,21. 1/2 Zu lóugen uuîrt, 5 zu gelóugenet uuîrt: Nam cum dico est homo secundum id quod est esse fit negatio . non est homo. Et cum rursus dico . est albus homo . secundum id quod est esse . rursus fit negatio . non est albus homo. K I Illa enim album quod esse dixit . illa negat . album non esse dicens. K II   8-12 Zu Taz *bis* lûgi: Hoc autem probatur sic. Necesse est enim in contradictionibus unam ueram esse semper alteram falsam. Ergo si eius affirmationis quę dicit est albus homo . negatio esset . est non albus homo . unam ueram . unam falsam esse constaret. . . . Et hoc approbat inductione. K I   Et rursus eius quę proponit . est albus homo . illa negatio est . quę dicit . non est albus homo . . . . Breuiter dictum est . sed ita posse uidetur exponi. . . . Illud tamen nobis manifestum sit de omnibus . si affirmatio uera est . falsam esse negationem eam scilicet quę contradictorie opponitur. Et si uera negatio . falsa affirmati[o] pronuncietur. K II   16 Zu ne mag: Sed hoc fieri non potest. K II   17 Zu sol: Cum lignum falsum sit dicere esse album hominem . uerum debet esse de eo dicere . esse non album hominem . si hęc negatio est superioris affirmationis. K I Si igitur hęc affirmatio falsa est . uera debet eius esse negatio. K II   18/19 Zu Vbe *bis* opposita: Ergo et ea quę dicit . est albus homo . et illa quę proponit . est non albus homo . utręque aliquando falsę sunt . ut in ligno. Quare non sunt sibi oppositę. K I   Quod si sunt falsę utręque . hęc negatio . illius affirmationis non est. K II   22-25 Zu Ube *bis* stât, 214,27-215,1 zu Also *bis* sâgun: Sunt quędam propositiones in quibus esse non additur . sed id quod in his enuntiatur idem ualet . tamquam si esse poneretur . ut in ea quę est . homo ambulat. . . . talis mihi negatio redit . qualis esset . si negatio ad esse poneretur . ut in eo quod est ambulat homo . ambulat pro esse positum est. Huius ergo affirmationis ambulat homo. K I Nec hoc solum inquit in his euenire potest propositionibus . quę secundum esse uel non esse disponuntur . sed etiam in his quęcumque uerbis talibus continentur . ut uerba illa uim eius quod est esse concludant. . . . Et hinc facillime poterit inueniri. K II

B215   4/5 Zu An bis chédenne: Tale est enim dicere homo ambulat . tamquam
si quis dicat . est ambulans homo. K I   Vgl. auch K I zu 214,22-25 und 214,
27-215,1.   Idem enim ambulat . quod est ambulans. K II   11/12 Zu Fóne bis
ságon: Si in omnibus inquit secundum esse contradictio fit . in his quoque
quę possibilia dicuntur . secundum esse et non esse contradictio facienda
est. K I   si hoc inquit in omnibus propositionibus faciendum est. K II   14/
15 Zu sô bis dinge: Quare utręque in eodem uerę sunt . possibile est esse .
et possibile est non esse. K I   ut est in eo quod est posse esse et posse
non esse . idem enim utręque sunt . sibique consentiunt. K II   17/18 Zu
Uuánda bis uuérden: Quę autem sit huiusmodi possibilitas . per quam cum
dicitur aliquid fieri posse . illud tamen relinquatur posse non fieri .
consequenter explanat. K II   19 Zu Ein láchen vgl. 181,22/23.   20 Zu Ter
bis ne gân: vt quia possibile est hominem ambulare . possibile est non ambulare. K I   23 Zu der únderskeit, 24 zu tiu bis possibilia: Quęcumque ita
possibilia sunt ut sint actu et opere . illa nulla ratione possunt non esse.
. . . Hęc igitur ratio est . cu[r] utręque inueni[a]ntur uerę . quod in his
possibilitatibus quę non semper sunt actu . et esse aliquid et non esse contingit. K I   Causa est igitur inquit . cur id quod posse esse dicitur . idem
possit non esse. K II   25/26 Zu Uuárin bis uuéhsel: ut cęlo semper actu est
moueri [.i. ut moueatur übergeschr.]. Et dicimus possibile esse cęlum moueri
. iccirco quoniam cęli motus actu est . hoc est id agitur . mouetur enim [sem-
per]. In hac ergo possibilitate talis propositio non potest conuenire . ut
dicamus possibile non esse cęlum moueri. Hoc enim impossibile est. Ergo in
his quęcumque actu sunt . hę duæ propositiones . possibile est esse . et possibile est non esse . nulla ratione conueniunt. . . . Vt quoniam non possibile est non esse motum cęlo . non contingit cęlum non moueri. Quare quod non
possible est non esse . idem non contingit non esse. Sed quod non contingit
non esse . necesse est esse . sicuti de cęlo. Necesse est enim cęlum moueri .
quoniam non contingit cęlum non moueri. K I   Omne namque quod semper in actu
est . necessarium est. Ut sol semper mouetur. . . . Ergo quęcumque non semper in actu sunt . et posse esse . et posse non esse recipiunt. . . . At uero
cum cęlo dicimus inesse motum . nulla dubitatio est quin necesse sit cęlum moueri. K II   Táz chédint sie fóne díu . uuánda míchel uérri íst tes mítten .
dár díu érda stíllo líget . ûf ze énde dírro uuérlte . tár dir hímel suéibôt.
Nk 58,24-27 In spera uero nihil est vltimum . nisi quod eiusdem terminum me-
dietatis obtinuit . quicquid in extremo cęli conuexitatis est . illud sursum

esse dicitur . quod uero est medium illud deorsum. . . . In omni enim spera
media terra est . quod ipsa astrorum demonstrat ordinata vertigo. . . . Terminos vero mundi cæli vltimam conuexitatem dicit. K *Vgl. auch 159,23 und
235,12-14.*

B216 1 *Zu* samoso affirmatio: Et cui rei inest affirmatio ut sit esse possibile . eidem rursus inerit negatio . ut sit possibile non esse. K I 2-5
Zu Also *bis* ne sêhen: Quare et quod ambulabile est . id est quod ambulare
potest . potest non ambulare. Et quod uisibile est .i. quod uideri potest .
potest etiam non uideri. K I Potest igitur et quod est ambulabile id est
quod ambulare potest . non ambulare . et quod est uisibile . non uider[i]. K
II 6-10 *Zu* Nû *bis* esse: In omnibus enim aut affirmatio uera est . aut negatio. K I *Vgl. auch* K I *zu 13-16.* Quocirca . docet non esse negationem eius
quę dicit . posse esse . eam quę proponit . posse non esse . idcirco quod
utręque sunt uerę in his quę ut ipse ait . non semper actu sunt. K II 7/8,
13/14 *Zu* prędicationes *(2mal) vgl.* NL *zu 217,11,13.* 9/10 *Zu* Pe *bis* esse *vgl.
auch 215,8-11.* 13-16 *Zu* Hînnan *bis* esse[2]: Si ergo factis negationibus secundum esse et non esse in his quę secundum aliquem modum dicuntur . et affirmatio et negatio utręque sunt uerę quod fieri non potest. K I Ut aut idem
sint affirmatio et negatio . sibique consentiant si secundum esse et non esse
in omnibus contradictio fit . . . . id est ut dictio et negatio idem essent
simul de eodem pręcidaktę . sibique consentirent. K II 17 *Zu* daz[2] *bis* sâgeen:
Quod si illud est impossibilius . ut affirmatio et negatio simul uerę sint.
K I *Vgl. auch 5-9.* 18/19 *Zu* Sô *bis* esse[2]: illud magis dicendum est non fa-
ciendas secundum esse et non esse negationes . sed secundum modum potius. K I
Hoc igitur erit eligendum potius . has quę cum modo sunt propositiones . non
eas habere oppositiones quę secundum esse uel non esse fiunt . sed potius eas
quę ad modum ponuntur. K II 26/27 *Zu* An *bis* lûgi: Has enim duas simul ueras
inueniri impossibile est. K I

B217 1-4 *Zu* Álso *bis* inpossibile: Secundum modum enim negatio ponenda est
. vt si contingens est ad contingere . si possibilis ad possibile . si impossibilis ad impossibile . si necessarium ad necessarium negatio iungatur. K I
Est igitur eius negatio quę est possibile esse . ea quę est . non possibile
esse . negationem scilicet addens non ad esse uerbum . sed ad modum quod est
possibile. Eandem quoque rationem dicit esse et in contingentibus. Eius
enim quę est contingere esse . negatio est . non contingere esse. Docet et-

iam de necessario et inpossibili . sibi idem uideri. K II 11, 13 Zu prędicationes *(2mal)*: Quemadmodum enim inquit in his qui pręter modum aliquem sunt . et aliquid esse proponunt . esse quidem et non esse oppositiones quędam .i. prędicationes sunt . res uero subiectę . ut in eo quod est . homo est et homo non est . homo quod est res . subiectum est . appositio autem quędam et prędicatio . est . et non est . . . . Ita quoque in his quę secundum modum dicuntur . quoniam totam propositionem continet modus . aut possibilis . aut contingentis . aut impossibilis . aut necessarii . hęc prędicari . res uero alię subiectę esse dicuntur. K I Appositiones . uocat prędicationes. Dicit ergo in his propositionibus quę pręter aliquem modum dicuntur . prędicantur quidem semper esse et non esse . uel ea uerba quę esse continent . subiciuntur uero res de quibus illa prędicantur . ut album . cum dicimus album est . uel hominem . cum dicimus homo est. Atque ideo quoniam in his prędicatio tota continet propositionem . ueritatemque et falsitatem prędicatio illa determinat . prędicatur autem esse . uel quicquid esse continet . iure secundum esse et non esse contradictiones ponuntur. K II 16-20 Zu Tĩse *bis* esse[1]*:* Similiter enim secundum possibile et non possibile facta oppositio ueritatem falsitatemque determinat . sicut in simplicibus . et pręter modum positis secundum esse et non esse negatio. K I Si igitur hęc continent totius propositionis uim . quod autem propositionis uim continet prędicatur . et secundum id quod prędicatur . semper oppositiones fiunt. Recte solis modis uis negationis apponitur. . . . Diuidunt igitur ueritatem falsitatemque hę scilicet quę dicunt posse esse et non posse esse. K II *Vgl. auch* K II zu *11, 13.* 20-22 Zu Ube *bis* prędicatum*:* Nam quod dicimus possibile est non esse . ita intellegendum est . ut si diceremus . possibile est hodie pluuiam non esse . cum sit possibile ut sit. . . . Non est enim semper actu pluuia . et possibile est esse aliquando. Quare possibile est eam non esse aliquando. . . . Nam cum dicimus hodie pluuiam esse possibile est . esse subiecimus . possibile prędicauimus. K I 22-25 Zu Chéden *bis* prędicatum *vgl.* 220,4/5, *Gen zu* 173,13-15,17/18,24-26 *und* NL *zu* 217,11,13.

B218 2/3 Zu Tero affirmationis, 5 *zu* tíu sélba affirmatio*:* Nam eius quę est possibile est non esse . quam affirmationis loco posuit . negatio repperitur . illa quę dicit . non possibile est non esse . secundum modum scilicet addita negatione. Unde fit inquit . ut ea quę dicit possibile est esse . et illa quę proponit possibile est non esse . sese inuicem consequantur. K I

Docetur autem esse affirmatio ea quę dicit . posse non esse. K II 7 Zu náls
bis ánderen, 11/12 zu oppositę: Cur autem se consequi possint hęc causa est
. quoniam non sunt oppositę. K I Affirmatio autem affirmationi numquam contradictorie opponitur. K II 9/10 Zu prędicationes vgl. NL zu 217,11,13. 13-
15 Zu Aber bis oppositę: Hę enim ita a se disiunctę sunt . ut simul esse non
possint. Iccirco autem hoc euenit quoniam sunt oppositę. K I Vgl. auch 216,
19-23. 16-18 Zu Uuánda bis sîn: At uero inquit ea quę est . possibile est
non esse . cum ea quę dicit non possibile est non esse . simul esse non poterit. Namque oppositas esse manifestum est. K I Quęcumque idem de eodem .
hęc ponit . hęc aufert . si illa sit affirmatio . illa negatio . et nihil ę-
quiuocationis . aut uniuersalium determinationis inpedi[a]t . contradictorie
sibimet opponuntur. K II 17 Zu ríngent: Repugnantia dissiliunt. . . . Tíu
áber ríngint . tíu neuuéllin sámint sîn. Ns Vgl. auch 162,10 und 185,10,22.
21 Zu tero affirmatione, 24 zu dero affirmationis: huius enim alia negatio
inueniri potest . quoniam est affirmatio quędam. K I Similiter autem inquit
et eius propositionis quę est . necessarium esse . non est ea negatio quę
dicit . necessarium non esse. Hęc enim affirmatio est. K II 25 Zu tero negatione: Est autem eius negatio ea quę dicit. Non necessarium est non esse.
K I Eius uero quę est necessarium non esse . quam supra dixerat non esse oppositam ei quę dicit necessarium esse . illa negatio est quę proponit . non
necessarium non esse. K II

B219 2/3 Zu téro negatione: Eius quoque quę est impossibile esse . non dicendum est illa negatio per quam dicimus . impossibile non esse . sed ea potius quę proponit . non impossibile esse. K I Eius uero quę est inpossibile
esse . non est ea negatio quę dicit inpossibile non esse. Non enim ad modum
habet negatiuam particulam iunctam . sed potius ea quę dicit non inpossibile
esse. K II 4-6 Zu Aber bis esse: Namque affirmatio quędam est. Impossibile
est non esse . huius enim inuenitur negatio . non impossibile est non esse. K
I Illius uero quę ad esse habet negatiuam particulam . quam affirmationem
esse manifestum est . id est eius quę dicit inpossibile non esse . ea negatio
est quę dicit . non inpossibile non esse. K II 12-17 Zu Keméinlîcho bis máchontemo: Regulam dat uniuersalem dicens. Hoc uniuersaliter in omnibus faciendum est . quod supra iam diximus . ut subiectum esse et non esse ponatur.
Affirmationem autem et negationem ipsos modos faciamus. . . . Modos enim ipsos .i. possibile et contingens . et cęteros . pro affirmationibus et ad hos

negatiuo aduerbio iuncto pro negationibus disponentes . aut ad id quod dicimus . est . aut ad id quod dicimus non est apponamus. K I Vniuersaliter inquit dicimus sicut supra dictum est. K II *Vgl. auch 217,5-20.* 18/19 *Zu* Unde *bis* éinânderen *vgl. 162,3-6 und 216,10-16.* 21-24 *Zu* Uuîle *bis* est: Quod autem addidit uerum est . non uerum est . ad demonstrationem omnium modorum ualet. Nam si quis dicat uerum est . non uerum est . ipsius est negatio . non ea quę dicit uerum non est. Alioquin eius quę est uerum non est . illa negatio est quę dicit . non uerum non est. K I Quod autem addidit . uerum non uerum . ad hoc pertinet ut omnes modos includeret. . . . hoc modo facienda est contradictio. Verum est . non uerum est . non autem non est uerum. K II 24/25 *Zur Überschrift:* Hucusque de oppositionibus modorum . nunc de consequentiis eorum. T DE CONSEQUENTIIS SECVNDVM ORDINEM. K I *Vgl. auch* Nb *zu 235,20-22.*

B220 1/2 *Zu* Tie *bis* ordo: Hęc enim dicit quę propositiones supradictorum modorum quas propositiones consequantur . quibusque consentiant. Nos autem ex his quattuor fecimus ordines . et consequentias propositionum sub una serie disposuimus. . . . Et hęc quidem est ordinata ab aristotele consequentia propositionum. K I Nos autem ut sit lucidior explanatio . de his duos facimus ordines. Et in primo quidem eas proposuimus quę pręcedunt . in secundo uero eas quę secuntur. K II 3-5 *Zu* Tero *bis* pluuiam: Non est enim impossibile hodie esse pluuiam . sed non iccirco esse necesse est. . . . Hodie enim pluuiam non esse non est impossibile . potest enim esse . sed non iccirco ex necessitate hodie non pluit. K I *Vgl. auch* K I *zu 217,20-22.* 6-7b *Zu* uuánda *bis* contingere: Quod possibile est esse contingit aliquando ut sit . et hoc est . contingit esse. K I Et ne in his aliquid discrepans uideretur . adiecit dicens . et hoc illi conuertitur . ut intellegeremus quod esset possibile . hoc contingere . et quod contingeret . illud esset possibile. Quare . quę sibi conuertuntur . ea ęqualia sunt . atque eadem. . . . Tamquam si hoc diceret . et possibile es[se] . sequitur contingentia . et hęc utraque sibi conuertuntur. K II 8-11 *Zu* Unde *bis* nîeht: Quod autem contingit esse . non est impossibile esse. Et quod non est impossibile esse . non iccirco iam esse necesse est. K I *Vgl. auch* K I *zu 6-7b.* Hęc ergo id est possibile atque contingens . sequi dixit illas propositiones quę dicerent non inpossibile esse . et eas quę necessarium negant . id est non necesse esse aliquid prędicare. . . . Nam quod est possibile esse . idque esse contingit . ut sit inpossibile non es[se]. K II 11 *Zu Tîsiu bis* consequentiam: Et hic est unus ordo consequentiæ. K I Primum uoluit demonstrare . quoniam quęcumque de possibili dicerentur . eadem etiam de contingenti dici ueracissime possint. . . . Sed has [propositiones] sequitur non impossibile esse et non necessarium esse. K II 14 *Zu Hîer bis zuô:* Illi enim quę est possibile non esse . et ei quę est contingere non esse . illam consentire ait quę dic[i]t . non necesse esse non esse . et non impossibile esse non esse. K II 18/19 *Zu Taz bis consequentia:* Rursus secundus ordo propositionum . talem habet consequentiam. K I Aliam rursus consequentiam dicit . hoc modo. K II 21 *Zu Hîer bis zuô:* Recte igitur dicitur . eam propositionem quę dicit aliquid non posse esse . et eam quę dicit non contingere esse . consequi illas quę esse cum necesse est negant . et quę inpossibilitatem affirmant. K II 24 *Zu Taz bis consequentia:* Et secundus quidem ordo sese sic habet . nunc ad tertium transeamus. K I Tertiam consequentiam ponit hanc. K II 27 *Zu Hîer bis zuô:* Reliquam consequentiam . in qua eas propositiones quę dicerent . non possibile esse aliquid non esse . et non contingere non esse . ill[i]s quę proponerent necesse esse . et inpossibile non esse [consentire dicit]. K II

B221 3/4 *Zu Taz bis consequentia:* Quartus etiam ordo hoc modo est. K I *Vgl. auch* K II *zu 220,27.* 5/6 *Zu An bis iz:* Hęc autem prius notans quo quid ab aristotele dicatur . facilius lector intellegat. K I Describit autem eas hoc modo . ut non solum mente et ratione capiantur . uerum etiam subiect[is] oculis . facilior intellectus sit. K II 7-21 *Notker richtete sich nach dem Schema in K I, das aber je 2mal impossibile und Impossibile, 4mal CONSEQVENTES ohne Punkt aufweist; die Striche fehlen; ein Punkt steht hinter jedem Satz. Das Schema nach K II steht auf S. 205 dieser Ausgabe.* 23/24 *Zur Überschrift:* Primam et tertiam consequentiam contradictorie prędicari . peruerso modo pręter necessaria. T EXPLICIT LIBER .V. INCIPIT .VI. K II

B222 1-3 *Zu An bis contingit:* Namque affirmationem impossibi[li]s . contingentis et possibilis negatio subsequ[i]tur. K I *Vgl. auch 221,14-16.* 4/5 *Zu án bis contingit:* Negationem uero impossibilis . affirmatio possibilis et contingentis [subsequitur]. K I *Vgl. auch 221,7-9.* 5/6 *Zu Nû bis alsus:* Disponantur ergo hoc modo. K II 7-11 *Die Striche fehlen dem Schema in K I, während in K II dasselbe durch Striche eingerahmt und aufgeteilt ist.* 8 *Zu*

AFFIRMATIO bis NEGATIO: AFFIRMATIO. Impossibile
esse. CONTRADICTIO. Non impossibile esse. NEGATIO.
K I Affirmatio Impossibile esse. Contradictorię
Negatio Non inpossibile esse K II   9 Zu NEGATIO bis
AFFIRMATIO: NEGATIO. Non possibile esse. CONTRA-
DICTIO. Possibile esse. AFFIRMATIO. K I Negatio
Non possibile esse. Contradictio Affirmatio Possi-
bile esse K II   10 Zu NEGATIO bis AFFIRMATIO: NE-
GATIO. Non contingit esse. CONTRADICTIO. Contingit
esse. AFFIRMATIO. K I Negatio Non contingens esse.
Contradictorię Affirmatio Contingens esse K II   8-
10 Consequentes. *[je einmal am linken und rechten
Rand]* K II

B223   222,12-223,2 Zu Hîer bis conuersim vgl. 221,
25-222,1 und 222,8-10.   2-5 Zu Conuersim bis uuórten: Iccirco namque ait. Secuntur quidem contradictorie sed conuersim . quod omnes in contrarium
locatę contradictiones sunt. . . . Conuersę autem
se secuntur . quoniam affirmatio non sequitur affirmationem . nec negatio negationem . sed affirmationem negationes . negationem uero affirmationes . . . . Huius talis ratio redditur. K I Sed
conuersim . id est ut affirmatio negationi . negatio uero affirmationi consentiat. . . . Patet ergo
ut contradictiones quidem . aliis contradictionibus
consentiant. Qua in re illud quoque manifestum est
. quod affirmationes negationibus . negationes uero
affirmationibus consentiunt. K II   7-9 Zu .s. bis
inpossibilis: Illud enim quod est possibile esse
scilicet quod affirmatio est . negationem impossibilis sequitur. Est autem negatio impossibilis .
non impossibile esse. K I Affirmationem namque quę
est possibile esse . sequitur negatio inpossibilis
. quę dicit non inpossibile esse. . . . Sub negatione uero inpossibilitatis . illę possibilis et

Precedentes	Precedentes	Precedentes	Precedentes
Possibile ee¦	Contingens ee¦	Possibile n ee¦	Contingens n ee¦
Sequentes	Sequentes	Sequentes	Sequentes
Non impossibile ee¦	Non necesse ee¦	N necessariu n ee¦	N impossibile n ee¦
Precedentes	Precedentes	Precedentes	Precedentes
Non ctingens ee¦	Non ctingens ee¦	Non possibile n ee¦	Consequen Necesse ee¦
Sequentes	Sequentes	Sequentes	Sequentes
N possibile ee¦	Consequen Impossibile ee¦	Necessariu n ee¦	Impossibile n ee¦

Vgl. NL zu 221,7-21 K II

contingentis propositiones . quibus ipsa inpossibilitatis negatio consentit hoc modo. K II *Vgl. auch 222,8/9.* 7 Zu *.s. sequitur vgl. auch den 2. App. zu 6/7.* 10 Zu *.s. sequitur,* 11 zu *sequitur,* 12-15 zu Táz *bis* esse: Negatio uero possibilis . affirmationem impossibilis sequitur. Illud namque quod est non possibile esse . sequitur affirmationem . quod est impossibile esse. K I At uero negationem possibilitatis sequitur affirmatio inpossibilitatis. . . . Negationem uero possibilitatis quę est . non possibile esse . sequitur inpossibilitatis affirmatio quę proponit inpossibile esse. . . . Et sub affirmatione inpossibili . ponatur ex contingentibus et possibilibus quas ipsa sequitur inpossibilitas. K II *Vgl. auch 222,8/9.* 16/17 Zu Uués *bis* inpossibilis: Alioquin si ea quę dicit non inpossibile est . non sequitur possibilitatem . sequitur eius affirmatio . id est inpossibile esse. K II *Vgl. auch 8/9.* 17/18 Zu Tía *bis* contingentia: et de contingenti eodem modo. . . . Et in contingentibus eodem modo. K I Et de contingenti eodem modo. . . . Idem quoque et de contingenti dicendum est. . . . Omnino enim quicquid de possibilitate proponitur . idem de contingentibus iudicatur. K II 19/20 Zu Pe *bis* contradictiones: Ergo inquit contradictionem quę est impossibile et non impossibile . illud quod est contingens et possibile . quę duę affirmationes sunt ac se secuntur . et non contingens et non possibile quę duæ negationes sunt . secuntur quidem contradictorie . ut contradictiones sint in contrarium ductę. K I Inpossibile inquit et non inpossibile . scilicet quod est contradictio . duas contradictiones id est illud quod est contingens . et possibile . et non contingens et non possibile . sequitur quidem contradictorie. Nam una contradictio inpossibilis . duas sequitur contradictiones . id est contingens et non contingens . possibile et non possibile. K II 20-22 Zu Tára náh *bis* esse *vgl. 221,9,16 und 224a,7-11.* 22/23 Zu unde *bis* contradictionem: Necessarium uero inquit quemadmodum [sit] . id est quas habeat consequentias . considerandum est . primo. K II *Vgl. auch 25-27.* 23/24 Zu Taz *bis* hára náh *vgl. 223,27-224a,3 225,11-20 226,11/12.*

B224a 1-3 Zu Necessaria *bis* contrarie: In his autem quę necessarium prędicant . uel affirmatione uel negatione . et secuntur possibilem propositionem . eius quę possibili consentit contradictio non sequitur contradictionem possibilis sed potius contraria. K I 3-14 Zu Sie *bis* contrarie: Prius autem disponamus quę sint contradictorię quęue contrarię. Eius enim quę dicit necesse est esse . contradictio est . non necesse est esse. Contraria uero necesse est non esse. Rursus eius quæ est necesse est non esse . contradictio est . non necesse est non esse . contraria uero necesse est esse. . . . Sed necesse est non esse . non est contradictoria eius quę est . non necesse est esse. . . . Recte igitur dicitur contradictiones [.i. necesse est esse . et necesse non esse übergeschr.] extra esse . contrarias uero contradictoriis consentire. K I Contradictorię uero et oppositæ . extra sunt . et non sequuntur. Et prius quidem quę sint contrarię . quę contradictorię . disponamus. Propositionis enim quę dicit . necesse esse . ea quę proponit . non necesse esse . contradictoria est. Ea uero quę dicit . necesse esse non esse . contraria. . . . Sed rursus . necesse esse non esse . et non necesse esse . non sunt contradictiones. Sed non necesse esse quidem . negatio necessarii est . illa uero quę dicit . necesse esse non esse . contraria necessarii. Contra se autem non sunt contradictorię. K II   7 Zu Non bis esse[3]: Non necesse esse Necesse esse Necesse non esse/ NEGATIO CONTRADICTORIAE AFFIRMATIO CONTRARIAE AFFIRMATIO K I Non necesse esse Necesse esse non esse/ CONTRADICTIO CONTRARIAE/ Necesse esse [Eine Diagonale verbindet Non necesse esse über CONTRADICTIO mit unten in der Mitte stehendem Necesse esse; eine zweite verbindet Necesse esse non esse über CONTRARIAE mit dem gleichen.] K II 7/8 Zu Ân bis esse vgl. auch 221,9. 8/9 Zu tes bis uiêrdûn vgl. 221,20. 9-11 Zu dêmo bis consequentia vgl. 221,16. 15-18 Zu Íro bis drîttun vgl. 221,9,16. 21-23a Zu Táz bis dînge: non necesse esse . et necesse non esse . quę non sunt contradictorię . quod in eodem utręque uerę inueniri possunt. K I Quocirca . manifestum est quoniam simul aliquando inueniri possunt . non necesse esse . et rursus necesse esse non esse propositiones . quę cum ita sint . contradictiones non sunt. K II 24-27 Zu Nôt bis uuâr: Possunt enim utręque simul uerę inueniri. Nam quoniam necesse est . non esse . ignem frigidum . non necesse est esse ignem frigidum. K I possunt enim in uno eodemque simul inueniri. . . . ut quoniam necesse est hominem quadrupedem non esse . non necesse est esse hominem quadrupedem. K II

B224b   1-3 Zum ersten Schema, das 225,3-10 ersetzt, vgl. 221,10-12,18-20. Dieses Schema fehlt in K I II. 5-7 Das zweite Schema, das 230,6-13 ersetzt, fehlt in K II. 5 Zu Affirmatio bis Negatio: AFFIRMATIO NEGATIO/ Impossibile esse CONTRADICTIO Non impossibile esse. 6 Zu Negatio bis Affirmatio: NEGATIO AFFIRMATIO/ Non possibile esse CONTRADICTIO Possibile est esse. 7 Zu Affirmatio bis Negatio: AFFIRMATIO NEGATIO./ Necesse est non esse. CONTRADICTIO Non necesse esse non esse. K I

B225   224a,27-225,2 Zu Nû bis modo: Eodem quoque modo et in eo quod est possibile non esse . cuius est contradictio non possibile non esse . quod aristoteles reticuit. . . . Eorum autem omnium negationes et affirmationes in contrarium disponantur. K I Et quamquam inuoluta sit sermonum ratio . tamen si quis secundum superiorem expositionem . ad ipsius aristotelis sermones superiores redeat . et quod illis deest . ex nostra expositione compenset . sensus planissimus a ratione non deuiat. K II Vgl. auch 221,10-12, 18-20. 3-10 Zur korrigierten Fassung dieses Schemas vgl. 224b,1-3. 11-14 Zu Sézzên bis modum, 18-20 zu Téro bis fóre fûor: non sequitur affirmatio eius quę est . non necesse est non esse . negationis . ea quę est necesse est non esse. Negatio enim eius quę dicit necesse est non esse . illa est quę dicit . non necesse est non esse. Sed huius contraria .i. affirmationis quę est . necesse est non esse . illa scilicet quę est necesse est esse . sequitur negationem illam quę est non possibile est non esse. Huius quoque sit talis descriptio. K I Disponantur enim hęc scilicet . quę se sequuntur . et sub his necessarię . et quę sit contradictio . quę contrarietas asscribatur. . . . Sed in his quatuor uidebuntur. Est enim necessaria affirmatio quę dicit . necesse esse. Huic opposita est ea quę prędicatur non necesse esse. Rursus contraria necessitati affirmatio est quę dicit . necesse est non esse. Huic opponitur ea quę proponit . non necesse est non esse. Quod subiecta docet subscriptio. K II Vgl. auch 223,25-224a,14. 16 Zu NEGATIO bis AFFIRMATIO: NEGATIO. AFFIRMATIO. AFFIRMATIO/ Non necesse est non esse. CONTRADICTORIÆ . Necesse est non esse. CONTRARIÆ . Necesse est esse. K I Contra- Necesse est esse. Oppositę. Non necesse est esse./ riæ Necesse est non esse. Oppositę. Non necesse est non esse. K II 15, 17 Die beiden Striche fehlen dem Schema in K I, während in K II das ganze durch Striche eingerahmt und aufgeteilt ist. 23/24 Zu id est conuersum: Ergo conuerse idem potest impossibile quod necessarium. . . . Quare contrario modo necessarium et impossibile idem potest. K I Conuersim igitur et contrarie inpossibilitas . necessitati redditur idem ualens. K II 225,25-226,2 Zu Uuáz bis necessario: Ratio autem est . cur non simili modo consequentia secundum contradictionem propositionis eueniat . sicut in his quę sunt possibilia et non possibilia. Huiusmodi omne necessarium . contrario modo impossibi[e] est. K I Causa autem est inquit cur non sequantur [s. necessarium übergeschr.] similiter cęteris . id est quę secundum possibile et inpossibile facta sunt . quoniam contrarie inpossibile . necessario redditur idem ualens . id est contra-

rio modo reddita et pronunciata inpossibilitas . necessitati . idem ualet.
K II *Vgl. auch 223,27-224a,3.*

B226 5 Táz *bis* uuêhsel: Causa igitur diuersæ consequentiæ est in contrarium propositionum impossibilis et necessarię facta conuersio. K I Quod si inpossibilitas ad possibile . simili contradictione . et contradictionvm conuersione . consequentiam reddit . idem autem ualet inpossibilitas et necessitas contrarie prędicata. K II 6/7 *Zu* álso *bis* consequentia *vgl. 221,16.* 9 *Zu* álso *bis* consequentia *vgl. 221,20.* 10/11 *Zu* Âna *bis* consequentiam, 12/13 *zu* An *bis* uuêhsel: Nullus enim dixerit . necesse est esse . quod impossibile est esse. Non ergo necesse est esse . sed potius necesse est non esse . quod impossibile est esse. K I Superius quidem propositionum facta conuersio est . ita . ut possibilem propositionem . necessarii negatio sequeretur. Atque his ita positis . non euenit ut contradictio contradictionem sequeretur. K II 11/12 *Zu* Tér *bis* contradictionem *vgl. 223,20-24 224a,6-14 226,27 227,4.* 15-18 *Zu* Fone *bis* lóugenendo: necessarium autem impossibili conuerso ordine idem ualet . sequitur id quod est impossibile est esse . necesse est non esse. K I Quare idcirco euenit ista contrario modo consensio. Nam ubi est inpossibile esse . ibi est necesse non esse. . . . inpossibile uero ei quod est non possibile consentaneum sit . id quod e contrario idem ualet . id est necessarivm non esse . id eam sequi propositionem . quam etiam inpossibilitas sequebatur. K II 19/20 *Zu* quemadmodum dictum est *vgl. 225,22-25.* 23 *Zu* predicationibus *vgl. NL zu 217,11,13.* 24-27 *Zum Schema, das in* K I II *fehlt, vgl. 222,8-10, 224a,7 und folgendes aus* K I: NEGATIO AFFIRMATIO AFFIRMATIO/ Non necesse est esse. CONTRADICTORIĘ Necesse est esse CONTRARIAE Necesse est non esse/ Non necesse est non esse. CONTRADICTORIĘ Necesse est non esse CONTRARIAE Necesse est esse/ NEGATIO AFFIRMATIO AFFIRMATIO

B227 1-4 *Zu diesem Schema, das auch in* K I II *fehlt, vgl. 224b,1-3, 225, 16 und* K I *zu 226,24-27.* 5/6 *Zu* Hîer *bis* contradictionem *vgl. 226,10-13.* 10-17 *Zu* Alde *bis* stât: Forte inquit errauimus . ita consequentias collocantes. Nunc enim disposuimus . ut id quod esset possibile sequeretur illud quod est non necessarium . ut secundum pręcessionem possibilis . sequentem [negationem] necessarii poneremus. Nunc autem dicit hoc permutari oportere . et non a possibili inchoandum et huic subiciendam necessarii negationem . sed potius primo ponendum esse necessarium . secundo loco possibile. K I An fortasse inquit errore lapsi . ita has consequentias constituimus . ut primo poneremus possibile esse . huic autem adiungeremus uelut consequens . necessarii negationem . quę diceret non necesse esse? A[n] potius illud uerum est . ut posito prius necessario . necessitati possibilitas consentiens subsequatur? K II 12-14 Zu uuánda bis consequentia vgl. 221,7-9. 15 Zu necessarium bis stât vgl. 221,20. 16/17 Zu possibile bis stât vgl. 221,8. 21/22 Zu Álde bis possibile: Nam si quis hoc neget . et id quod est necessarium dicat non sequi possibilitatem . negatio possibilitatis id quod est necessarium comitabitur. K I Ergo si necessariam propositionem non sequitur possibilitas . possibilitatis negatio consequitur . ut ita dicatur. Ergo recta consequentia ita dicit. Quod necesse est esse . non possibile est esse. K II 23-25 Zu Ímo bis possibile[1]: Nam si id quod est necessarium esse falsum est dicere . possibile est esse . uerum est dicere quoniam non possibile est esse. K I Quod si quis neget . illi confitendum est . quoniam negatio possibilis sequitur necessitatem. In omnibus aut affirmatio aut negatio est. K II

B228 227,27-228,1 Zu úbe bis fólget vgl. 227,20-22. 2/3 Zu sô bis inpossibile: Sed non possibile esse sequitur diximus id quod est impossibile esse. Igitur id quod dicitur necesse esse . impossibile est esse. K I Sed non possibile esse . consequitur necessitat[em]. Et inpossibilitas igitur consequitur necessitat[em]. K II 5-7 Zu Nû bis prima vgl. 227,14-17. 9/10 Zu álso bis consequentiis vgl. 221,8/9. 12 Zu contra naturam: quod est impossibile. K I Sed si possibilitas necessitatem sequitur . erit id quod necesse est esse . ut possit esse . et possit non esse . secundum naturam scilicet possibilitatis . quę ipsa conuenit necessitati. Sed hoc inpossibile est. K II Vgl. auch den 2. App. zu 11. 13/14 Zu Târ bis necessario: Quid igitur in his dubitationibus est statuendum? Non potest quidem consentire possibile esse . ei quod necesse est esse. K I Non igitur possibilitas sequitur necessitatem. K II 18/19 Zu Nû bis sîn vgl. 3 und den 2. App. zu 11. 228,23-229, 2 Zu Táz bis esse: Utramque igitur habet naturam id quod dicimus possibile esse . ut sit esse possibile . et sit non esse possibile. . . . Ita si hę uerae sunt .i. necesse esse . aut rursus necesse non esse . utręque illę falsę sunt . quę dicunt . et potest esse et potest non esse. Illa enim quę proponit . necesse esse . posse non esse subruit. Illa iterum quę dicit necesse non esse posse esse subuertit. Neutra igitur consequitur eam propositionem

quę dicit possibile est esse . nec ea quę dicit ex necessitate esse . nec
illa quę dicit ex necessitate non esse. K I   Illi enim . id est possibili .
utraque contingit acc[i]dere . et esse scilicet . et non esse. Horum autem
. id est necessarii secundum esse . et necessarii secundum non esse . [si]
utrumlibet uerum fuerit . non erunt illa uera. . . . ut si esse necesse est
. non poterit non esse . uel si non esse necesse est . non poterit esse. K
II

B229   2 Zu Pe bis eín: Docet id quod est possibile non consentire ei quod
est necessarium esse . nec rursus ei quę est necessarium est non esse. K I
At uero neque necessarivm . sequitur possibile esse . hoc scilicet sentencię
includens . possibilitati non consentire necessarium . nec hoc solum . sed
neque illud quod dicimus necessarium non esse. K II   3 Zu .s. contingunt vgl.
228,21.   5-8 Zu Sámint bis esse vgl. 228,20-229,2.   9-12 Zu Nû bis nesî: relinquitur ut illa ei consentiat quę dicit . non necessarium non esse. Hęc
enim sequitur eam quę proponit possibile est esse. Quicquid enim possibile
est esse . non necesse est non esse. K I   Relinquitur ergo [hoc] . id est ut
quarta propositio quę opponitur necessariæ secundum non esse affirmationi
possibilitatem sequatur . id est non necessarivm non esse . sequi possibile
esse. Sed quia possibile consentit necessario . hęc quoque necessario consentit. Namque hoc est quod dixit . hoc enim uerum est . et de necesse esse.
Nam quod necesse est esse . non necesse est ut not sit. K II   14 Zu Uuáz ist
táz, 15/16 zu éniu bis esse, 17/18 zu Díu bis esse, 19/20 zu .i. bis esse:
Hoc enim uerum est inquit . et de eo quod est . necesse est non esse .i. hęc
enim propositio quę dicit necesse est non esse . uerum est ut contra eam op-
ponatur contradictorie . quę dicit . non necesse est non esse. . . . Hęc
enim quę dicit non necesse est non esse . contradictio est eius quę proponit
. necesse est non esse quę est sequens et consentiens ei quę est . non possibile [est] esse. K I   Hęc igitur propositio quę dicit . non necesse esse non
esse . contradictio est eius affirmationis quę sequitur negationem possibilitatis . eam scilicet quę dicit . non possibile esse. . . . negationem possibilis eam scilicet quę proponit non possibile est esse . sequitur affirmatio
necessaria secundum non esse . quę dicit . necesse est non esse. K II   17-19
Zu Díu bis descriptione vgl. 224b,6/7 und 230,9,11.   22-25 Zu So bis esse:
quę consentit ei quę dicit impossibile est esse. Quę rursus sequitur eam quę
est ultima .i. necesse est non esse . cuius contradictio est non necesse est

non esse. K I Nam cum negatio possibilitatis sit quę dicit . non possibile esse . hanc sequitur ea quę dicit inpossibile est esse . cui consentit ea quę dicit necesse esse non esse. . . . Cuius contradictio est ea quę dicit non necesse esse non esse. K II   23 Zu ôbenân vgl. 224b,5 und 230,7. 24 Zu nîdenân vgl. 224b,7 und 230,11.

B230   229,27-230,2 Zu An bis possibilia, 3-5 zu Unde bis sézzêt: Quare ita positis . nihil euenit impossibile . sed omnia consentiunt . et secundum superiorem possibilis et inpossibilis modum affirmationes et negationes conuerso ordine contradictorie se sequuntur. . . . et his ita positis atque ordinatis nihil impossibile contingit. K I Et nihil quidem erit uel inconueniens . uel inpossibile . ita positis consequentiis . ut affirmationem quidem possibilem . negatio necessarii secundum non esse sequatur . negationi uero possibilis . affirmatio necessaria secundum non esse . consentiat. K II Vgl. auch 225,22-226,2. 229,27 Zu ordinatione vgl. auch K II zu 230,5. 5 Zu Táz bis descriptio: Vnde huiusmodi facienda descriptio est. K I Melius uero hoc si sub oculos cadet . liquere credimus . atque ideo apertissime sententiam rei . subiectę dispositionis nos ordo commoneat. K II   6-13 Zur korrigierten Fassung dieses Schemas vgl. 224b,5-7.   14/15 Zu Hînnân bis esse[2] vgl. 224b,6/7 226,25,27 228,3-9 229,8-11.   19/20 Zu Zuîuel bis necessario: dicit enim . dubitari potest si id quod est possibile esse consentiat ei propositioni quę est necessarium esse. K I Siue enim quis disponat consentire necessario possibile . siue quis neget . utrumque uidetur incongruum. K II   21-23 Zu Übe bis esse: Nam si quis dicat id quod dicitur possibile esse . non consentire ei quod est necessarium esse . consentiet negatio possibilis ea quę est non possibile esse. Sed si ista consentiet . erit idem necessarium esse . quod est non possibile esse. K I Si quis enim a[b]nuat propositioni quę dicit aliquid necesse esse . consentire eam quę proponit possibile esse . is illud a[b]nuere non potest . quia negatio possibilitatis necessitati consentiat. Eritque integra consequentia . si necesse est esse . non possibile est esse. K II   25/26 Zu dén lóugen, 26 zu dísen: Quod si hoc rursus aliquis neget . et dicat non esse negationem eius propositionis quę est possibile esse eam quę dicit non possibile esse sed illam potius quę proponit possibile esse non esse. K I Quod si quis possibilitatis non uelit esse negationem eam quę dicit . non possibile esse . sed potius eam quę dicit . possibile esse non esse. K II

B231   1-8 Zu Tér bis úngelímfe: Sed quod necesse est esse falsum est dicere quoniam possibile est non esse. Quod enim necesse est esse . dici non potest fieri posse ut not sit . sed potius non posse fieri ut non sit. . . . sic quoque aliquid inconueniens repperietur. K I Sit ergo negatio possibilitatis quam ipsi uolunt . id est ea quę dicit possibile esse non esse. Sed hęc quoque necessitati non conuenit. . . . hoc autem est . ut si necessitatem possibilitas non sequatur . et contradictio possibilitatis consentiat . sit recta consequentia. Si necessarium est esse . non possibile est esse. Quod est inconueniens. Et si quis non hanc dicat esse contradictionem . id est si quis neget possibilitatis contradictionem esse quę dicit . non possibile esse . illud certe ei necesse est dicere . quod possibilitatis contradictio ea sit quę dicit . possibile esse non esse. Sed utręque falsę sunt . de necesse esse. K II Vgl. auch 230,17-27. 10 Zu pḗidiu vgl. NL zu 232,19-21. 15-17 Zu dáz bis uuérden: Possibile enim et contigens in utramque partem facile uertitur . et ad id quod est esse . et ad non esse. Quod autem necesse est interclusum habet euentum ad contrariam dictionem . ut si necesse est esse . ut non sit fieri non potest. K I possibile namque et contingens idem ualet . . . . Et rursus quod necesse est . fieri non potest ut possibile sit non esse. Rursus idem uidetur esse possibile . incidi . et non incidi. Possibilitas enim affirmationi negationique communis est. Namque et esse et non esse potest . quod possibile esse dicitur. Hoc autem falsum est . de necessario pręidicari. K II 22/23 Zu nîeht bis possibilia, 24/25 zu Ételîchiu bis ist: Sed sunt quędam in quibus ita sunt possibilitates . ut non sit uerum de his dici quoniam et opposita possunt. K I Neque enim inquit omne quod possibile est esse . et possibile est non esse. Sunt enim plura . quę unam tantum uim continent . et ad negationem nullo modo s[u]nt apta. K II 27 Zu âna uuízze: ut est in his quę pręter rationem aliquam possunt. K I

B232 3 Zu Íz bis posse²: Igni[s] autem cum irrationabilis potestas sit calefacere [non potest] et non calefacere. K I Nam cum sit possibile . ignem calefacere . non est possibile ut non calefaciat. Quare . hęc potestas . non potest opposita. . . . ut ignis non potest calefacere . et non calefacere. K II 5 Zu .i. oppositorum, 5-8 zu Târ bis curare: ut utrumque possit fieri et facere quod facit . et huic oppositum .i. non facere quod facit. . . . Potestates inquit quę sunt secundum rationem . id est in quibus est aliqua ratio . non unius possibilitatis . sed plurimorum sunt atque oppositorum . ut possibilitas medicinæ est curare. Quę quoniam secundum rationem fit . ut curet medicus . et est rationabilis potestas medico curandi . non solum potest curare . sed etiam non curare . et potest aliquid plus quam unum . et ipsum quod potest oppositum est .i. non curare. K I Si qua enim potestas opposita potest . illa et potest esse . et non esse . et facere . et non facere. . . . Cum ergo inrationabiles potestates . et opposita agendi non habeant facultatem . illa quę secundum rationem fiunt . ad oppositorum actum poterunt retineri . ut quicquid ex uoluntate et ratione conceptum est . ad utrumque ualeat. Medicinam mihi exercere et possibile est . et possibile non est. . . . Et hoc quidem in omnibus rationabilibus potestatibus planum est . eas plurimorum esse contrariorum . et opposita ualere. K II 11/12 Zu Dîu bis mâhte: Sed non omnia irrationabilia ut dictum est unam tantum habent potestatem . ut opposita non possint. K I Illa uero potestas quę opposita non ualet . in solis inrationabilibus inuenitur . licet non in omnibus. . . . Quę uero secundum rationem non sunt . licet sint quędam quę opposita ualeant . non tamen omnia. K II 12 Zu tûennis unde netuennis vgl. 6/7. 13 Zu péide vgl. NL zu 19-21. 15-17 Zu Nóh bis prennit: Iccirco enim ignis quoque opposita non potest . quia semper in actu habet propriam potestatem . semper enim est calidus. . . . Ignis uero cum sit calidus . frigidus esse non potest . et iccirco nulla illi est oppositorum potestas. K I Non enim inquit omne possibile . utrumque potest . id est et posse esse . et posse non esse. . . . Cum enim non omnis possibilitas contraria ualeret . ea scilicet necessitati consentit . quę contraria non ualet . sed unam rem semper agit. K II Vgl. auch NL zu 232,27-233,3. 19-21 Zu Nû bis gemúgen: Sed sunt quędam irrationabiles potestates . quæ utrumque poss[u]nt. K I Sunt enim inrationabiles potestates . quę utrumque poss[u]nt. K II 21 Zu iôh¹ bis neuuérden vgl. 181, 14-17. 21/22 Zu tôlên unde nedôlen: Recipit autem facere et pati contrarietates . et magis et minus. Tíu dir bezéichenent tûon álde dólen . díu sînt ófto éin ánderên uuíderuuártîg. Únde mág uuérden ío uuéderes . mêr iôh mín. Nk 112,7-11 22/23 Zu álso bis neuuérden: Ficus enim non florebit . et non erit germen in uineis. Vuanda der figpôum ne blûot . noh uuîn ne uuirt in uuînegarton. Nca 554,19-21 23/24 Zu unde bis neuuérden: ut in eo quod est secari pellem . uel non secari pellem. Potest namque secari pellis . potest etiam non secari. K I Vgl. auch 181,20-182,5 215,15-20 231,8-12,15-17 233,9.

B233 232,27-233,3 Zu fóne bis ánder: Sed iccirco superiora sunt dicta in-

quit . quibus monstrauimus quoniam ignis et quęcumque semper sunt actu . non
possunt opposita [s. recipere *übergeschr*.] . ut doceremus non omnem potestatem oppositorum esse potentiam . sed aliquas esse huiusmodi potestates . quę
actu essent . et unam rem solam possent . ab oppositorum uero potestate dis-
cederent. . . . Et cum possit esse calidus . non tamen potest id quod est
oppositum .i. non potest non calere . quod est oppositum ei scilicet quod est
calere. . . . Ignis enim opposita non potest. K I Daturque in omnibus regula . quę non sint possibilia contrariorum . ea scilicet quę semper unam rem
actu continent . ut ignis semper calet. . . . Ignis enim ut dictum est . unam
calefaciendi tantum uidetur habere potestatem. K II 4 *Zu* .s. possibilia, 6-9
zu Síu *bis* mág: Hoc autem non solum in his quę secundum rationem potestates
dicuntur . sed etiam secundum eam speciem quę irrationabilis dicitur. . . .
Pellis enim potest secari et non secari . et iccirco opposita potest. Ignis
uero cum sit calidus . frigidus esse non potest . et iccirco nulla illi est
oppositorum potestas. K I Non modo inquit omne quod dicitur possibile contrariorum esse non potest . sed etiam quę sub eadem specie sunt . quędam contraria non possunt . ut ea quę sunt inrationabilium. . . . ut de igni quod iam
supra dictum est. K II 7 *Zu* éin *bis* íst *vgl. 232,3-8.* 12/13 *Zu* úngelícho:
Possibile enim duobus dicitur modis. K I Duę ergo significationes sunt possibilitatis . . . . Possibilitas ęquiuoca est . et multa significans. K II 14
Zu Taz *bis* uuánda: Atque ideo quoniam possibile a potestate traductum est .
ipsa quoque potestas ęquiuoca est. . . . Quemadmodum autem quędam potestates
ęquiuocę sint . ex[s]equitur dicens. K II 14/15 *Zu* ze éinero uuís *vgl. 10 und*
NL *zu 12/13.* 16/17 *Zu* Núbe *bis* gespróchen: Id est quoniam est et fit quod
dicitur esse possibile . ut in actu. K I Quędam uero potestates ita dicuntur
. quoniam iam actu sunt . atque aguntur. K II 20/21 *Zu* an démo skínet: Hoc
hinc manifestum est. K II 24-26 *Zu* Ánderiu *bis* uuíle: Est enim unum possibile . quod cum non sit esse possit . ut homo cum sedet . non quidem ambulat
sed ambulare potest. . . . ut possibile est ambulare . non quoniam nunc quidem ambulat . sed quoniam ambulaturus est aliquis. . . . Aliud est possibile
quod cum sit esse possibile est. K I alia uero quę actu non est . illa possibilitas quę secundum potestatem dicitur . necessario non accommodatur . neque aliquando necessitati poterit consentire. K II 26 *Zu* sô iz uuíle *vgl.
auch* K II *zu 232,5-8.*

B234 3 *Zu* faciendi et non faciendi, 4 *zu* faciendi, 12/13 *zu* .i. faciendi et

non faciendi *und* 14 *zu* faciendi *vgl. 232,6/7.* 3/4 *Zu* díen lḗbenden, 4/5 *zu*
díen únlḗbendên: Mobilia uocat quęcumque sunt naturalia et in generatione
et corruptione. . . . Ergo in huiusmodi rebus quęcumque generata sunt atque
mortalia in his uera est illa potestas . quę non secundum actum dicitur sed
secundum id quod non est quidem . sed esse potest. Nusquam enim erit huiusmodi potestas . nisi in his quę nascuntur . et mortem [o]ppetunt. K I et hęc
talis potestas quę ex potestate in actum uertitur . in solis mobilibus est .
hoc est quę moueri possunt . hęc autem sunt corporalia. Incorporalia enim
non moueri . . . . hęc autem sunt incorporalia et diuina. . . . ut non suspi-
cemur in solis esse diuinis actus possibilitate[m] . sed etiam in mortalibus
. atque corporeis. K II *Vgl. auch 211,9-11 212,12-14 235,12-14.* 9 *Zu* Íh
mḗino: Nam et quod ambulat non est impossibile ambulare . et quod ambulabile
.i. quod ambulare potest . non illi est impossibile ambulare. K I ut dicamus
. non esse inpossibile . uel ambulare quod potest ambulare et non ambulat .
uel ambulare quod iam ambulat. K II 12-14 *Zu* Sô *bis* necessario: Huiusmodi
quidem secundum actum possibile de necessario nullo modo prędicatur. . . .
.i. quod cum actu sit possit tamen non esse . . . . Quod si ita est sequitur
scilicet eam propositionem quę dicit necesse esse . illa propositio quę dicit
possibile esse . eique consentit. K I id est sic possibile quemadmodum ęqui-
uoce possibilitas prędicatur . . . . hoc est non omne possibile . necessario
consentit. Alterum autem . id est possibile . uerum est . hoc est de necessario prędicare. K II 16 *Zu* totum: Quoniam semper inquit speciem sequitur
genus . et partem suam sequitur uniuersalitas. K I Ita igitur auferentes de
toto partem . possibilem enunciationem quasi si tota sit propositio specula-
mur . ut in his dictionibus fieri solet quę pluritatem determinant. K II Plus
autem in genere quam in specie determinatio fit. Dicens enim animal plus
complectitur quam hominem. Mít animali uuírdit uuîtôr gemárchôt . tánne mít
homine. Tíu márcha gât úmbe álliu lḗbendiu . únz tára nemárchôt homo níeht.
Nk 31,27-32,5 Nam cvm dico animal etiam bouem hominemque et alia cuncta animalia hoc vno nomine clausi. Cum vero dico homo . solos homines indiuiduos .
hac nominis significatione conclusi. Quocirca maior fit determinatio per genus quam per speciem. . . . Dicitur esse in aliquo uelut totum in partibus .
vt corpvs in omnibus suis partibus. K A parte fit argumentum ad totum ita.
Nl 16/17 *Zu* uerbi *bis* animal: Si enim homo est animal est . id est si pars
et species est uniuersalitatem et genus esse necesse est. K I *Vgl. auch 157,
15.* 19/20 *Zu* Dâr *bis* posse, 21 *zu* so *bis* necesse: Sed ncn omnis significa-

tio possibilitatis sequitur necessarium. . . . Quod enim necesse est esse est quidem . sed non esse non potest. K I et ubi est species genus deesse non potest . sequitur speciem suam id est necessitatem . genus proprium id est possibilitas . sed non omne. K II *Vgl. auch NL zu 12-14 und 16.* 20/21 *Zu Iz bis* úmbe *vgl. 159,9.* 26 *Zu* necesse únde non necesse, *234,27-235,1 zu* déro *bis* possibilium: Principium inquit est fortasse harum propositionum consequentias inueniendi. Si quis primo loco necessarium ponat et non necessarium. Secundo uero loco possibile esse et cętera. . . . Constat igitur a necessario et non necessario harum consequentias inueniendi sumenda esse principia. K I Quoniam inquit necessaria sempiterna sunt . quę autem sempiterna sunt . omnium aliorum quę sempiterna non sunt . principium sunt . necesse est ut id quod necessarium est . cęteris omnibus prius esse uideatur. Ergo consequentię quoque eodem modo faciendę sunt . ut primo quidem necessitas . post uero possibilitas . et cętera proponantur . sintque consequentię hoc modo. . . . Videsne igitur ut primo quidem necesse esse . et non necesse esse propositum sit . secundo uero loco ad necessitatis cętera consensum . consequentiamque relata s[i]nt? K II

B235 3 *Zu* necessariis fore stánden: Hoc est ita considerari debent . tamquam si quod est necessarium et non necessarium pręcedant . consequantur uero possibile et contingens et cętera. K I *Vgl. auch NL zu 234,26-235,1.* 8 *Zu* îo *(2mal), 9/10 zu* álso *bis* îo[2]: Patet inquit ac liquet omnia quęcumque secundum necessitatem sunt . semper esse secundum actum. Quoniam enim ignis ex necessitate calidus est . actu quoque semper est calidus. K I Rerum alię sunt actu semper qu[ę] ex potestate non ueneri[n]t . et istę sunt qu[a]rum nullę sunt potestates . sed semper in actu sunt . . . . ut igni calor . qui semper actu et numquam fuerit potestate. K II 11 *Zu* .s. non sempiternis, 15 *zu* téro non sempiternorum: Quocirca si qu[ę] sempiterna sunt . omnibus quę non sunt sempiterna superiora sunt . etiam ea quæ semper actu sunt . his quę sunt potestate priora sunt. K I *Vgl. auch K II zu 234,26-235,1.* 12-14 *Zu* îh *bis* uuéhsel: Illa uero quę sunt immobilia .i. quę in sua natura fixa sunt et constituta . ut motari mo[ue]riue non possint .i. diuina . solam illam habent potentiam quę secundum actum dicitur . ut sol immobilis quidem ad substantiam . quamquam sit mobilis secundum locum. K I Quare . potestas ea quę ex potestate in actum migrauit . solorum est corruptibilium et corporalium . ea uero quę semper actu fuit . diuinis corporalibusque communis est. . . .

Sol uero cum mouetur . numquam ex potestate in actum uenit . neque enim aliquando hunc motum non egit. K II *Vgl. auch 215,25/26.* 18-20 *Zu* Táz *bis* sînt: Sunt enim inquit alia quidem pręter potestatem actu tantum . ut sol non potestate mouetur sed actu. . . . Primas autem substantias dicit . diuinas scilicet et sempiternas . non eas quas in pręcidamentis primas esse monstrauit .i. indiuiduas. K I Quod autem supra dixit . quę semper actu essent primas esse substantias . non ita putandum est primas eum substantias dicere quemadmodum in cathegoriis . ubi primas substantias indiuiduas dicit. Hic autem primas substantias quę semper actu sunt . idcirco nominat . quia ut dictum est quę semper actu sunt . principalia cęterarum rerum sunt . atque ideo primas eas substantias esse necesse est. K II 19/20 *Zu* tés non faciendi, 22 *zu* non agendi *vgl. 232,3-17 und 234,1-5.* 20-22 *Zu* Síe *bis* impotentia: Pe díu íst uirtus máhtîg . uitia sînt âmahtîg. Án dia naturam uuártendo . gelîrnêt man dîa consequentiam rationum. Uuánnân chúmet tíu consequentia rationum . sô aristotiles lêret in periermeniis . âne fóne déro consequentia rerum? Táz án dien rebus uuâr íst . táz íst óuh uuâr án dien rationibus. Sáment virtute íst potentia . únde sáment potentia effectus uoluntatis . pe díu chúmet tánnân dísiu consequentia rationum . dáz man chéden mág. Úbi est uirtus . ibi et potentia . et ubi potentia . ibi effectus uoluntatis. Nb 188,16-22.

B236 235,26-236,4 *Zu* tero² *bis* effectum: ut fabricata iam domus aliquando potuit fabricari . et prius habuit potestatem secundum tempus . postea uero actum. Sed natura actus prior est potestate. Ars uero ipsa actum cognatione pręcipit . formamque domus prius sibi ipsa designat et efficit. Quare natura actus prior est potestate . potestas actu prior est tempore. K I In omnibus enim . illud quod est actu . prius est et nobilius . quam id quod potestate est. Illud enim quod potestate est . adhuc ad actum festinat . atque ideo perfectio quidem est actus . potestas uero adhuc quiddam est inperfectum . quod tunc perficitur . cum ad actum aliquando peruenerit. Quod autem perfectum est . eo quod est inperfectum generosius et prius esse manifestum est. Nam si res quę ad actum suum ex potestate uenerit . prius fuerit potestate . post uero actu . ergo actus earum rerum posterior est potestate si ad tempus referamus . prior uero eadem potestate si ad naturam. K II Sicut enim artifex mente percipiens formam faciendę rei . mouet operis effectum . et quod simpliciter pręsentarieque prospexerat . per temporales ordines ducit . . . .

Álso der zímber mán . dáz er tûon uuíle . ze êrest in sînemo mûote bíldôt .
únde dára nâh vuúrchet. Únde dáz ér in sámoháftero ántuuv́rti sînes mûotes
pedâhta . éinzên mâlezet. Nb 214,3/4,6-8 6-10 Zu Numerus bis infinitum: ut
numerus infinitus quidem est . quod eum semper in infinitum possis augere .
sed actu infinitus non est. Quemcumque enim numerum sumpseris actu finitus
est. Quemlibet enim numerum dicas . finita illum numerositas necesse est
complectatur . ut decem . uel centum. Infinitus uero iccirco est potestate .
quod eum possis facere in infinitum concrescere . non tamen ut quilibet actu
sit numerus infinitus. K I ut numerus infinitus. Crescere enim potest in
infinita numerus . quicumque uero numerus dictus sit . uel c . uel m . uel
x milia . et cęteri . finitos esse necesse est. Ergo actu numerus numquam
est infinitus. Quoniam uero potest in infinita crescere . idcirco solum potestate est infinitus. K II   10/11 Zu EXPLICIT bis DICTIS vgl. 213,9/10. 11-
13 Zur Überschrift: ALIUD THEMA INCOAT. Quęstio utrum propositę rei negatio
uel magis affirmatio contraria sit. T 20-27 Zu Uuáz bis man: et quę harum
magis superiori affirmationi quę dicit omnis homo iustus est . contraria est .
an ea [affirmatio uniuersalis contraria est ei . übergeschr.] per quam propo-
nimus omnis homo iniustus est . an certe negatio uniuersalis ea quę est nullus homo iustus est. Similiter etiam huic propositioni quę est . callias iustus est . propositio quę proponit callias iniustus est . an ea quę dicit callias iustus non est contraria est. K I Affirmatio igitur quę proponit . omnis
homo iustus est . perimitur et a negatione propria uniuersali quę dicit nullus
homo iustus est . et ab affirmatione priuatoria quę proponit . omnis homo iniustus est. . . . Atque ideo non solum de uniuersalibus proposuit . sed ne
suspicaretur quis . quod illam contrarietatem diceret quam uel in prędicamentis locutus est . uel rursus supra cum de uniuersali affirmatione et negatione
loqueretur . de particularibus adiecit . quibus non era[n]t contrarię propositionis affirmatio atque negatio. K II

B237 1/2 Zu uuíderuuártîg (2mal) vgl. 236,14,20. 11 Zu in démo mûote vgl.
1-3. 12 Zu déro éinun affirmationis, 13/14 zu íh bis affirmationis, 17 zu an
déro rédo, 19/20 zu Id bis est: Ergo si in opinionibus contrarii .i. iniusti
affirmatio contraria non est . nec erit in uocibus contraria affirmatio . sed
potius negatio . quę est nullus homo iustus est. K I Quod si illud magis ratio reperit . quod opinio uniuersalis negationis . opinionem affirmationis u-
niuersalis magis perimat . potius quam opinio priuatorię affirmationis . opi-

nionem uniuersalis affirmationis . constat quod uniuersalis negatio magis
contraria est uniuersali affirmationi . potius quam priuatoria affirmatio.
K II   19/20 Zu Id *bis* est *vgl. auch 236,16/17.*   237,27-238,3 Zu Uuârer *bis*
uuíderuuártîg: Nam si qua res bona sit . uerum de ea est dicere quoniam bonum est . contra propositionem falsum est dicere . quia malum est . falsum
etiam quia non bonum est. Sed uidendum [est] quę harum magis sit contraria .
uerae affirmationi quę dicit bonum esse quod bonum est . utrum illa contraria
[est] quę id quod bonum est dicit esse malum . an ea quę id quod bonum est .
dicit esse non bonum. K I   Et sit quidem uera hęc [opinio] . quę id quod bonum est . bonum esse arbitratur . . . . Sit autem ex falsis una . quę id
quod bonum est . non bonum esse arbitratur. Reliqua quę id quod bonum est
malum esse arbitratur . . . . Ex his igitur tribus . una uera . duabus falsis . quęrendum est quę magis est contraria uerę. K II

B238   3/4 Zu Uuêder *bis* nesî *vgl*. NL *zu 242,14-18.*   6 Zu dáz *bis* sî *vgl.* NL
zu 237,27-238,3.   9/10 *zu* díu uerságenta propositio, 10 *zu* díu ságenta, 11 *zu*
téro ságentûn: ID EST utrum ea quę negat id quod est . an ea quę ponit id
quod non est. Quę magis harum ei quę dicit [esse] id quod est . uideatur
esse contraria requirendum est. K I   Nam qui negationem ponit . id quod est
dicit non esse . qui uero priuationem . id quod non est dicit esse. K II   12-
17 Zu Unde *bis* éin: Etiamsi in aliquibus inquit tales propositiones inueniuntur . ut et negatio rei propositae et affirmatio contrarii idem ualeat . et
sint unę significatione . quęrendum est secundum quam enuntiationem propositio magis est contraria . [an] secundum eam quę dicit non esse diem . an secundum eam quę proponit esse noctem. Inuestigandum igitur est quę harum
quamquam unum utraque significet . magis sit contraria ei quę dicit esse
diem. K I   Sed quia sępe ut dictum est priuatio uel contrarietas . negationi
consentit . quotiens tales quędam propositiones reperiuntur . in quibus nihil
negatione discrepet priuatoria affirmatio . . . . Cum igitur diuersum initium et diuersa intentio quodammodo sit propositionum sub eadem significatione . et quę earum magis uerę propositioni contraria sit . et secundum quem
motum animi . magis uera propositio perimatur . quęrendum est. K II   20 Zu
Tér dir uuânit, 22 zu tér íst petrógen: Quidam enim putant contrarias esse
opiniones . quę contrariarum essent rerum . quod aristoteles negat. K I   Ar-
bitra[n]tur enim quidam contrarias esse opiniones . quę de contrariis aliquid
arbitrarentur . sed hoc falsum esse conuincitur. K II   23-25 Zu Álso *bis* ube-

1a: Et opiniones quidem boni quoniam bonum est . et mali quoniam malum . contrariarum rerum sunt. . . . Aut certe quod eiusdem esset opinionis quod bonum esset bonum putare . quod malum esset malum. K I Age enim . quilibet de bono opinetur quoniam bonum est . et rursus de malo opinetur . quoniam malum est. Cum igitur idem de bono et malo opinetur . illud quoniam bonum [est] . [hoc] quoniam malum . tamen contrarię opiniones non sunt. K II 27 Zu Mág keskéhen, 239,1-3 zu sô bis uuâre: tamen utręque sunt ueræ. Sed contrarię utręque ueræ esse non possunt. . . . Uera namque uerę in eo quod uerę sunt eadem sunt. . . . Siue autem eędem sint siue plures contrarię esse non poterunt . iccirco quoniam simul ueræ sunt. K I Sed quia contingit sępe et negationem et priuationem unum significare in his pręsertim contrariis in quibus nulla medietas inuenitur . addit . . . . Idcirco enim idem sunt . quia uerę sunt. Contrarietas autem . in ueritate ut dictum est et falsitate est posita. . . . Siue enim plures . siue una sit . in eo quod uerę sunt . idem sunt. K II

B239 5/6 Zu .S. bis sunt, 7 zu chomint, 9 zu chómen sint, 9-12 zu Nube bis úbel: Sunt autem ista contraria. Ea scilicet quę in animæ opinionibus posita sunt . quorum propositiones sunt contrarię . non eo quod sunt contrariorum . sed potius eo quod de uno eodemque subiecto contrarię suspic[a]ntur . ut si quis de bono suspicetur quoniam bonum est . et rursus alius de eodem bono quoniam malum est. K I Quo autem modo huiusmodi opiniones contrarię esse possunt . quę de eadem quodammodo affectione animi proficiscuntur . id est opiniones cognoscentes quod uerum est. . . . sed potius contrarietas in opinionibus tunc fit . quotiens de una eademque re contrarie quisquam opinatur. Ut quęlibet res sit proposita bona. De ea si quis contrario modo opinetur . quoniam bonum est . de e[a]dem rursus quoniam malum est. K II 14 Zu éin uuân: Est ergo opinio boni quoniam bonum est . et hęc uera est. K I Si ergo est inquit boni quoniam est bonum opinatio . quę scilicet uera est. K II 16-18 Zu Unde bis expetendum: Est rursus boni quoniam bonum non est . et hęc falsa est. . . . Rursus possumus de bono arbitrari multa non esse . quę est. Bonum enim quod honestum est possumus dicere . [quoniam] honestum non est . possumus dicere quoniam utile non est . possumus quoque dicere quoniam expetendum non est . et alia plura. K I Est rursus alia . quę id quod est res ipsa . non eam id esse arbitratur. . . . Rursus qui id quod in se habet bonum . non habere arbitratur . is opinabitur hoc modo . bonum non esse utile .

bonum non esse iustum . bonum non esse expetendum . et is quoque fallitur.
K II   Vgl. auch NL zu 240,6-8.   19-22 Zu Unde bis sint: Potest esse etiam quę putet esse bonum id quod non est ut si quis dicat id quod bonum est
. quoniam malum est . uel quoniam quantitas est . uel quoniam ad aliquid
quod non est. Sed hęc quę de bono dici possunt . quę ipsum bonum non est .
infinita sunt. K I   Est etiam alia . quę id quod non est rem ullam esse arbitretur. . . . Possumus enim per multa colligere falsa . quę cum non sint .
de unaquaque re ea tamen esse dicamus . ut in eo ipso bono . possum dicere .
quia malum est . possum quia turpe . quia iniustum . quia uitabile . quia pe-
riculosum . et cętera quęcumque in bono nullus inueniet . et hęc sunt infinita. K II   23 Zu s. contraria, 24/25 zu s. bis mánigon: Huius argumenti principium est . quo pro confesso utitur et probato quod unius rei plura atque
infinita non possint esse contraria. . . . Quare nec ea quę putat opinio bonum esse quod non est . nec ea quę putat non esse quod est . ei opinioni ponenda est contraria quę putat bonum esse quod est . . . . Hę igitur reici-
endę sunt . et ad nullam contrarii oppositionem sumendę . quoniam infinitę
sunt . cum semper contrariorum oppositio sit finita. K I   Possunt autem esse
infinitę propositiones et falsę . potest una finita eadem quoque falsa . quę
uerę contraria esse rationabiliter ponenda est. . . . Una enim res . semper
uni rei est contraria. K II   Vgl. auch K II zu 19-22 und NL zu 240,3/4.

B240   2 Zu Tero uuâno: Cęterę igitur omnes opiniones infinitę sunt. K II
3 Zu s. opposita, 4-12 zu .s. bis sî, 23-27 zu Prima bis oppositis: erit in
oppositis prima fallacia. . . . Opposita igitur maxime contraria sunt. . . .
Opinioni inquit de bono quoniam bonum est . contraria illa sola ponenda est .
in qua primum fallacia repperitur. . . . Prima namque fallacia est non putare aliquid esse quod est . secunda putare [esse] quod non est . ut in eo quod
est bonum prima fallacia est putare illud non esse bonum . secunda malum esse
arbitrari quod bonum est. . . . ut si dicamus de bono quoniam malum est . uel
inutile . uel turpe . neque quęcumque non esse quod est . ut si de eodem bono
dicamus . bonum expetendum non est . bonum honestum non est. . . . Sed bonum
esse et bonum non esse opposita sunt. K I   Inquit opiniones ueris opinionibus
opponendum esse contrarias . in quibus principium est fallacię. . . . Nam
qui quod bonum est . malum esse putat . fallitur. Sed fieri aliter non potest ut sit malum . nisi non sit bonum. Et in cęteris eodem modo. Fallacia
igitur est . et principium fallacię est . quod quis id quod est aliqua res .

non eam esse arbitratur. . . . Rursus si quis hoc esse bonum . quod non est bonum putet . false opinabitur. Ut si quis arbitretur quoniam bonum lędit . quoniam inutile est . quoniam bonum iniustum est . is ea de bono opinabitur quę non sunt . et hoc falsum est. . . . Rursus possum dicere ea quę habet bonum . non esse in bono . ut si dicam . bonum non esse utile . non esse bonum expetendum . bonum non esse quod auget . . . . In omnibus enim contrariis . unum uni contrarium est. K II 8-10 Zu tîe bis ne sint vgl. auch 239,22-27. 12 Zu .s. fallatia: Ex quibus sunt generationes fallacia facillime repperitur. K I Hęc autem fallacia ex his est . ex quibus sunt generationes. K II 13, 15 Zu álle (2mal): Generatio enim semper ex oppositis est. K I Omnis generatio . ex permutatione eius quod fuit . surgit. K II Vgl. auch NL zu 15-20. 15-20 Zu Fóne bis hertemo: Quotiens enim aliquid fit album . non fit ex dulci . nec ex duro . nec ex liquido . sed ex non albo. Et quod dulce fit . non fit ex calido . neque frigido . neque nigro . nec ex ulla alia qualitate . nisi ex sibi opposito .i. ex non dulci. Eodem quoque modo in aliis sese habet. Omnis generatio ex eo fit quod non fuit . ut dulce ex non dulci . album ex non albo . calidum ex non calido. K I Omnis enim ut dixi generatio . ex detrimento surgit . ut quod fit dulce . non fit ex albo sed ex non dulci . et rursus quod fit album . non fit ex duro . sed ex non albo. K II 20-22 Zu Uuîo bis ne sint: In illis uero contrariis quę medio carent . nihil differt negare rem propositam . an affirmare contrariam. Nihil enim differt dicere diem non esse . quam dicere noctem esse. Hoc est enim diem non esse quod esse noctem. Nihil enim est inter noctem atque diem. K I Et cęterę generationes ex oppositis potius proficiscuntur . et est prima inde fallacia. K II Vgl. auch 238,14-17. 22/23 Zu Fone bis fallacia[1]: hę sunt contrarię quę uerę simul esse non possunt . . . . Quocirca illic maxime ponenda est contrarietas . ubi est prima fallacia. K I Quod si ubi prima fallacia est .i. ex quibus sunt generationes . ibi integerrima falsitas est . et proxima uerę opinioni . non hęc autem nisi in oppositis reperiuntur . hoc est in affirmationibus et negationibus . dubium non est . quin negationis opinatio . magis contraria sit ei opinioni quę contrarium aliquid in arbitratione confirmat. . . . Falsitas enim ueritati opponitur. K II Vgl. auch 214,7-12 und K II zu 239,1-3.

B241 5 Zu ánaburte, zûgeslúngen: Quorum unum secundum se et proxime et naturaliter est . hoc scilicet quod bonum est. . . . Quod uero malum non est .

accidit ei. K I   Nam id quod bonum est . per naturam bonum est. Quod uero
malum non est . secundo loco et quasi accidenter est. K II   6/7 Zu Imo bis
nesî: Accidit enim ei quod bonum est ut malum non sit. K I   9/10 Zu tánne
bis sî: Quod si hoc est . uerior est ea propositio quę affirmat quod secundum se est . quam illa quę affirmat quod [secundum] accidens est. K I   Quod
si ita est . uerior illa est quę secundum ipsam rem uera est . potius quam
ea quę secundum accidens [uera esse] uidetur. K II   10-13 Zu Ube bis est[1]:
Quod si hoc est etiam ea opinio quę secundum se falsa est . mendacior iuste
uidebitur [ea] . quę secundum accidens mentitur. Nam si illa uera est propinquius quę secundum se est . illa erit falsa propinquius quę secundum se
est. . . . Quare quoniam prior ea est quę secundum se est . quam ea quę secundum accidens . ea falsitas fallatior erit quę secundum se est . ea falsitate quę secundum accidens. K I   His ergo ita constitutis . et de falsitate
idem dicendum [est]. Falsa enim propositio quę illi uerę contraria est . ea
quę secundum se est . magis falsa est quam ea quę illam ueram perimit quę secundum accidens uera est. . . . quod si hoc ita est . etiam falsa. K II   14-
16 Zu Ter bis lûkke: Quare illa opinio quę dicit non esse bonum quod bonum
est . falsa est . et de ea re falsa est quę secundum se uera est. . . . Quę
uero arbitratur non esse bonum quod bonum est . eius quę secundum se est ueritatem opinionis intercipit. K I   Vgl. auch K II zu 20-23.   17/18 Zu Ter bis
zû geslúngenis: Quare secundum accidens falsa erit ea quę dicit malum esse
quod bonum est. K I   Hoc est illa opinio quę id quod bonum est malum arbitratur esse . . . . Sed accidere huic intellegendum est . secundo loco dici. K
II   20/21 Zu târ bis bonum[2], 22/23 zu dâr bis bono: Quare falsior est ea quę
dicit non esse bonum quod bonum est . quam ea quę dicit esse malum id quod
bonum est. . . . Nam cum sit contrarium bonum malo. K I   Constat igitur magis falsam esse opinionem quę dicit . non esse bonum quod bonum est . potius
eam quę opinatur malum esse quod bonum est. . . . Id est magis contraria est
negatio . quam affirmatio contrarii. . . . Nam negatio dicit non esse bonum
quod bonum est . affirmatio uero malum esse quod bonum est. K II   26 Zu dîn-
golîchemo: Qui uero contrariam de re aliqua habet opinionem . quam res ipsa
est . necesse est ut plurimum falsus sit. K II

B242   2/3 Zu an éinemo dînge, 3/4 zu also bis uáreuuo: Contraria enim sunt
quęcumque circa eandem rem plurimum differunt . ut circa colorem album . et
nigrum. K I   Etenim contrarietas opinionum est quotiens de una eademque re

longissime a se absistentes opiniones sunt. K II Quę enim multum a se inuicem distant eorum quę de eo genere sunt . contraria determinant. Tíu síh fílo hárto skéident . únde ío dóh chómen sínt fóne éinero mûoter . álso uuîz únde suárz sínt . fáreuua íst íro mûoter . díu héizent sie contraria. Nk 59, 3-8 Vgl. auch Nk 32,15-20. Ergo quemadmodum album idcirco color est per se . quoniam color naturale quoddam est genus. K Aduersa igitur sunt . quę sub uno genere posita . plurimum differunt . ut album nigrumque . a se plurimum distant sub uno genere posita id est sub colore. Bct 5-7 Zu ih bis est, 8 zu diu uersägenta, 8/9 zu ih bis bonum[2]: Falsior autem et magis contraria est opinio illa quę contradictionem cogitat . ut ea quę est non esse bonum quod bonum est . quam ea opinio quę habet malum esse quod bonum est. K I Negatio igitur contraria est affirmationi . potius quam ea affirmatio quę contrarium ponit. . . . id est quod si harum propositionem . quę per se falsa est . uel quę per accidens . unam contrariam esse necesse est . magis uero contraria contradictionis. K II Vgl. auch 241,18-23. 11/12 Zu .i. bis est: Quare duplex quodammodo propositio est ea quę dicit malum [esse] quod bonum est. K I Dicit enim quod ea affirmatio quę contrarium ponit . inplicita et non simplex sit. K II 14-18 Zu Pe bis ubel: Simplex est autem propositio bonum esse quod bonum est . et simplici simplex potest esse contraria. Simplexque est negatio . quod bonum est . non esse bonum. K I His igitur ita positis quoniam contrarii opinio non est simplex . simplex uero est negationis . necesse est ut contra simplicem opinionem . simplex potius uideatur esse contrarium. Est autem simplex opinio boni quoniam bonum est . uera . simplex uero boni quoniam non bonum est . falsa. Simplici igitur opinioni de bono quoniam bonum est . simplex erit contraria negationis . scilicet quę est boni quoniam non est bonum. . . . illa uero quę opinatur malum esse . sibi sola non sufficiet nisi illa quoque ei auxilietur quę est id quod bonum est bonum non esse. K II 18-21 Zu sô bis est[2]: Quocirca et in aliis quoque ut in ea quę est omnis homo iustus est . magis est contraria illa quę dicit nullus homo iustus est . quam ea quę dicit . omnis homo iniustus est. K I 25/26 Zu hártor bis affirmatio, 27 zu s. bis est[1]: Aut in omnibus inquit uere dicitur contradictionem magis esse contrariam quam contrarii affirmationem. Aut nusquam. K I Sed si hoc in omnibus propositionibus inuenitur et contradictionibus . ut contradictio potius contraria sit . id est negatio quam quę contrarium habet . et nihil est dubium quin hęc ratio consistat in omnibus. K II 26/27 Zu sô bis geságet: Quod de his inquit propositionibus dicimus . [si] hoc in omnibus inuenitur. Firmum debet esse quod dicimus. K II

B243 1 Zu Iz bis uâren: Aut enim et in aliis quoque idem euenire oportet.
K I Vgl. auch 242,23/24. 4/5 Zu also homo ne hábet: Hoc autem speculemur
inquit in his quæ contrarium non habent . vt in homine. K I Si ergo huic
contrarię opinioni quę est de homine . quoniam homo est . illa opponitur quę
est de homine quoniam homo non est . manifestum est in aliis quoque in quibus
contrarietas inuenitur . locum contrarietatis negationem potius optinere. K
II 10 Zu uuánda bis ist: Quare si in his quæ contraria non habent illa
contraria est quæ contradictione formatur . in his quoque quæ habent contraria . non contrarii affirmatio . sed negationis propositio magis contraria
est. K I Nam ubi nulla contrarietas est . liquet contradictionis esse contrarietatem. K II 14/15 Zu Tîe bis ébengeuuâre, 17/18 zu Unde bis zuêne:
Harum quattuor opinionum duæ uerę sunt . duæ falsæ. K I Cum utręque sint
uerę . . . . quod ipsę quoque utręque sunt falsę. Nam ut istæ simul uerę .
ita illę simul falsę. . . . Si boni quoniam bonum est opinio . et non boni
quoniam non est bonum opinio . simil[e]s secundum ueritatem [sunt] . boni
autem quoniam non est bonum . et rursus non boni quoniam bonum est . ipsę
quoque similes secundum falsitatem sunt. K II 22/23 Zu Táz bis sîn², 24/25
zu Fóne bis er: Contrarię enim ueræ simul nequeunt inueniri . et uera ueræ
contraria numquam est. Sed nec illa poterit huic esse contraria . quę dicit
[malum] esse quod bonum non est. K I Age enim . si poti[u]s est contra eam
opinionem quę id quod bonum non est non bonum putat . sit ea quę id quod bonum non est malum putat. Sed hoc fieri non potest. K II 25 Zu uuánda bis
sîn: Potest enim simul esse uera et ea quę dicit malum esse quoniam bonum
non est. K I Possunt autem simul hę esse uerę. K II 25-27 Zu Uuer bis sîn:
Quocirca contrarię non sunt . in quibus proponitur quod non bonum est bonum
non esse . et quod non bonum est malum esse. K I Secunda igitur quartaque
secundum similitudinem proportionis . sunt sine ulla dubitatione contrariæ.
K II Vgl. auch 244,1/2.

B244 2 Zu uuîlon: Quare . quoniam ea quę est non boni quoniam non bonum
est . et cum ea quę est non boni quoniam malum est . et cum ea quę est non
boni quoniam non est malum . aliquotiens uera inuenitur . neutri contraria
est. K II Vgl. auch 243,24. 5 Zu ungûot chît: Quare ueræ simul possunt
esse . et hę quæ opinantur id quod est non bonum quoniam non bonum est . et

id quod est non bonum quoniam malum non est. K I   Rursus ponatur eidem opinioni de non bono quoniam non est bonum . contraria ea quę arbitratur id quod non est bonum non esse malum.   Id quoque [contrarium non] est.   Fieri enim potest ut id quod bonum non est . nec malum sit. K II   6 Zu uuȃr: id est possunt aliquando simul esse uerę. K II   Vgl. auch K I zu 5.   6-8 Zu Álso bis lóub: ut ex arbore nullius utilitatis causa ramum defringere . si arborem nihil lędat . neque malum neque bonum est. K I   Si quis igitur lapidem nequiquam iacentem . quod per se bonum non est . non bonum esse putet . uere arbitratur.   Idem ipsum lapidem quod per se bonum non est si non malum putet . nihil eius opinioni falsitas incurrit. K II   Sláh ten ást ába demo bóume . dés pars er íst . nóh tánne mág er sȋn. Nk 11,7-9   10 Zu temo uuâne, 11 zu tér uuân: Restat igitur ut eius opinionis quę est non boni quoniam non bonum est . ea sit contraria quę est non boni quoniam bonum. K I   Restat igitur ut ei sit contraria opinio non boni quoniam bonum est . quae opinatur id quod non est bonum non bonum esse. K II   18/19 Zu Tísemo bis tánne: Illud quoque recte commemorat . quod nihil differat in opinionibus hęc esse contraria . non uniuersaliter constitutis . et in his quę sibi uniuersaliter opponuntur. Similiter enim in ea quoque opinione quę arbitratur omne bonum bonum esse . illa contraria est . quę putat nullum bonum bonum esse. K I   Gradatim indefinitam propositionem . ad similitudinem uniuersalis adduxit. K II   244,27-245,1 Zu Uuíle bis uuésen: Nam quod dicimus bonum esse quod bonum est . id si in opinione uniuersaliter affirmetur . ita putandum est . qui[c]quid bonum est bonum esse. Hoc autem nihil differt . tamquam si dicamus omne bonum bonum est. K I   Dicit autem quęcumque fuerit indefinita propositio . ei si quod in sermone solemus dicere . quicquid addatur . uniuersalis fit . ut nihil omnino distet ea quę ad rem in affirmatione omne prędicat . ut ea opinio uel propositio quę est de bono quoniam bonum est . hoc scilicet opinatur quoniam bonum bonum est . huic si addatur . quicquid . ut ita dicamus . quicquid bonum est bonum est . nihil differt ab ea quę opinatur omne bonum bonum esse. K II

B245   2-4 Zu Álso bis ne sȋ: Quę opinio cum sit uera . illa ei contraria opponitur quę dicit . quicquid bonum est . bonum non est.   Hoc autem nihil differt tamquam si opinemur . nullum bonum bonum est. K I   id est non bonum quoque eadem ratione dicimus.   Ea namque propositio uel opinio quę opinatur non bonum esse quod non bonum est . si ei adicitur uniuersalitas . nihil differt ab ea quę dicit quicquid non bonum est non est bonum.   Hęc autem nullo

modo distat ab ea quę uniuersaliter aperte proponitur . quę est omne quod
bonum non est . non est bonum. K II   5 Zu .s. bis contraria: .i. non erit ea
contraria quę contrarium affirmat . sed ea quę id quod ante propositum est .
per uniuersalitatis contrarietatem negat. K I   Nunc uero quoniam in opinionibus reperit illam contrariam esse quę esset uniuersalis negatio . idem refert
ad propositiones. K II   8 Zu .i. earum passionum, 9/10 zu Sága bis gedáncho:
vox autem nota quędam est animæ passionum . quicquid contingit in anima . idem
quoque ad uocem redire necesse est. K I   quas [propositiones] manifestum est
quoniam uoces sunt et significatiuę . passiones animi designare. . . . nam
sicut in uoce affirmatio et negatio est . ita quoque etiam in opinione . cum
ipse animus in cogitatione sua aliquid affirmat . aut quid negat. K II   Vgl.
auch 144,17-145,1.   11 Zu uniuersali, 12-14 zu Sô bis ánderro, 16/17 zu dero
állelichun rédo: Quod si uniuersalis affirmatio et uniuersalis negatio sunt
in opinione contrarię . eędem quoque in uocibus erunt. K I   idem quoque arbitratur in uocibus peruenire . hoc est affirmationi uniuersali . non affirmationem contrari[a]m re[m] ponentem . sed uniuersalem negationem esse contrariam. K II   18, 19/20 Zu uuíderuuartig (2mal), 18 zu daz bis nesî, 20 zu daz
bis ne sî: ut est omne bonum bonum est . uel omnis homo bonus est his contraria est . nullum bonum bonum est . nullus homo bonus est. K I   Earum autem
exempla hę sunt . ut ei quę est quoniam omne bonum bonum est . uel quoniam
omnis homo bonus est . ea quę est quoniam nullum . id est nullum bonum bonum
est contraria est . uel nullus . hoc est quoniam nullus homo bonus est. K II
21-23 Zu Ube bis contrarię: Contradictionem autem hic pro contrarietate posuit. De ea enim non agebatur. K II   Vgl. auch 165,13-166,12.   26 Zu éina
ságun: Et hoc non solum in opinionibus esse . ut uera opinio ueræ opinioni
contraria non sit . sed in propositionibus quoque. K I   id est duas ueras
propositiones . non posse esse contrarias . nec opinionem nec contradictionem. K II

B246   1/2 Zu uuánda bis opposita: Omnia contraria sunt opposita. K I   id
est omne contrarium [est] . oppositum. K II   2 Zu Oppositio bis genus, 10 zu
genus: Sicut enim in prędicamentis docuit . contrariorum genus quędam oppositio est. K I   QUOT MODIS OPPOSITA DICANTUR. Dicitur autem alterum alteri
opponi quadrupliciter. Ze uîer uuîsôn chît man éin gágen ándermo gestéllit
uuérden. Aut ut ad aliquid. Álde sô díu gágen síhtîgen. Aut ut contraria.
Álde sô díu uuíderuuártîgen. Aut ut habitus et priuatio. Álde sô hába únde

dárba. Aut ut affirmatio et negatio. Álde sô nếin únde iáh. Nk 113,20-114,1
Hic ergo contenditur utrum æquiuocatio quædam circa has quattuor diuersitates sit. An id ipsum quod dicimus oppositum generis uice pręgdicetur . vt sit uniuocum. . . . Sed qui melius iudicauere hi oppositionis nomen generis loco debere dicunt prędicari. K   3 Zu .i. duo uera: Circa eadem autem contingit uerum dicere eundem. Id est duo uera possunt simul esse . et de eodem simul uere prędicari. K I   Circa eadem autem contingit uerum [eundem] dicere . idcirco quod de his solis et negatio et affirmatio uerę simul esse possunt . quę [e]idem simul [in]esse contingit. K II Vgl. auch K II zu 245, 26.   4 Zu .s. bis est, 10 zu uuanda bis nemag: Quę autem opposita sunt simul eidem inesse non possunt. Contraria igitur in uno eodemque esse natura non patitur. K I   Opposita uero . non possunt eidem simul inesse. Contraria igitur eidem simul inesse non possunt. K II   6/7 Zu So bis sit²: Possunt enim quędam quę cum bona non sint tamen mala esse . ut turpitudo bona quidem non est . mala tamen est. K I   11 Zu EXPLICIT: EXPLICIT LIBER PERIERMENIAE ARISTOTELIS. T   EXPLICIT LIBER SECUNDUS PRIMAE EDITIONIS COMMENTORVM BOETII IN PERIERMENIAS ARISTOTELIS. K I

www.ingramcontent.com/pod-product-compliance
Lightning Source LLC
Chambersburg PA
CBHW082226010526
44111CB00040BA/2904